KB140184

테러리즘과
대테러시스템의 재조명

개정판

개정판

테러리즘과
대테러시스템의 재조명

| 권정훈 지음 |

한국학술정보

'지구촌에서 테러리즘에 대한 근본적인 대응책은 없는가?'라는 물음에서 우리는 그 해답을 찾기 위해 고민에 마주하고 있습니다.

테러는 인류가 출현하면서 시작하였다는 가설처럼 인간의 존재와 구분할 수 없을 정도의 부정적인 인간 행위입니다. 테러는 우리의 생존과 문화 그리고 사회와 국가의 존망에 지대한 영향을 미쳐 왔기 때문에 우리가 좋아하든 혹은 싫어하든, 인류·생존경쟁의 기본 요소로써 여전히 인류와 함께 그 형태를 달리하면서 존재해 왔으며, 앞으로도 지속적으로 존재할 것입니다.

이러한 테러의 대응책을 마련하기 위해 기존의 테러 연구가 위험사회라는 거시적 틀 안에서 국제 테러리즘의 증가에 따른 위협을 해명하여 다각적 연구를 통해 현대사회에서 테러의 위험성을 밝혀낸 공로에도 불구하고, 테러는 여전히 어려운 문제로 남아 있습니다.

본 서는 미국·영국·독일·일본 그리고 우리나라의 테러대응시스템을 비교·분석함으로써 얻은 시사점을 바탕으로 현행 우리나라 테러대응 시스템의 효율화 방안을 모색하려는 데 그 목적이 있습니다. 특히 각국 테러대응 시스템의 체계적인 비교·분석을 위한 준거로 조직·기능적, 법률적, 대응 활동적 측면을 선정함으로써 테러대응을 위한 각국의 제도적 정비를 모색하고 이를 통해 우리나라 테러대응 시스템의 문제점 및 운용을 파악하는 데 주력하고자 하였습니다.

본 서를 바탕으로 향후 연구에서는 테러리즘의 다양한 특성과 테러발생의 미래예측 가능성을 파악하여 적용할 필요가 있으며, 테러대응을 위한 실제적인 분야별 운용관리지침의 수립을 통한 연구가 필요할 것입니다.

이를 위해서는 테러의 실체를 규명하려는 끊임없는 노력들이 가시화되었을 때 비로소 자국의 안전과 국민의 생명 및 재산을 위협하는 테러에 대한 보다 구체적인 대안과 비전이 제시될 수 있을 것입니다.

본 서는 테러의 학문적 초석이 되기를 바라는 마음에서 연구결과를 책으로 엮어 집필했지만, 아직까지 부족한 점이 있기에 앞으로도 지속적으로 연구하고 검토하여 보완해 나갈 것입니다.

아무쪼록 본 서가 테러 업무 관련 종사자들과 관련 학과 학생들 그리고 일반 국민들을 위한 참고 도서로 조금이나마 도움이 되길 바라는 마음입니다.

끝으로 이 책이 결실을 맺기까지 여러모로 부족한 제자에게 애정어린 관심을 가져 주신 김태환 교수님, 학부시절부터 지금까지 수년 동안 격려와 조언을 아끼지 않으시며 학문을 일깨워 주셨던 이상철 교수님과 박준석 교수님께 머리 조아려 감사의 말씀을 올립니다. 본 서가 완성될 수 있도록 끝까지 지도해 주신 민병설 교수님과 이웅혁 교수님께도 감사의 말씀을 올립니다. 또한 학문수학에 많은 도움을 주신 용인대학교 경호학과 교수님들과 선후배 동료 여러분 그리고 일일이 열거할 수는 없지만 많은 관심을 가져 준 모든 분들에게도 감사를 드립니다. 아울러 지속적인 관심과 사랑을 아낌없이 베풀어 주신 아버님과 어머님, 장인어른과 장모님, 내외 가족들 그리고 이 결실이 맺어질 수 있도록 사랑과 헌신으로 기도하며 인내해 준 사랑하는 아내와 딸 리나에게 감사드립니다. 또한 본 서의 출간에 도움을 주신 한국학술정보(주)에도 진심으로 감사의 마음을 전합니다.

2011년 12월
무학산기슭 연구실에서
권정훈

국가의 생존과 번영에 영향을 미치는 위협의 출처가 변하고 있습니다. 외부로부터의 군사적 위협은 줄어드는 반면에 태풍·지진·가뭄 등 자연재난과 화재·교통·폭발 사고를 비롯해 신종바이러스·감염병 등 점진적으로 전파하는 사회재난의 예측되지 않은 신규 재난 및 복합 재난도 갈수록 늘어가 인간의 삶을 위협하는 새로운 종류의 위협들이 급부상하고 있습니다. 급변하는 국제질서 속에서 과거의 전쟁 또는 무력 충돌과 같은 전통적 안보위협과 함께 식량안보·환경안보·경제안보·인간안보 등 다양한 형태의 비전통적 안보위협들이 국가안보를 크게 위협하고 있습니다. 이에 따른 인명피해와 재산상의 손실도 대형화되었습니다.

우리나라는 지리적 환경으로 인하여 다른 국가와는 달리 대내외적으로 불안전한 상황에 봉착되어 있습니다. 북한은 분산서비스거부(DDoS) 공격, 천안함 폭침 사건, 연평도 폭격 도발에 이어 2011년 김정일 국방위원장의 사망 이후 김정은으로의 3대 세습을 본격화하면서 2006년 첫 핵실험 이후 2009년 제2차, 2013년 제3차, 2016년 1월 제4차, 같은 해 9월 제5차 핵실험을 실시하는 핵도발을 강행하고 있습니다. 이에 우리나라는 2016년 2월 10일 개성공단 가동 전면중단 결정으로 전례 없는 대북대응과 3월 2일 유엔 안보리 대북 제재 결의 2270호 채택으로 유엔 역사상 전례 없는 비군사적 조치에 따라 만장일치로 채택하였고, 3월 8일 우리나라는 독자적 대북제재를 발표하였습니다. 그럼에도 불구하고 북한의 미사일 개발은 계속되고 있습니다.

한편, 2015년 11월 13일에는 프랑스 파리 시내 한복판인 극장과 축구경기장, 식당, 카페 등 6곳에서 이슬람 극단주의 무장조직인 이라크―레반트 이슬람국가(ISIL)의 소행으로 수많은 사상자를 낸 사상 최악의 동시다발적인 테러가 또다시 발생해 전 세계가 발칵 뒤집혔습니다.

최근 국가정보원에 따르면 인터넷상에 이슬람국가를 지지하는 글을 올린 우리 국민 10명을 적발했고, 국제 테러조직과 연계된 48명의 외국인을 추방했으며, 시리아 난민 200명이 국내에 들어왔다고 합니다. 또한 이슬람국가에 가입해 활동하다 지난 2월 사망한 것으로 파악된 인도네시아 노동자 1명이 국내에 머물렀던 것으로 확인됐습니다. 이 인도네시아 노동자는 출국하기 전 2년 동안 대구 성서 공단에서 근무한 것으로 드러났습니다. 2015년 11월 27일, 프랑스 파리 연쇄 테러 배후인 이슬람 극단주의 무장단체 이슬람국가가 동영상을 통해 최근 연쇄 테러에 이어 테러 대상인 60개국의 명단을 새로 발표하면서 여기에 우리나라를 26번째 테러 대상 국가로 지목한 바 있습니다. 이러한 테러리즘의 위협은 심각한 수준에 이르고 있어 우리나라도 더 이상 테러 안전지대가 아닙니다.

과거 우리나라는 1982년 1월 21일 대통령훈령으로 제정되어 시행된 제47호 「국가대테러활동지침」을 근거로 테러에 대응하였습니다.

그러나 2001년 9·11 테러 이후 국제사회가 지속적으로 테러와의 전쟁을 치르고 있으며, 국제연합은 9·11 테러 이후 테러근절을 위해 국제공조를 결의하고 테러방지를 위한 국제협약 가입과 법령 제정 등을 권고해 OECD 34개 국가 대부분이 테러방지를 위한 법률을 제정하였음에도 불구하고 아직 우리나라에서는 국가 대테러활동 수행에 기본이 되는 법적 근거조차 마련하지 못하고 있는 실정이기에, 테러방지를 위한 국가 등의 책무와 필요한 사항을 명확히 규정하여 국가의 안보 및 공공의 안전은 물론 국민의 생명과 신체 및 재산을 보호하기 위하여 「국민보호와 공공안전을 위한 테러방지법」이 제정되었습니다.

우리나라는 수많은 국제행사를 유치하고 성공적으로 마무리하였으며, 앞으로 개최될 2018년 평창 동계올림픽 등 국제사회에서 더 많은 역할을 준비하고 위상이 날로 증대되는 가운데 테러위협에 대한 지속적인 대비가 절실히 필요한 시점입니다.

이를 위해서는 테러 촉발의 기제가 되는 현상학적인 측면에서 접근하여 전체적인 관점에서 유기적으로 기능할 수 있는 대테러시스템을 탐구해야 할 것입니다. 더불어 기존의 경직적이고 개별적으로 운용되고 있는 대테러관리를 전체적이고 유기적인 통합성을 확보하고, 조직 간의 상호작용을 통해 시너지 효과를 높일 창발 현상이 나타날 수 있는 시스템의 운용 방안을 모색해야 할 것입니다.

아무쪼록 본 서가 대테러업무 관련 정부 관계기관의 관계자들과 학계·연구소·기업체 그리고 이 분야에 관심을 갖고 있는 모든 분들에게 참고 도서로 조금이나마 도움이 되기를 기원합니다.

끝으로 지속적인 관심과 사랑으로 아낌없이 베풀어 주신 아버님과 어머님, 故 장인어른, 장모님, 내외 가족들 그리고 사랑하는 아내와 딸 리나, 아들 민결에게도 감사드립니다. 또한 본 서의 출간에 도움을 주신 한국학술정보(주) 관계자 여러분에게도 진심으로 감사의 마음을 전합니다.

2016년 12월
칠갑산기슭 연구실에서
권정훈

| 목차 |

표 차례

그림 차례

1 | 들어가며

제1절 대테러시스템, 무엇이 문제인가?

테러는 인류의 태동과 더불어 시작되었다고 해도 과언이 아니며 인류가 극복해야 할 최대 난제 중의 하나임은 자명하다.

미국의 미래학자인 앨빈 토플러(Alvin Toffler, 1928~)의 예리한 지적처럼 제1물결 시대의 전쟁 형태는 백병전이나 근접 전쟁이었고, 제2물결 시대의 전쟁은 대량파괴와 대량살육의 현장이었으며, 제3 물결 시대의 전쟁은 걸프 전쟁과 같은 하이테크 전쟁으로 상징되고 있다. 지금까지의 폭력행사에 있어서는 강한 자가 이기는 것이 철칙이었으며, 아울러 새로운 세기에는 우리의 상상을 초월한 위기가 도사리고 있음을 경고하였다.

밀레니엄(millennium)이 시작된 지구촌은 보편적인 진화과정이 끝났다는 '역사의 종말'과는 달리 전례 없는 규모의 테러에 시달리고 있다. 이제는 국가중심의 전쟁은 무의미하며 약자의 전쟁이라고 불리는 '비대칭 전쟁(asymmetric warfare)'이 도래하였다. 과거 테러의 장소는 중동과 아프리카 지역 또는 이슬람 지역으로 한정되었지만, 이러한 비대칭 전쟁은 미국의 심장부라고 할 수 있는 뉴욕과 유럽의 스페인·영국 그리고 프랑스로까지 점차 확대되었다.

세계의 역사적 흐름에 변화를 가져온 9·11 테러를 계기로 각국은 새로운 안보환경의 패러다임을 재조명하기 시작하였다. 최근 자행되고 있는 테러 양상은 이른바 '뉴테러리즘(new terrorism)'이라 하여 가용할 수 있는 모든 수단과 방법을 동원한 자살공격과 불특정 다수인에 대한 무차별 살상을 특징으로 하고 있다. 그 영향력도 단순히 공포조성의 한계를 벗어나 그 피해가 국가안보를 위협하는 수준에 이르고 있다. 9·11 테러를 자행한 오사마 빈 라덴(Osama Bin Laden, 1957~2011)을 지도자로 하는 알 카에다(Al-Qaeda)는 미국을 돕는 그 어떤 국가도 그들의 적으로 간주한다는 것을 천명하였고, 우리나라도 더 이상은 테러피해의[1] 무풍지대라고 할 수 없게 되었다.

국가정보원이 국회 정보위원회에 제출한 대외비 '최근 5년간 해외 테러조직의 국내 잠입 현황, 활동 및 검거실적' 자료에 따르면

---

1) 우리나라는 미국의 대테러정책을 지원하기 위해 이라크에 비전투병인 서희·제마 부대의 치안유지군을 파병한 이후 2003년 11월 30일 이라크 현지에서 최초로 민간인 2명 사망, 2명 부상의 사상자가 발생하였다. 우리 국민을 대상으로 테러가 발생한 것은 처음이었다. 또한 2004년 6월에는 이라크 테러집단에 의해 故 김선일 씨 피살사건이 발생하였다. 이후 2007년 2월 27일에는 아프가니스탄 바그람에 소재하고 있는 미군기지 정문 앞에서 자살폭탄테러가 발생하여 아프가니스탄 현지인의 기능공 집체교육 대상자 인솔 및 출입조치를 위해 현장에 있던 우리 군의 다산부대 통역병 故 윤장호 하사가 사망하는 사건이 발생하였고, 2007년 5월 15일에는 우리 선원이 승선한 마부노 1·2호가 소말리아 해역에서 해적들에게 피랍되는 사건이 발생하였으며, 2007년 7월 19일에는 분당 샘물교회 자원봉사자 23명이 아프가니스탄 탈레반 무장 세력에 피랍되어 남자 인질 2명이 살해, 여자 인질 2명이 석방되면서 우리 정부는 탈레반 대표와의 지속적인 대면협상을 통해 결국 41일 만에 남은 인질 19명 전원이 석방되었다.

2003년부터 지금까지 국내에서 테러 모의와 반미선동, 주한미군 정보 수집, 테러자금 모집, 탈레반과 연계된 마약원료 밀수출 등과 관련된 해외 테러세력 74명 등 총 19건을 적발, 강제 퇴거시키는 조치를 취하여 우리나라가 해외 테러세력들의 '중간 거점'임을 보여 주었다(연합뉴스, 2008. 9. 21). 또한 파키스탄 무장조직 탈레반의 조직원이 국내에 밀입국한 사실이 처음 드러나 출입국 관리에 비상이 걸렸다. 대검찰청과 경찰청 등에 따르면 4월 27일 선원으로 가장하여 국내로 밀입국해 출입국관리법 위반 혐의로 구속 기소된 파키스탄인 살림 모하메드가 현지에서 수배 중인 탈레반 조직원인 것으로 확인되었다. 이번 일을 계기로 G20 정상회의를 앞둔 우리나라의 출입국 안전에 대한 총체적인 점검이 필요하다는 지적이 나오고 있다(한국일보, 2010. 5. 11). 최근 국가정보원이 18일 국회 정보위원회의 '파리 테러사건 관련 국내 위협 평가 및 대책' 현안보고에서 공개한 내용은 인터넷상에 이라크-레반트 이슬람국가(Islamic State of Iraq and the Levant: ISIL)를 지지하는 글을 올린 우리 국민 10명을 적발했고, 국제 테러조직과 연계된 48명의 외국인을 추방했으며, 시리아 난민 200명이 국내에 들어와 있다는 것이다. 또한 IS에 가입해 활동하다 지난 2월 사망한 것으로 파악된 인도네시아 노동자 1명이 국내에 머물렀던 것으로 확인됐다. 이 인도네시아 노동자는 출국하기 전 2년 동안 대구 성서공단에서 근무한 것으로 드러났다(국민일보, 2015. 11. 19). 프랑스 파리 연쇄 테러 배후인 이슬람 극단주의 무장단체 IS가 최근 연쇄 테러에 이어 테러 대상인 60개국의 명단을 새로 발표하면서 여기에 우리나라를 26번째 테러 대상 국가로 지목한 바 있다. 이러한 테러리즘의 위협은 심각한 수준에 이르고 있어 우리나라도 더 이상 테러 안전지대가 아니다.

새로운 테러리즘의 양상으로 인해 국제연합은 전례 없는 사회통제 프로젝트인, 전 지구적 안전(global security)의 강화를 위하여 각국에 포괄적인 대테러방안을 강구할 것을 촉구하고 있다.

9·11 테러를 계기로 선진 각국에서는 테러의 예방 및 대응을 위해 법적·제도적 정비 등 각종 대책을 서둘러 마련하였다. 피해 당사국인 미국은 기존의 테러 관련 법률을 강화한 「테러리즘의 차단과 방지에 필요한 적절한 수단의 제공에 의한 미국의 통합 및 강화법(Uniting and Strengthening America by Providing Appropriate Tools Required to Intercept and Obstruct Terrorism Act: USA PATRIOT ACT)」(이하 「반테러법」이라 한다)의 제정에 이어 국토안보부(Department of Homeland Security: DHS)를 설립하는 근거법률인 「국토안보법(Homeland Security Act)」을 제정하였다. 그리고 2004년에는 「정보개혁 및 테러예방법(Intelligence Reform and Terrorism Prevention Act)」을 제정하여 '국가정보국(Office of the Director of National Intelligence: DNI)', '국가대테러센터(National Counter Terrorism Center: NCTC)', '국가정보센터(National Intelligence Center: NIC)' 등을 신설하였다.

미국과 대테러 군사노선을 같이하는 영국은 「반테러리즘, 범죄와 안보에 관한 법(the Anti-Terrorism, Crime and Security Act)」(이하 「대테러법」이라 한다)을 제정하였으며 '합동테러분석센터(Joint Terrorism Analysis Center: JTAC)'를 신설하였다.

독일은 기존의 광범위한 테러대책법에 더하여 「국제테러대책법(Gesetz zur Beka mpfung des internationalen Terrorismus)」을 제정하였고 '협동대테러센터(Gemeinsamen Terrorismus Abwehrzentrum: GTAZ)'를

신설하였으며, 일본은 자위대의 활동 범위를 국외로 확대하고 자위대의 해외파병을 허용하는 「테러대책특별조치법」을 제정하는 한편, 생물테러의 처벌을 위한 관련 법제를 정비하였다(손동권, 2006: 3).

우리나라는 1982년 1월 21일 대통령훈령으로 제정되어 시행된 제47호 「국가대테러활동지침」[2]을 근거로 테러에 대응하였다. 그러나 이 지침은 법치주의에 입각한 대테러행정이라는 측면에서 미흡한 부분이 많으므로 테러에 대한 예측가능성과 법적 안정성을 제공하지 못한다는 비판이 있었다(국회정보위원회, 2002: 183). 그리고 테러발생 시 국가적 차원에서 신속하게 대응해야 함에도 불구하고 부처 간 대테러업무가 분산되어 있어 국가 대테러업무를 효율적이고 체계적으로 수행하는 데 장애가 있을 것으로 우려되고 있다(이대성, 2004: 5).

이러한 상황에서 기존의 대응시스템으로는 테러에 효율적·체계적으로 대처하기 어려운 실정이므로 범정부 차원에서 국가대테러대책회의를 구성하고 대테러센터를 설치하며 테러조직의 구성 또는 지원에 대한 수사 및 처벌 등 테러의 예방과 대응체계를 확립함으로써 테러로부터 국가의 안전을 확보하고 국민의 생명과 재산을 보호할 수 있도록 제도적인 뒷받침을 위한 방안의 하나로 대테러법의 제정이 추진되었다. 그러나 국민의 인권 침해 소지 논란 등의 이유로 정부, 학계 및 전문가 집단, 시민단체 등에서 공청회를 통해 이견을 좁혀 테러방지법(안)의 입법화를 추진하려 하였으나 수많은 논란 속에 부딪쳐 추진이 중단되었다.

---

2) 「국가대테러활동지침」은 1982.1.21. 대통령훈령 제47호로 제정되어 1997.1.1. 일부개정, 1999.4.1. 일부개정, 2005.3.15. 전면개정, 2008.8.18. 일부개정, 2009.8.14. 일부개정, 2012.2.9. 일부개정, 2013.5.21. 일부개정, 2015.1.23. 일부개정으로 8차례에 걸쳐 개정되어 시행되었다. 이 훈령은 대외비로써 비공개로 이루어져 왔으나, 2008.8.18. 일부개정된 이후 일반인에게 공개되었다.

각국에서는 국민의 안전과 손실 방지 등 테러리즘으로부터의 피해를 최소화하기 위해 시대적 상황, 지리적 특성, 문화적 가치, 환경적 요소 등 자국의 입장을 고려하여 제도적 정비를 마련하는 국가적 차원의 대테러시스템을 구축하고 있다.

뉴테러리즘이 지속적으로 증가되는 이 시점에 지난 아프가니스탄 피랍사태로 인하여 정부의 대테러방식이 원칙과 전략, 지식도 없는 '3무 대응'이라는 비판이 있었다. 시종일관 탈레반의 살해 위협과 선전전에 끌려 다닌 정부는 원칙과 요령, 지식도 갖추지 못해 대테러에 많은 문제점을 노출하였다. 따라서 이제는 우리나라도 국가적 차원에서 예기치 않은 테러의 위협요인에 대해 즉각적인 대응과 관리능력을 높이기 위한 총체적 대테러시스템을 구축할 필요성이 강하게 대두되고 있다. 이러한 이유는 국가적 차원의 대테러시스템의 기능배분이 합리적으로 이루어져 있지 않고 개별 법령에 의해 각 부처별로 상이한 대테러시스템을 이루고 있기 때문에 결과적으로 부처 이기주의에 입각한 경쟁적이고 배타적인 관리 운영으로 치우쳐져 총체적인 대테러의 효율성이 크게 저하[3]된다고 볼 수 있다. 따라서 대테러업무의 효율성을 극대화하기 위해서는 국민의 안전권(safety right)을 보장하고 인명과 재산의 손실을 방지하여 궁극적으로는 국민과 정부 사이의 신뢰관계를 제고하여야 한다.

본 연구는 '뉴테러리즘이 증가되는 시점에서 현행 우리나라의 대

---

3) 테러의 전담조직이 부재한 상태에서 분야별·상황별 발생 실태에 따라 체계적인 합동대처가 현실적으로 이루어지지 않고 있고 테러에 대한 대처시간이 부족하며 무기사용에 대한 새로운 대처방식이 필요함에도 불구하고 현실적으로 이루어지지 않고 있다. 그리고 테러리즘에 대한 전문성 부족과 업무한계의 모호성으로 부처 간 협조보다는 책임회피 등 업무기피에 따른 적기대응을 실기할 우려가 예상되고 있다(이창용, 2004: 103).

테러시스템으로 다양한 테러의 위협요인에 대해 사전예방과 즉각적인 대응이 이루어질 수 있는가?'라는 점에서 출발하였다. 따라서 연구의 목적은 우리나라의 대테러시스템이 국민의 생명과 재산적 안전을 확보하고 있을 뿐 아니라 국민으로부터 신뢰를 얻고 있는가를 법률 및 제도적 관점에서 진단하여 문제점을 파악한 후 이를 해결할 수 있는 대테러시스템의 구축을 위한 대안을 마련하는 것으로, 이를 구체적으로 기술하면 다음과 같다.

첫째, 테러리즘의 위협요인에 대처하는 우리나라의 대테러시스템은 어떠한 문제점을 지니고 있는가? 즉 국가적 차원의 대테러시스템의 기능 배분은 효율적으로 이루어져 있는가를 분석한다.

둘째, 대테러시스템의 구축을 위한 민간 부문의 역할은 무엇인가? 즉 테러리즘의 예방과 대응과정에 있어 역할 비중이 날로 증가하고 있는 민간 부문과 관계기관과의 협력관계의 필요성 및 가능성을 검토한다.

셋째, 이러한 문제점들을 해결할 수 있는 바람직한 대테러시스템은 무엇인가? 즉 테러리즘의 위협요인에 대한 예방과 즉각적으로 대처할 수 있는 우리나라의 대테러시스템에 있어 바람직한 모형을 제시하는 것에 논의의 핵심을 둔다.

제2절 대테러시스템의 연구범위 및 방법

본 서는 오늘날 세계 도처에서 무작위로 자행되고 있는 대테러시스템의 구축을 위해 국가적 차원에서 접근하고자 한다. 이를 위하여 다양한 문화적·역사적 배경을 지닌 국가들의 대테러시스템에 대한 벤치마킹을 통해 우리나라의 형태에 맞는 통합형 대테러시스템의 구축에 국한하고자 한다.

테러리즘의 상황에 효과적으로 대응하기 위한 방안의 하나로 대테러의 제도적 정비가 필요하다. 이와 관련한 테러방지의 연구는 국가기구의 조직 및 권한, 기구 상호 간의 권한 관계를 다루는 조직법적 연구와 어떠한 행위를 테러 범죄로 처벌할 것인가의 실체법적 연구 그리고 민·관 부문과의 상호관계로 나누어 볼 수 있는데, 본 서에서는 중점적으로 조직법과 실체법적 연구에 일차적으로 핵심 의제를 두고 이에 못지않게 민·관 간의 상호관계를 탐색해 보는 연구에도 부차적인 의제를 두고자 한다.

우리나라 대테러시스템의 구축 방안을 도출하기 위한 구성은 다음과 같다.

제1장에서는 본 서의 집필 목적, 본 서의 연구범위 및 방법에 대해 기술하였다.

제2장에서는 테러리즘에 관한 이론적 배경으로, 각국에서 정의하고 있는 테러리즘 개념의 다양성을 국가별로 분류하여 검토하였으며, 테러리즘의 발생 추이에 따라 테러리즘의 환경과 전략·전술의 변화 그리고 테러리즘의 추세와 전망 등 국제 테러리즘의 변화 동향

을 살펴보았다. 또한 우리나라에서 발생 가능한 테러리즘의 환경적 특성과 선행연구에 대해서도 검토하였다.

제3장에서는 테러리즘에 대처하는 각국 대테러시스템의 제도적 실태를 살펴본 후 비교·분석을 실시하였다.

제4장에서는 국내외 대테러시스템의 비교·분석을 바탕으로 우리나라의 문제점과 통합적인 대테러시스템의 운용 방안을 모색하였다.

마지막으로 제5장에서는 연구결과를 종합하여 결론을 제시하였다.

본 연구는 테러리즘의 위협요인에 대처하기 위하여 우리나라의 대테러시스템에 대한 문제점을 통해 테러의 발생에 즉각적으로 대처하며, 유기적이고 효율적이며 전문적으로 이루어질 수 있는 국가적 대테러시스템의 구축 방안을 제시하는 데 목적이 있다. 따라서 우리나라 대테러시스템의 구축 방안을 위한 연구목적을 달성하기 위해 본 서는 문헌분석(Documentary Review) 연구의 방법을 채택하였다.

이 연구방법은 기존에 연구된 내용이나 현재까지 진행되어 왔던 연구의 흐름을 파악할 수 있게 해 주는 것으로, 문헌 등에 기술되어 있는 1차적 또는 2차적 자료들을 통하여 과거 또는 현재의 현상을 기술하고 설명하며, 분석을 토대로 연구자의 주관을 드러내는 방법이다. 이에 본 연구에서는 도서관 조사방법(library survey), 역사적 연구방법(historical method), 비판적 또는 분석적 연구방법(critical or analytical method)을 세부 연구내용에 따라 적용하였다.

보다 구체적으로, 테러와 관련된 문헌을 수집·분석하여 테러리즘 개념의 다양성 및 테러사건의 발생 추이와 테러리즘의 변화 동향 그리고 각국 대테러시스템 등의 변화를 분석·파악하는 데 이 연구방법이 활용되었다. 테러와 관련된 문헌조사의 자료수집을 위해서는 정부, 대테러 관계기관, 언론 등 정부간행물과 관련 백서, 방영 내용의 공식자료, 국내외에서 발간된 문헌들과 학술지 및 연구논문, 인터넷을 통한 각종 정보 등을 이용하였다. 또한 테러사건 발생 추이의 과거 분석 과정에서는 역사적 연구방법을 활용하였으며, 테러와 관련한 각국 대테러시스템의 실태를 다루는 데 있어서는 비판적 또는 분석적 연구방법을 활용하였다.

이를 종합하여 체계적이고 조직적인 대테러시스템의 구축 방안을 제시함으로써 테러리즘의 위협요인에 효율적으로 대처하기 위한 본 연구 절차는 <그림 1>과 같다.

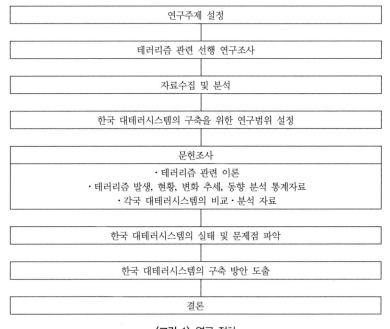

〈그림 1〉 연구 절차

2 | 테러리즘에 관한 이론적 배경

제1절 테러리즘 개념의 다양성

우리는 '테러'와 '테러리즘'의 용어를 구별하지 않고 일반적으로 테러라고 일컫는 경향이 있다.

테러라는 용어의 어원은 "떠는 또는 떨게 하는 상태 그리고 죽음을 야기하게 하는 행위나 속성에 기인한 커다란 공포 또는 죽음의 심리적 상태"라는 의미의 라틴어 'Terrere'에서 비롯되었다. 테러라는 단어와 그 파생어들은 아주 다양한 문장들에서 사용되어 왔다. 예를 들면 아주 포악한 폭군에 대한 별명에서부터 정치적인 소용돌이 속에서의 폭력,[4] 오늘날 국제 테러로 빈번히 발생하고 있는 폭력

---

4) 폭력은 현상이 아주 복잡하기도 하고 그 의미를 정의하는 방법이 아주 모호하기 때문에 만족할 만한 개념적 정의는 없다. 일반적으로 용어 자체가 상당히 정치적인 의미를 내포하고 있고, 이 정의를 해석하는 관점에서 자신들에게 유리한 방향으로 해석을 달리하기 때문이다.

사태 등이다.

테러리즘은 테러의 보다 '조직화된 상태(the more organized form of terror)'이다. 테러는 '마음의 상태(a state of mind)'를 의미하는 반면, 테러리즘은 '조직화된 사회적 활동(organized social activity)'으로 간주한다. 결국 가장 좁은 의미에 의하면 테러는 테러리즘 없이도 발생 가능하며 테러는 테러리즘의 중요한 요체(terror is the key of terrorism)라고 할 수 있다(Thackrah, John Richard., 2004: 264-265).5)

그러나 1·2차 세계대전을 테러로 여기지 않는 것을 보면 테러에 있어서 물리적인 충돌 또는 폭력은 핵심이 아니며, 폭력은 그 자체가 목적이기보다는 많은 사람들에게 공포심을 일으키게 하기 위한 하나의 수단이다.

테러는 과거, 정부나 혁명단체에 의해 조직적으로 행하여지는 공포수단을 의미하는 것이었으나, 현대적 의미에서는 개인이나 단체가 정치·종교·이념·사회적 목적을 달성하기 위해 행하는 폭력행위까지 그 범위를 확대하고 있다. 반면, 테러리즘은 정치적 목적을 달성하기 위한 수단으로 폭발물을 이용한 공격, 살해, 납치, 암살, 폭파와 같은 행위를 조직적으로 사용하는 것이다. 이러한 테러리즘은 첫째, 정치적 목적이나 동기가 있고 둘째, 폭력의 사용이나 위협이 따르며 셋째, 심리적 충격이나 공포심을 유발하고 넷째, 소기의 목표나 요구를 관철시키려는 공통점이 있다. 현대적 의미에서 테러리즘이란 협박, 강압, 공포를 유발하여 정치·경제·이념적 목표를 달성

---

5) 테러(terror)에 붙은 접미사 이즘(-ism)의 어원은 정치적인 철학(-주의, -사상) 등을 의미하지만, 실제 의미는 활동이나 행동 방법 등을 나타낸다. 일부 학자들은 테러리즘의 어원에 주목하기도 하지만, 대부분의 학자들이 주장하는 가장 일반적인 이즘(-ism)의 의미는 활동을 위한 계획적인 방법(a deliberate manner of acting)이다(김창윤, 2006: 166).

하기 위해 폭력행위로 위협을 가하는 것을 말한다(21세기군사연구소 편집부, 2002: 86).

다이슨(William E. Dyson)은 그의 저서 *Terrorism: An Investigator's Handbook*(2001)에서 시대에 따라 테러리즘의 정의가 달라지고 있다고 주장한다(장기붕, 2007: 16). 일반적으로 테러리즘에 대한 정의는 매우 다의적이고 복합적이며 이중적인 가치를 내포하게 되는데, 이는 테러 또는 테러리즘이 정치·문화·사회적 제반 여건을 토대로 오랜 기간 동안 축적되어 형성되었기 때문이다.[6]

클라인과 알렉산더(Cline & Alexander)는 테러리즘이란 "정치적 목적을 달성하기 위한 수단이며 폭력사용의 한 형태로 저강도 수준의 폭력을 사용하는 전쟁이다(Cline R. S. and Alexander Y., 1984: 3)"라고 하였다.

윌킨슨(Paul Wilkinson)은 테러리즘은 "조직적인 살해 및 파괴 그리고 살해와 파괴에 대한 협박을 함으로써 개인, 단체, 특정 공동체 혹은 정부를 공포의 분위기로 몰아넣어 테러리즘 집단의 정치적 목적을 달성하려는 행위(Wilkinson, Paul., 1986: 50-51)"라고 하였다.

텍크라(Thackrah)는 "민주주의 국가 내부에서 불안정을 창출하기 위해 행해지는 폭력적이고 극단적인 협박의 조직적 체계(Thackrah, John Richard., 1987: 38)"라고 정의하였다.

라쿼르(Walter Laquer)는 "한 나라의 체제를 새로운 체제로 변화시키는 현상으로, 지도층에 대항해서 또는 소수 인종이나 종교를 향해 가해지는 폭력행위로써 내란·쿠데타·게릴라 활동과 같은 다른

---

6) 본 서에서는 대부분의 학자들이 이해하고 있는 실제적인 측면에 주목하여 '테러'와 '테러리즘'이라는 용어를 동일한 개념으로 인식하여 사용하고자 한다.

형태의 정치폭력과 혼동해서는 안 된다(Laquer, Walter., 1987)"라고 하였다.

슈미드와 용만(Schmid & Jongman)은 "폭력의 희생자 발생이 무작위 적이고 상징성을 띠는 조직적인 전투방법(Schmid, Alex P. & Jongman, Albert J., 1988: 1)"이라고 하였다.

워드로(Grant Wardlaw)는 테러를 "기존의 권위를 지지하거나 반 대하는 개인이나 집단에 의한 폭력의 사용·위협이며, 또한 이러한 테러행위는 정치적 요구에 순응하도록 강요할 목적으로 즉각적인 희생자보다는 국가나 집단에 극단적인 공포·두려움을 유발할 목적 으로 수행되는 행위(Wardlaw, Grant., 1994: 19)"라고 정의하였다.

젠킨스(Brain Jenkins)는 테러리즘은 "정치적 목적 달성을 위해 폭 력을 사용하거나 이러한 폭력사용을 위협하는 것(Rand Corporation, 2005)"이라고 하였다.

학자들의 테러 또는 테러리즘에 대한 개념 정의를 분석해 보면 1980년대에 인식하는 테러리즘은 상당 수준 폭력의 사용을 전제하 면서 국가 혹은 사회체제의 전환을 궁극적 목표로 추구하고 있으며, 1990년대 이후의 테러리즘은 개인 혹은 단체의 특정 목적을 달성하 기 위하여 위협적 수단을 사용하는 것으로 인식되고 있음을 알 수 있 다. 즉 1980년대의 테러리즘은 파괴적 성향이 강했던 반면, 1990년 대 이후의 테러리즘은 협상우위를 위한 수단적 성향이 강하게 나타 나고 있음을 알 수 있다.

이처럼 학자들에 따라 테러리즘에 대한 정의가 다양하게 나타나 고 있는데, 이는 테러 또는 테러리즘에 대한 정의를 당해 국가의 사 회·문화적 특성에 따라 다양하게 인식하고 있기 때문이다.

대테러시스템의 제도적 정비가 효율적으로 운용되고 있는 국가들을 중심으로 그들이 인식하고 있는 테러 또는 테러리즘의 개념 정의를 살펴보면 다음과 같다.

미국의 경우 중앙정보국(Central Intelligence Agency: CIA, 1980: ii)은 1980년에 내린 정의에서 테러를 폭력이 현실적으로 발생하거나 또는 발생하지 않더라도 폭력의 '신빙성 있는 위협(credible threat)'이 있고, 또 어떠한 형태라도 '국경을 초월하는 것(transcend national boundaries)'으로 규정하였다. 즉 테러를 폭력의 현실적 사용 또는 신빙성 있는 위협과 국제성을 갖는 경우로 한정하였다. 이러한 정의는 격증 내지 대형화되고 있는 테러의 추세를 적절히 반영하지 못하는 약점이 있다. 이에 1981년 과거와는 달리 테러의 위험도를 더욱 높게 평가하는 한편, 테러의 개념을 새로 정의하게 되었다. 새로운 정의에 따르면 테러란 "직접적인 희생물보다 더욱 포괄적인 테러대상 그룹들에게 폭넓은 심리적 충격을 가할 목적으로 정치적 상징효과를 얻기 위한 폭력의 사용 또는 그 위협"이라고 하였다. 이러한 정의는 어느 한 국가 내에서의 전복활동 또는 반란적 군사행위도 포함될 수 있다(국회정보위원회, 2002: 15).

국방부(U.S. Department of Defence)는 1983년과 1986년에 테러리즘에 관해 각기 다른 정의를 규정하였다. 1983년의 정의에서는 "혁명기구가 정치적 혹은 이데올로기적 목적 달성을 위해 정부 혹은 사회를 위압하거나 협박하는 수단으로 개인과 재산에 대한 비합법적인 폭력을 사용하거나 폭력사용에 대한 협박을 하는 것이다"라고 하였으며, 1986년의 정의에서는 "정치·종교·이데올로기적 목적 달성을 위해 정부 혹은 사회에 대한 위압 혹은 협박의 수단으로 개인 혹은 재산에 대해 비합법적인 힘 혹은 폭력을 사용하거나 비합법적인 힘 혹은 폭력의 사용에 대한 협박을 하는 것이다(U.S. Department of Defense, 1983: 1220; U.S. Department of Defense(SFA/AA); 최진태, 2006: 21 재인용)"라고 규정하였다.

연방수사국(Federal Bureau of Investigation: FBI)은 "정치적·사회적 목적 달성을 위해 정부와 대중을 위협 또는 강압하여 사람의 신체나 재산상에 피해를 유발하는 불법적인 폭력의 행사"라고 정의하였다.

국무부(U.S. Department of State, 2003)는 "준국가단체 혹은 국가의 비밀요원이 다수의 대중에게 영향력을 행사하기 위해 비전투원을 공격 대상으로 하는, 사전에 치밀하게 준비된 정치적 폭력이다"라고 정의하였다.

미국은 9·11 테러 이전 대부분의 기관에서 정치적·종교적·이데올로기적·사회적 목적이라는 주관적 요건을 명시하여 테러리즘을 정의하였다. 그러나 9·11 테러 이후 「반테러법」을 통해 자국의 안전과 국민의 생명 및 재산을 보호하기 위하여 어떠한 수단도 불문한다.

미국은 대테러방안과 관련하여 2001년 10월 26일 「반테러법」을 제정하여 대테러활동의 근간을 제공하며, 이 외에도 관련 부서별 특성을 반영한 법률 및 지침들을 제정하여 활용한다. 따라서 각 법률마다 목적에 해당하는 각각의 정의가 규정되어 있다(국회정보위원회, 2002: 55-59 재구성).

범죄에 관한 정의에서는 "국제 테러리즘"이란 일반시민을 협박 또는 강요하거나, 협박 또는 강요를 통해 정부의 정책에 영향을 주고자 하거나 대량파괴, 암살 또는 납치를 통해 정부조치에 영향을 주기 위하여 미 연방 또는 각 주 형법에 범죄행위로 규정되어 있거나 미 연방 또는 각 주 관할지역 내에서 자행 시 범죄행위가 되는 무력행위 또는 사람의 생명에 위험을 초래할 수 있는 행위로써 미합중국 영토 외에서 발생되거나 협박·강요 대상자 또는 범죄지·망명지 등 목적 달성을 위한 수단 등이 다국적 요소로 이루어져 있을 때를 말한다.

"국내 테러리즘"이란 일반시민을 협박 또는 강요하거나 협박 또는 강요를 통해 정부의 정책에 영향을 주고자 하거나 대량파괴, 암살 또는 납치를 통해 정부조치에 영향을 주기 위하여 미 연방 그리고 각 주 형법상 범죄행위로 규정되어 있는 사람의 생명에 위험을 가하는 행위로써 원칙적으로 미합중국 영토 내에서 발생한 것을 말한다.

출입국관리에 관한 정의에서는 '테러리스트 행위'를 다음에 게재한 위법 행위로 규정하였다.

첫째, 항공기·선박·자동차 그 외 운송수단의 공중(해상) 납치 또는 파괴

둘째, 구속된 자의 석방을 위한 명시적 또는 묵시적인 조건으로 어떤 행위를 행한 것 또는 행하지는 않지만 제3자(정부기관을 포함한다)를 강요하기 위해 타인을 구속하고 살해·상해 또는 구속을 계속하기 위한 협박

셋째, 국제적으로 보호된 자 또는 해당자의 자유에 대한 폭력행위

넷째, 암살

다섯째, 직접적 또는 간접적으로 사람의 안전에 위협을 미치거나 또는 재산에 대한 사실적 손해를 끼치는 의도로 생물제·화학제 또

는 핵에 관한 무기 또는 장치 그리고 폭발물, 무기 또는 장치의 사용

여섯째, 상기에 게재한 행위의 협박, 미수 또는 공모

1978년 제정된 외국첩보감시법은 '국제 테러리즘'을 다음과 같이 규정하였다.

첫째, 미합중국 또는 각 주의 형법에 위반이 되고 미합중국 또는 각 주의 재판지역에서 행해진 범죄행위가 되는 폭력행위 또는 사람을 위협하는 행위를 동반하는 활동

둘째, 일반시민을 협박하고 또는 강요하거나 협박 또는 위압에 의해 정부의 정책에 영향을 주거나 암살 또는 납치에 의해 정부의 행동에 영향을 미치는 등의 어떠한 의도가 인정되는 활동

셋째, 실행의 수단, 위압 또는 강요의 대상이 된다고 인정하는 자 또는 테러리스트가 활동하고 은신처를 찾는 장소에 관해 미합중국의 영토 외에서 생기는 활동

영국은 대테러방안과 관련하여 2000년 7월 20일 「테러법(Terrorism Act of 2000)」을 제정하였다(국회정보위원회, 2002: 59−60 재구성). 이 법에서는 테러리즘이란 신체에 대한 심각한 폭력 행사, 심각한 재산상 피해 유발, 타인의 생명에 중대한 위험을 가하는 행위, 불특정 다수인의 건강 또는 안전에 심각한 위해를 가하는 행위, 전자장치에 대한 심각한 차단 및 방해 등의 행위로써 행위의 실행 또는 위협으로 정부에 영향을 주거나 대중의 공포를 유발하고, 정치적·종교적·이념적 목적 달성을 목표로 하고 있어야 한다. 또한 테러단체를 "테러행위를 자행하였거나 가담·준비·지원·선동 또는 테러와 관련이 있고 관계 장관이 지정하는 단체"로 정의하였다.

독일은 대테러방안과 관련한 직접적인 정의 및 규정이 없다. 다

만, 1976년 8월 18일 「테러대책법」으로 형법 제129조a에 테러단체 조직죄(Bildung terroristischer Vereinigung)를 신설함으로써 테러의 범주에 드는 유형을 제시하는 간접적인 형태로 정의하였다.

연방헌법보호청(Bundesamt für Verfassungsschutz: BfV)에서는 "심각한 범죄행위, 특히 범죄행위의 예비를 위하여 정치적 목적에서 지속적으로 행하는 기타 폭력행위"라고 정의하여 규제하였다(T. Herzog, 1991: 89-90; 한국형사정책연구원, 1995: 94 재인용).

연방수사국(Bundeskriminalamt: BKA)에서는 "원칙적으로 정치적 동기를 가진 모든 폭력행사 또는 그 위협을 포함하는 광범위한 개념"으로 사용하였다.

경찰학사전(Polizeilexikon)에서는 테러를 "그 희생자나 직접적인 대상뿐 아니라 국가 또는 사회 일반에 공포를 확산시킴으로써 체제전복 기타 중대한 정치적 목적을 달성하기 위하여 통상 집단에 의해서 행해지는 심각한 폭력행위의 사용 또는 그 위협"이라고 정의하였다(한국형사정책연구원, 1995: 94).

프랑스는 대테러방안과 관련하여 1986년 9월 9일 「테러리즘과 국가 안보 침해에 관한 법(LOI 86-1020 du 09 Septembre 1986 LOI relative a la lutte contre le terrorismeet aux atteintes a la surete de I'Etat)」을 제정하였다(국회정보위원회, 2002: 63-64). 이 법 제421-1조에서는 테러를 "공공질서를 심각하게 혼란시킬 목적으로 위협이나 공포를 이용한 행위"로 정의하면서 행위의 구체적인 내용을 다음과 같이 규정하였다.

- 고의적인 생명침해·납치·감금 또는 항공기·선박 등 교통수
 단에 대한 노선 변경

- 절도·강탈·파괴·파손행위와 정보 관련 범죄행위
- 폭발물의 획득·소지·운반 또는 불법 휴대
- 무기 및 탄약의 소지, 휴대 및 운반
- 생화학 혹은 독극물을 원료로 한 무기의 개조·제작·소지·보관·획득과 양도

한편, 제421-2조, 제421-2-1조, 제421-2-2조에서는 다음의 경우를 '테러행위(des actes de terrorisme)'로 간주하였다.

- 위협 또는 공포를 이용해 공공의 질서를 현저히 방해할 목적을 갖고 개인 또는 집단이 고의로 사람 또는 동물의 건강 또는 자연환경을 위험에 처하게 하는 성질을 띤 물질을 대기 중 지상·지하, 식료품 또는 식료품의 구성요소 또는 영해를 포함한 수계에 방출하는 행위
- 객관적 사실에 부합된 테러행위를 목표로 형성된 집단 또는 공모에 참가하는 행위
- 전부 또는 일부가 테러행위에 사용될 것을 알면서 자금·증권 또는 재산을 제공·수령·관리하거나 자금공여 목적으로 조언을 주고 테러 계획에 쓰일 자금을 제공하는 행위

이스라엘은 대테러방안과 관련하여 「테러방지법령(Prevention of Terrorism Ordinance)」을 1948년 9월 23일 제정한 이후 1980년 7월 30일, 1986년 8월 13일, 1993년 1월 27일 등 3차례에 걸쳐 개정하였다(국회정보위원회, 2002: 70 재구성).

이 법에서는 테러나 테러리즘에 대해 정의하고 있지 않으나 테러단체와 그 구성원을 정의하였다.

테러단체란 사람의 신체에 대한 상해 또는 살인을 일으키는 폭력

또는 이를 이용한 위협에 종사하는 자의 집단·결사를 말하고, 테러단체 구성원이란 테러단체의 소속원을 말하며, 테러단체의 활동에 가담하거나 또는 테러단체의 활동·목적을 선전하거나 또는 테러단체를 위하여 자금, 기타 재화를 지원하는 자를 포함한다.

일본은 대테러방안과 관련하여 2006년 「공중 등 협박목적의 범죄행위를 위한 자금제공 처벌에 관한 법률」(2006년 법률 제67호 이하 「테러자금처벌법」이라 한다)을 제정하였다(국회정보위원회, 2002: 71 - 72 재구성).

첫째, '공중 등 협박목적의 범죄행위'라 함은 공중 또는 국가·지방자치단체, 외국정부 등(외국정부, 지방자치단체 또는 조약 기타 국제약속에 의해 설립된 국제기관을 포함)을 협박할 목적으로 행해지는 범죄행위로 다음의 어느 하나에 해당하는 행위를 말한다.

- 사람을 살해하거나 흉기 사용 등 사람의 신체에 중대한 위해를 가하는 방법에 의해 상해 또는 사람을 약취·유괴·인질 행위
- 항행 중의 항공기 추락·전복 또는 침몰시키거나, 항행에 위험을 발생시키는 행위
- 항행 중의 선박 침몰·전복 또는 항행에 위험을 발생시키는 행위
- 폭행·협박 또는 기타 방법에 의해 항공기·선박을 파괴하거나 중대한 손상을 끼치는 행위

둘째, 폭발물을 폭발·방화 또는 기타의 방법으로 다음의 시설물에 중대한 위해를 가하거나 중대한 손상을 끼치는 행위를 말한다.

- 공용 혹은 공중의 이용에 제공되는 전차·자동차, 기타 사람이나 물건의 운송에 사용되는 차량 및 동 운행에 제공되는 시설
- 도로, 공원, 역, 기타 공중의 이용에 제공되는 시설

- 공용 또는 공중의 이용에 제공되는 전기·가스 공급시설, 수도·하수도 시설, 전기통신시설
- 석유·가연성 천연가스·석탄·핵연료 또는 동 원료가 되는 물질의 생산·정제시설, 처리·수송·저장시설
- 상기에서 언급한 시설물 이외의 건조물

우리나라는 대테러방안과 관련하여 대통령훈령 제47호「국가대테러활동지침」제2조에 테러의 정의를 규정하였다. 비록 법률은 아니지만 앞으로 닥칠 수 있는 국제 테러리즘에 대응하기 위해 처음으로 제도를 마련한 바 있다. 그 당시 마련된 테러리즘의 정의는 "테러분자 등이 각종의 목적을 위하여 국가이익 또는 국민에 대하여 국내외에서 불법적으로 자행하는 행위"를 말하는 것으로, 국가요인 및 그 가족의 납치·암살, 항공기 및 선박의 납치·폭파, 해외체류 외교관·유학생·상사원·취업근로자 및 해외여행자 등의 억류 및 납치·암살, 국가중요시설·다중이용시설 및 재외공관 등에 대한 공격, 국내 정계·재계 등 각계 주요인물의 납치·암살, 주한 외교사절 및 체류한 외국 저명인사의 납치·암살, 폭발물·총기류·유해화학물질 등을 이용한 무차별 인명살상, 기타 우리나라와 관련된 국제적 범법행위라고 규정하였다. 이후「국가대테러활동지침」의 개정에 따라 테러의 정의가 변경되었다.

'테러'라 함은 국가안보 또는 공공의 안전을 위태롭게 할 목적으로 행하는 다음의 어느 하나에 해당하는 행위를 말한다.
- 국가 또는 국제기구를 대표하는 자 등의 살해·납치 등「외교관 등 국제적 보호인물에 대한 범죄의 예방 및 처벌에 관한 협약」제2조에 규정된 행위

- 국가 또는 국제기구 등에 대하여 작위·부작위를 강요할 목적의 인질억류·감금 등 「인질억류 방지에 관한 국제협약」 제1조에 규정된 행위
- 국가중요시설 또는 다중이 이용하는 시설·장비의 폭파 등 「폭탄테러행위의 억제를 위한 국제협약」 제2조에 규정된 행위
- 운항 중인 항공기의 납치·점거 등 「항공기의 불법납치 억제를 위한 협약」 제1조에 규정된 행위
- 운항 중인 항공기의 파괴, 운항 중인 항공기의 안전에 위해를 줄 수 있는 항공시설의 파괴 등 「민간항공의 안전에 대한 불법적 행위의 억제를 위한 협약」 제1조에 규정된 행위
- 국제민간항공에 사용되는 공항 내에서의 인명살상 또는 시설의 파괴 등 「1971년 9월 23일 몬트리올에서 채택된 민간항공의 안전에 대한 불법적 행위의 억제를 위한 협약을 보충하는, 국제민간항공에 사용되는 공항에서의 불법적 폭력행위의 억제를 위한 의정서」 제2조에 규정된 행위
- 선박억류, 선박의 안전운항에 위해를 줄 수 있는 선박 또는 항해시설의 파괴 등 「항해의 안전에 대한 불법적 행위의 억제를 위한 협약」 제3조에 규정된 행위
- 해저에 고정된 플랫폼의 파괴 등 「대륙붕상에 소재한 고정플랫폼의 안전에 대한 불법적 행위의 억제를 위한 의정서」 제2조에 규정된 행위
- 핵물질을 이용한 인명살상 또는 핵물질의 절도·강탈 등 「핵물질의 방호에 관한 협약」 제7조에 규정된 행위

그러나 2001년 9·11 테러 이후 국제사회가 지속적으로 테러와

의 전쟁을 치르고 있으며, 유엔은 9·11 테러 이후 테러근절을 위해 국제공조를 결의하고 테러방지를 위한 국제협약 가입과 법령 제정 등을 권고해 OECD 34개 국가 대부분이 테러방지를 위한 법률을 제정하였음에도 불구하고 아직 우리나라에서는 국가 대테러활동 수행에 기본이 되는 법적 근거조차 마련하지 못하고 있는 실정이었다. 이는 테러로부터 국민을 안전하게 보호하기 위해 모든 역량을 집중해야 하는 국가가 그 책임을 다하지 못하는 결과를 낳게 될 것이고, 국민은 테러의 위협으로부터 안전을 도모하기 어려운 상황을 맞이하게 될 것이다. 이에 테러방지를 위한 국가 등의 책무와 필요한 사항을 명확히 규정하여 국가의 안보 및 공공의 안전은 물론 국민의 생명과 신체 및 재산을 보호하기 위하여 2016년 3월 3일 법률 제14071호「국민보호와 공공안전을 위한 테러방지법」이 제정되었다. 이 법에서는 테러의 정의를 규정하였는데 그 내용은 다음과 같다.

"테러"란 국가·지방자치단체 또는 외국 정부(외국 지방자치단체와 조약 또는 그 밖의 국제적인 협약에 따라 설립된 국제기구를 포함한다)의 권한행사를 방해하거나 의무 없는 일을 하게 할 목적 또는 공중을 협박할 목적으로 하는 다음의 각 행위를 말한다.

첫째, 사람을 살해하거나 사람의 신체를 상해하여 생명에 대한 위험을 발생하게 하는 행위 또는 사람을 체포·감금·약취·유인하거나 인질로 삼는 행위

둘째, 항공기(「항공법」 제2조제1호의 항공기를 말한다. 이하 내용에서 같다)와 관련된 다음 각각의 어느 하나에 해당하는 행위

　－ 운항 중(「항공보안법」 제2조제1호의 운항 중을 말한다. 이하 내용에서 같다)인 항공기를 추락시키거나 전복·파괴하는 행

위, 그 밖에 운항 중인 항공기의 안전을 해칠 만한 손괴를 가
하는 행위

- 폭행이나 협박, 그 밖의 방법으로 운항 중인 항공기를 강탈하
거나 항공기의 운항을 강제하는 행위

- 항공기의 운항과 관련된 항공시설을 손괴하거나 조작을 방해
하여 항공기의 안전운항에 위해를 가하는 행위

셋째, 선박(「선박 및 해상구조물에 대한 위해행위의 처벌 등에 관한
법률」 제2조제1호 본문의 선박을 말한다. 이하 내용에서 같다) 또는
해상구조물(같은 법 제2조제5호의 해상구조물을 말한다. 이하 내용에
서 같다)과 관련된 다음 각각의 어느 하나에 해당하는 행위

- 운항(같은 법 제2조제2호의 운항을 말한다. 이하 내용에서 같다)
중인 선박 또는 해상구조물을 파괴하거나, 그 안전을 위태롭게
할 만한 정도의 손상을 가하는 행위(운항 중인 선박이나 해상
구조물에 실려 있는 화물에 손상을 가하는 행위를 포함한다)

- 폭행이나 협박, 그 밖의 방법으로 운항 중인 선박 또는 해상구
조물을 강탈하거나 선박의 운항을 강제하는 행위

- 운항 중인 선박의 안전을 위태롭게 하기 위하여 그 선박 운항
과 관련된 기기·시설을 파괴하거나 중대한 손상을 가하거나
기능장애 상태를 야기하는 행위

넷째, 사망·중상해 또는 중대한 물적 손상을 유발하도록 제작되거
나 그러한 위력을 가진 생화학·폭발성·소이성(燒夷性) 무기나 장치
를 다음 각각의 어느 하나에 해당하는 차량 또는 시설에 배치하거나
폭발시키거나 그 밖의 방법으로 이를 사용하는 행위

- 기차·전차·자동차 등 사람 또는 물건의 운송에 이용되는 차

량으로서 공중이 이용하는 차량
- 상기에 해당하는 차량의 운행을 위하여 이용되는 시설 또는 도로, 공원, 역, 그 밖에 공중이 이용하는 시설
- 전기나 가스를 공급하기 위한 시설, 공중의 음용수를 공급하는 수도, 전기통신을 이용하기 위한 시설 및 그 밖의 시설로서 공용으로 제공되거나 공중이 이용하는 시설
- 석유, 가연성 가스, 석탄, 그 밖의 연료 등의 원료가 되는 물질을 제조 또는 정제하거나 연료로 만들기 위하여 처리·수송 또는 저장하는 시설
- 공중이 출입할 수 있는 건조물·항공기·선박으로서 상기에 해당하는 것을 제외한 시설

다섯째, 핵물질(「원자력시설 등의 방호 및 방사능 방재 대책법」 제2조제1호의 핵물질을 말한다. 이하 내용에서 같다), 방사성물질(「원자력안전법」 제2조제5호의 방사성물질을 말한다. 이하 내용에서 같다) 또는 원자력시설(「원자력시설 등의 방호 및 방사능 방재 대책법」 제2조제2호의 원자력시설을 말한다. 이하 내용에서 같다)과 관련된 다음 각각의 어느 하나에 해당하는 행위
- 원자로를 파괴하여 사람의 생명·신체 또는 재산을 해하거나 그 밖에 공공의 안전을 위태롭게 하는 행위
- 방사성물질 등과 원자로 및 관계시설, 핵연료주기시설 또는 방사선발생장치를 부당하게 조작하여 사람의 생명이나 신체에 위험을 가하는 행위
- 핵물질을 수수·소지·소유·보관·사용·운반·개조·처분 또는 분산하는 행위

- 핵물질이나 원자력시설을 파괴·손상 또는 그 원인을 제공하
거나 원자력시설의 정상적인 운전을 방해하여 방사성물질을
배출하거나 방사선을 노출하는 행위

지금까지 살펴본 각국의 테러리즘에 관한 개념 정의를 요약하면
<표 1>과 같다.

〈표 1〉 각국 테러리즘의 개념 정의

국가	근거규정	정의
미국	「반테러법」(2001)	일반시민을 협박 또는 강요하거나 정부정책에 영향을 끼칠 목적으로 자행하는 연방 또는 주 형법에 규정된 범죄행위로써 사람의 생명에 위험을 초래할 수 있는 폭력행위
영국	「테러법」(2000)	정치적·종교적 또는 이념적 목적 달성을 위하여 신체의 폭력, 재산상 피해, 타인의 생명, 건강 또는 안전의 위해, 전자장치의 차단 및 방해, 총기류 또는 폭발물을 이용한 행위
독일	연방헌법보호청	심각한 범죄행위, 특히 범죄행위의 예비를 위해 정치적 목적에서 지속적으로 행하는 기타 폭력행위
프랑스	「테러리즘과 국가안보 침해에 관한 법」(1986)	공공질서를 심각하게 혼란시킬 목적으로 위협이나 공포를 이용한 행위
일본	「테러자금처벌법」(2006)	공중·국가·지방자치단체 또는 외국정부 등을 협박할 목적으로 행해지는 범죄행위
한국	「국민보호와 공공안전을 위한 테러방지법」(2016)	국가·지방자치단체 또는 외국 정부의 권한행사를 방해하거나 의무 없는 일을 하게 할 목적 또는 공중을 협박할 목적으로 하는 행위

테러리즘은 국가별로 매우 다양하게 정의되고 있으나 다음과 같
은 본질적인 공통적 특성이 내포되어 있음을 알 수 있다.

첫째, 테러행위의 목적이다. 테러리즘은 그들의 상징적 효과를 얻
기 위하여 정부에서 규정한 강제력에 의한 법규범의 변경이나 와해
등을 통해 자국의 국가안보 또는 공공의 안전을 위태롭게 할 목적을

추구하고자 한다.

둘째, 테러행위의 주체이다. 테러리즘은 그 주의 또는 주장을 널리 알리기 위하여 개인이나 집단에 의해 이루어진다.

셋째, 테러행위의 준비이다. 테러리즘은 그들의 목적을 달성하기 위하여 사전계획에 의해 치밀하게 준비한다.

넷째, 테러행위의 장소이다. 테러리즘은 그들의 목적을 추구하기 위하여 국내외를 불문한다.

다섯째, 테러행위의 대상(목표물)이다. 테러리즘은 상징적 인물을 포함한 불특정 다수인 또는 국가중요시설과 다중이 이용하는 교통수단이나 시설물을 대상으로 한다.

여섯째, 테러행위의 수단이다. 테러리즘은 살인, 납치, 협박, 강요, 시설파괴 등 비합법적 폭력을 행사하거나 폭력사용에 대한 협박을 통해 사회적으로 공포 또는 불안을 야기하는 행위이다.

테러리즘의 개념을 정의하는 것은 대테러활동의 범위와 방향을 결정짓는 기본적 토대이다. 그러나 다이슨이 언급했던 것처럼 시대적 흐름을 통한 테러리즘 환경의 다변화로 인해 향후에도 테러리즘의 정의는 지속적으로 변화할 것이다.

제2절 현대 테러리즘의 양상과 변화

1. 테러사건의 발생 추이

2007년 국가정보원의 테러정세 동향보고서에 따르면 전 세계적으로 3,435건의 테러가 발생하여 2006년 2,885건에 비해 19%가 증가한 것으로 분석되었다(국가정보원, 2007a: 9-20).

이처럼 국제 테러사건이 증가한 이유는 다음과 같다.

첫째, 이라크·아프가니스탄·레바논에서 저항세력이 외국군 대상의 공격강화 및 종파 간 갈등으로 인한 테러가 지속되고 있고 알카에다가 알제리·모로코 등 북아프리카 지역으로 세력을 확장하였기 때문이다.

둘째, 터키·인도·네팔·과테말라·파키스탄 등 분리주의 테러단체들이 활동 중인 국가에서 대선·총선 등 주요 정치행사가 진행되면서 반정부 테러가 빈발하였기 때문이다.

셋째, 나이지리아·소말리아·콜롬비아 등 정치·경제 상황이 불안정한 국가에서 무장단체들의 정부·기업체 대상 폭탄테러 및 납치 등의 공격이 증가하였기 때문인 것으로 분석된다.

테러의 발생 건수를 지역별, 공격 유형별, 공격 대상별 그리고 성향별로 구분하여 살펴보면 다음과 같다.

1) 지역별 테러발생 현황

1986~2007년간 세계 도처에서 발생한 테러사건은 총 1만 8,242건으로 집계되었다. <표 2>에서 보는 바와 같이 중동 지역이 여타 지역에 비해 지속적으로 테러가 발생하였으며 아·태 지역과 아프리카 지역에서도 테러가 빈번하게 발생한 것을 알 수 있다.

〈표 2〉 지역별 테러발생 현황

지역 / 연도	아·태	유럽	중동	미주	아프리카	총계
1986	180	101	124	95	32	532
1987	193	57	83	71	43	447
1988	357	85	171	130	48	791
1989	55	96	193	131	48	523
1990	125	52	28	122	12	339
1991	100	85	175	170	18	548
1992	122	130	56	93	46	447
1993	143	171	100	59	76	549
1994	72	112	96	40	55	375
1995	156	98	128	40	46	468
1996	124	123	116	34	29	426
1997	120	84	112	90	29	435
1998	124	80	133	63	58	458
1999	103	98	135	112	58	506
2000	167	69	83	77	33	429
2001	126	82	146	59	53	466
2002	144	85	170	46	52	497
2003	262	123	231	120	73	809
2004	211	110	629	31	7	988
2005	201	64	1,584	18	10	1,877
2006	922	157	1,656	35	115	2,885
2007	1,353	189	1,468	49	376	3,435
총계	5,360	2,251	7,617	1,685	1,317	18,242
비율(%)	30	12	42	9	7	100

출처: 국가정보원, 2007a 재구성.

지역별로 테러발생 현황을 살펴보면 중동 지역에서 7,617건(42%)이 발생하여 가장 많은 비중을 차지하고 있으며, 그다음으로 아·태 지역 5,360건(30%), 유럽 지역 2,251건(12%), 미주 지역 1,685건(9%), 아프리카 지역 1,317건(7%) 순으로 나타났다.

2003년의 경우 모든 지역에서 테러의 발생 건수가 크게 증가하였는데, 이는 미국 주도의 이라크전에 반발하는 이슬람 테러조직과 후세인 세력의 외국인에 대한 무차별 테러가 상당수 발생하였기 때문이다. 특히 아·태 지역의 민족주의 성향 테러와 중동 지역에서 이라크 저항세력에 의한 테러가 빈발한 데 따른 영향으로 전년도보다 테러발생 건수가 증가하였다. 반면에 2004년에는 이라크전이 장기화되면서 알 카에다 등 이슬람 과격세력들이 이라크를 새로운 지하드(聖戰)의 전초기지로 삼아 테러역량을 결집시킴에 따라 이라크를 중심으로 한 중동 지역에서 테러사건이 급증하였으나, 상대적으로 여타 지역에서는 사건이 감소하는 추세를 보였다. 총 988건의 테러사건 중 629건(64%)이 중동 지역에서 발생되었으며 이 중에서도 581건(59%)이 이라크에서 발생한 것으로 나타났는데, 이러한 현상은 이슬람 저항세력들의 다국적군 공격과 정치적·종교적·민족적 내분에 의한 테러가 격화되었기 때문이다.

중동 지역에서는 대부분의 테러가 이라크에서 집중적으로 발생하였는데, 미군·연합군 등을 대상으로 한 공격이 증가하였고 이라크 임시정부 출범 이후에는 이라크 군정요인·군경 등 이라크인으로 테러대상을 확대하면서 이라크 사태가 주변 국가로 확대될 우려가 있다. 이라크 사태의 악화, 이스라엘－헤즈볼라 전쟁 등 국제 사회의 이목을 집중시킨 대형 사건들이 지속되면서 테러위협도 고조되었으며, 알 카에다가 중동 지역을 기반으로 테러를 확산시키려는 징후를 보이고 있는 가운데 이라크 종파 분쟁이 내전의 양상으로 전개되고, 이스라엘－헤즈볼라 재충돌 개연성도 제기되고 있어 테러 정세는 지속적으로 악화될 것으로 예상된다.

아·태 지역에서는 2003년 테러사건이 전년도에 비해 2배에 달하였으나 이후 점진적으로 줄어들다가 2006년 이후부터는 다시 급격하게 증가하는 현상이 나타났다. 이러한 증가 현상은 아프가니스탄·인도－파키스탄·태국·네팔 등 분쟁지역을 중심으로 테러가 빈발하였으며, 이슬람 과격세력의 활동이 활발한 필리핀·인도네시아 등지에서도 테러가 지속되었다. 또한 동남아의 알 카에다로 알려진 제마이슬라미야(Jemaah Isiamiyah: JI)는 인도네시아 자카르타 소재 호주 대사관 폭탄테러를 자행함으로써 건재함을 과시하였다. 그리고 2007년 파키스탄에서는 세르파오 前 내무장관을 대상으로 한 자살폭탄테러로 150여 명의 사상자가 발생한 데 이어 망명 후 귀국하여 유세 중이던 베나지르 부토(Benazir Bhutto, 1953～2007) 前 총리를 대상으로 한 폭탄테러로 400명에 가까운 사상자가 발생하였으며, 스리랑카에서는 타밀반군(Liberation Tiger of Tawlis Eelaw: LTTE)의 공군 기지 대상 폭격 등 대정부 공세 강화로 교전이 빈발하였다. 이렇게 아시아 지역에서 종교적 갈등 및 민족적 대립이 더욱 격화되고 있는데, 이는 반정부 단체들의 활동이 더욱 과격화되고 빈번해짐에 따른 것으로 아시아 지역이 새로운 테러리즘 다발 지역으로 인식되고 있다.

유럽 지역에서는 2003, 2004년 그리고 2006, 2007년에 테러발생이 증가하였다. 이러한 현상은 북아일랜드의 평화 진척과 적군파 등 극좌파 세력의 해체에 따라 점진적으로 감소 추세를 보였다. 그러나 체첸반군에 의한 테러와 학교 점거사건 등 대형사건이 잇따라 발생하면서 러시아 당국을 긴장시켰으며, 스페인 마드리드 열차 폭탄테러와 영국 런던 지하철 연쇄 폭탄테러 등 대중교통시설에 의한 테러에 기인한 것으로 보인다.

아프리카 지역에서는 종족·정파 간 갈등에 기인한 폭력사건들이 빈발했으나, 우간다·부룬디 등 분쟁지역이 평화협상 등으로 안정세를 보이면서 사건이 감소하였다. 그러나 최근 2006년부터 테러발생이 급격히 증가한 것으로 나타났다. 아프리카 지역 중, 특히 소말리아와 나이지리아에서는 피랍으로 인한 테러사건이 급증하였다. '해적의 소굴'로 불리는 소말리아 해역은 1991년 독재정권이 붕괴된 뒤 17년 동안 내전상황으로 선박을 납치해 몸값을 받아내는 형식의 테러를 자행하였으며, 나이지리아의 니제르델타 지역[7]은 세계 9위인 유전지대로서 최대 종족인 이조족이 정부의 석유수익 독점에 반발하면서 무장투쟁을 전개하였다.

2) 공격 유형별 테러발생 현황

1986~2007년까지 지난 24년간 발생한 테러사건에서 활용된 공격 유형의 형태를 살펴보면 폭파가 8,497건(46.5%)으로 가장 많이 발생했으며, 그다음으로 무장공격 6,603건(36.2%), 암살 1,222건(6.7%), 인질납치 980건(5.4%), 기타 403건(2.2%), 방화 및 약탈 353건(2%), 교통수단의 납치 184건(1%) 순으로 나타났다.

---

7) 나이지리아에서는 4건('05)→49건('06)으로 테러사건이 급증하였으며, 이 중 니제르델타 지역에서는 '06년 한 해에만 34건이 발생하였다(국가정보원, 2007b).

<표 3> 공격 유형별 테러발생 현황

연도＼유형	폭파	무장 공격	암살	인질 납치	방화 및 약탈	교통수단 납치	기타	계
1986	275	129	51	39	0	8	34	536
1987	173	171	35	26	0	6	39	450
1988	282	364	54	37	0	13	41	791
1989	232	81	14	3	145	14	39	528
1990	141	101	61	9	14	12	1	339
1991	287	120	56	31	0	11	43	548
1992	170	165	30	24	21	6	31	447
1993	153	255	29	28	27	26	31	549
1994	110	153	42	28	11	20	11	375
1995	157	156	77	28	18	10	22	468
1996	172	151	56	26	7	8	6	426
1997	174	167	41	23	7	10	13	435
1998	172	207	38	26	10	4	1	458
1999	205	188	49	50	6	6	2	506
2000	223	113	45	32	5	9	2	429
2001	231	149	41	31	1	7	6	466
2002	226	216	20	14	14	3	4	497
2003	357	310	64	48	17	5	8	809
2004	486	324	50	115	8	2	3	988
2005	1,051	539	172	99	6	0	10	1,877
2006	1,566	1,031	115	103	24	1	45	2,885
2007	1,654	1,513	82	160	12	3	11	3,435
총계	8,497	6,603	1,222	980	353	184	403	18,242
비율(%)	46.5	36.2	6.7	5.4	2.0	1.0	2.2	100

출처: 국가정보원, 2007a 재구성.

각 공격 유형의 형태를 구체적으로 살펴보면 다음과 같다(민병설, 2005: 7-9).

(1) 폭파

폭파는 가장 오래된 테러전술이다. 각종 폭발물을 폭발시켜 사람을 살상하거나 시설물을 파괴하는 행위로, 공포의 극대화와 경제적 피해를 줄 수 있는 반면에 테러리스트들이 안전하게 목표를 공격할 수 있을 뿐 아니라 현대 도시의 복잡성으로 인해 테러효과가 가중된다. 이러한 이점 때문에 테러조직이 가장 선호하는 전술이기도 하다.

폭파행위는 현대 테러리즘이 탄생한 이래 현재까지 테러의 주공격 전술로 사용되고 있으며 테러사건의 과반수에 달하는 폭파테러로 나타나고 있는데, 2000년 이후 점차 증가 추세를 보이고 있을 뿐 아니라 최근에는 폭발물 제조기술의 일반화와 이슬람의 순교투쟁으로 자살폭탄테러가 확산되면서 불특정 다수인의 무차별 살상과 사건의 대형화를 주도하고 있다.

(2) 무장공격

테러리스트가 무차별 총기난사 및 폭발물을 투척하는 행위는 1972년 9월에 발생한 뮌헨 올림픽선수촌 무장기습사건과 같이 테러조직의 존재와 좌파세력의 과시 또는 공포분위기 조성을 목적으로 희생을 각오하고 감행하는 전술이었다.

1980년 이전에는 0.4%의 작은 비중을 차지하고 있었으나, 냉전종식 이후 민족·지역 분쟁이 심화되고 테러의 양상이 게릴라전 형태로 변화되면서 무장공격이 36% 이상으로 증가 추세를 보이고 있으며 이라크 저항세력의 투쟁이 주요인이 되고 있다.

(3) 암살(Assassination)

암살사건은 정치적·종교적 또는 복수 등의 동기에 의해 중요한 지위에 있는 사람을 살해하는 행위로, 2004년 5월 9일 체첸의 카디로프(Ahmad kadyrov, 1951~2004) 대통령 암살사건, 2007년 12월 27일 파키스탄의 베나지르 부토 前 총리 암살사건이 일례라 할 수 있다. 과거에는 국가권력에 의한 암살, 테러조직에 의한 정치적·사회적 지도인사 암살, 경찰·군인 등의 살해가 주를 이루었고 그 비중도 미비했으나, 2000년 이후에는 이라크 저항세력의 고위공직자 암살 등으로 비교적 높은 비중을 보이고 있다.

(4) 유괴·납치(Kidnapping)

유괴·납치는 테러리스트가 사람의 신체를 강점하고 자신의 뜻을 관철하려는 행위로, 은밀하게 이루어지고 일정 기간 동안 유괴·납치 사실이나 자신들을 노출시키지 않는 특징이 있다. 인질 억류행위가 즉각적으로 대중들에게 알려지는 반면, 유괴는 납치를 장기화하는 경우가 많다. 2004년 6월 17일 이라크 저항세력에 납치·살해된 김선일 사건이 일례라 할 수 있다. 유괴·납치의 유형은 과거 구금된 동료의 석방, 몸값요구 등이 목적이었으나, 최근에는 이라크 저항세력의 다국적군 철수압력과 금품요구 사례가 증가하고 있어 2004년에는 총 발생 건수의 11%까지 점유하였다.

이 전술은 테러리스트의 입장에서 볼 때 위험도가 낮은 반면에 보상이 클 뿐 아니라 발달된 정보·통신 기술을 이용하여 자신들을 노출시키지 않고 목적을 달성할 수 있는 이점이 있어 더욱 증가될 전망이다.

(5) 인질·바리케이드(Hostage·Barricade)

사람이 사용 중인 건물을 공개적으로 강점하여 사람의 생명을 담보로 선전 또는 요구 사항을 관철하려는 전술로, 1960~1970년대 말에 외교공관 점거 등이 절정을 이루었다. 소수인원으로 작전이 가능하고 성공 시 전 세계 이목이 집중되는 등 보상이 크다는 이점이 있으나, 각국의 보안 강화와 강경 대응으로 최근 발생 건수는 저조하다.

한편, 사건이 발생된 국가는 외교적·정치적 부담이 커지고 경우에 따라서는 페루 일본대사관 인질사건[8]처럼 상황이 장기간 계속되어 손실이 큰 경우도 있다.

(6) 항공기(Hijacking) 등 교통수단의 납치

운항 중이거나 정지된 항공기·선박·열차·자동차 등을 강제로 점거, 극적인 인질상황을 만들어 요구 사항을 관철하고 기동성을 확보할 수 있으며, 세계 언론의 집중을 받을 수 있다는 이점 때문에 1970년대에 팔레스타인 테러조직을 중심으로 항공기·버스 납치가 성행하였고, 1968~1980년간 총 173건의 항공기 납치사건이 발발, 1년에 10건 이상 발생하였다. 그러나 각국의 보안검색 강화로 항공기 납치행위는 급격히 감소되었으나, 버스·열차 등 개방된 운송수단의 납치 가능성은 상존하고 있다.[9]

항공기를 대상으로 한 테러전술은 공중납치·폭파 외에도 9·11

---

8) 1996년 12월 17일 발생한 페루 일본대사관 인질사건은 리마의 페루 주재 일본대사관 관저를 투팍아마루 혁명운동(MRTA) 게릴라 14명이 점거하여 72명을 인질로 127일간 협상하였으나 결렬되자 당시 후지모리 대통령의 직접 지휘하에 공격하여 게릴라 전원 사살, 인질 1명, 특수부대원 1명이 사망한 사건이었다.

9) 2004년에는 항공기, 버스 납치가 각각 1건씩 발생하였다.

테러에서처럼 항공기 자체가 폭탄으로 변하는가 하면, 비행기 내에서 소형 폭발물을 폭파시켜 승객을 살상하는 사례도 발생하고 있다.[10]

(7) 화생방테러(NBC테러)

1995년 동경에서 발생한 옴 진리교의 독가스 테러사건[11] 이후 NBC테러[12]에 대한 위협이 예고되고 그 가능성이 계속 거론되고 있다. 오사마 빈 라덴은 아프가니스탄의 다룬타에 연구기지를 세워 초보적 형태의 화생방무기를 개발하려고 시도하였으나 기술적 문제로 성공하지 못했다. 영국에서는 테러조직이 맹독성 물질인 라이신(ricin)을 제조하려다 실패한 바 있으며, 재래식 폭탄에 방사능 물질을 혼합하여 만드는 '더러운 폭탄'을 제조하려는 시도가 있었으나 아직까지 성공했다는 사실이 증명되지는 않았다.

화생방무기 제조에 관해서는 일반인이 알고 있는 것보다는 훨씬 어려운 작업으로 그 실현 가능성이 희박하다는 주장이 있는 반면에 '가난한 자의 핵무기'로 불릴 정도로 비교적 간단한 기술과 저렴한 비용으로 제조할 수 있다는 주장도 있으나, 무기기술의 발달과 일반화는 화생방테러 가능성에 무게를 두고 있다.

한편, 구소련 붕괴 이후 핵탄두를 비롯한 생화학무기 등 대량살상

---

10) 1993년 2월 26일 발생한 세계무역센터(WTC) 폭파 등 11가지 죄목으로 1995년 2월 파키스탄에서 체포되어 종신형을 언도받고 복역 중인 람지 유세프(Ramzi Yousef, 1968~)가 1994년 12월 11일 293명이 탑승한 마닐라발 동경행 747여객기에 소형폭발물을 장치하여 일본인 승객 1명이 사망하고 10명이 부상당하는 사건이 발생하였다.

11) 1995년 3월 20일 오전 8시경 16개의 지하철 역구내와 일본 중심에 있는 지하철 3개 노선 열차 5대에 독가스가 설치되어 약 1,000명의 출근자들을 실은 러시아워 지하철의 밀실 속에서 공포의 독가스가 살포되었다. 이 사건으로 인한 인명피해는 5,510명(남 2,769명, 여 1,824명, 불명 917명)으로 사망 12명, 중상 53명, 경상 5,448명이었다. 또한 16개의 지하철 역사 주변에서 승객들이 후유증으로 고생하였다.

12) NBC테러는 Nuclear(핵), Biological(생물), Chemical(화학)의 약어이다.

무기와 기술자가 세계각지로 유출되어 그 위험이 지적되고 있고, 파키스탄 등 핵무기 보유 국가에 과격 이슬람 정권이 들어서거나 군 고위 관계자가 과격 테러조직에 우호적일 경우 테러조직이 핵탄두를 입수할 가능성에 대해서도 우려하고 있다.

3) 공격 대상별 테러발생 현황

2006년과 2007년의 공격 대상별 테러발생 건수를 요약하면 <표 4>와 같다. 대상별로는 군·경 관련 시설과 민간인을 대상으로 하는 테러의 비율이 높음을 알 수 있다. 또한 증감 추이 순으로 살펴보았을 때 역시 군·경 관련 시설(+519)이 가장 많이 발생했으며 민간인(+134) 그리고 다중이용시설(+63)의 순으로 나타나고 있음을 알 수 있다.

〈표 4〉 공격 대상별 테러발생 현황

연도 \ 대상	중요인물	군·경 관련 시설	국가 중요시설	외국인 외국시설	교통시설	다중 이용시설	민간인
2007년 (3,435건)	216	1,993	115	152	90	284	719
2006년 (2,885건)	185	1,474	93	130	63	221	585
증감	+31	+519	+22	+22	+27	+63	+134
비율(%)	6.3	58.1	3.3	4.4	2.6	8.3	17.0

출처: 국가정보원, 2007a.

상기의 내용을 분석해 볼 때 테러리스트들의 공격 대상이 불특정 다수를 향하고 있음을 알 수 있으며, 이러한 성향은 뉴테러리즘의 특징 가운데 하나의 형태라고 볼 수 있다.

4) 성향별 테러조직

활발히 테러를 자행하는 대표적인 테러조직들의 성향을 살펴보면 여전히 민족주의 테러조직이 100개(38%)로 가장 높은 비중을 차지하였으며, 이슬람 원리주의 테러조직은 44개(16%)로 파악되었다. 이렇게 이들이 세계 테러를 주도하고 있는 이유는 조직력과 순교자적 투쟁정신으로 분석되고 있다.

〈표 5〉 테러리즘 성향 분석

구분	이슬람 원리주의	민족주의	극좌테러	극우테러	기타	소계
조직	22	28	10	1	미상	61
건수	2,495	653	130	13	144	3,435
비율(%)	72.6	15.3	3.4	0.4	10.9	－

출처: 국가정보원, 2007a.

2007년도 테러를 자행한 조직들을 성향별로 살펴보면 이슬람 원리주의가 2,495건(72.6%)으로 주류를 이루고 있음을 알 수 있으며, 그다음으로 민족주의 653건(15.3%), 극좌테러 130건(3.4%), 극우테러 13건(0.4%), 기타 144건(10.9%)으로 나타났다. 따라서 이슬람을 근간으로 한 종교적·민족적 테러리즘은 증가하는 반면, 극좌·극우 등 이념적 테러리즘과 성격이 불분명한 테러는 감소할 전망이다.

국제 테러리즘의 동향을 분석해 본 결과 다음과 같은 현상이 나타나는 것을 알 수 있다(민병설, 2005: 5).

첫째, 1960~1980년대 테러가 극심했던 구주 지역은 퇴조현상을 보이고 있는 반면에 비교적 안전지대라고 불렸던 아·태 지역에서 테러가 점증 추세를 보이고 있는데, 이는 인도네시아·필리핀·말레이시아 등 동남아 국가 이슬람 테러조직이 알 카에다와 연계 혹은 영향을 받고 있기 때문인 것으로 보인다.

둘째, 테러의 축이 이라크 내전의 영향으로 인해 중동 지역(42%)과 아·태 지역(30%)을 제외한 여타 지역에서 감소현상이 나타났다.

2. 국제 테러리즘의 변화 동향

1) 테러리즘의 환경 변화

민병설(2005: 2-4)은 테러리즘의 환경과 변화 동향에 대하여 다음과 같이 설명하고 있다.

테러는 '시대의 거울'이라고 한다. 이는 테러리즘이 정치적 산물인 동시에 시대적 상황을 반영하고 있기 때문이다. 테러조직은 각기 다른 역사적·정치적·사회적 환경에서 생성되었다가 상황이 변화되면 소멸되거나 세력이 약해지기도 하고, 더 진화되거나 새로운 조직으로 분화하는 등 계속적인 변화를 거듭한다.

테러리즘은 1960년대 월남전 반대운동이 확산되면서 극좌세력과 팔레스타인 해방기구(Palestine Liberation Organization: PLO)의 테러조직과 같은 현대적 의미의 테러조직이 활동하면서 구주 지역과 중남미 지역으로 급속히 확산되었으나, 1990년대 초 공산주의 몰락으로 세계질서가 재편되고, 특히 미국의 9·11 테러를 계기로 국제

테러의 역사는 새로운 전환점을 맞게 되었다.

국제 테러리즘의 변화 동향과 그 요인을 시대적 상황에 비추어 보면 다음과 같다.

첫째, 냉전종식으로 극좌 테러조직의 네트워크가 붕괴되었다. 1960～1980년대까지 독일의 적군파(Barder-Meinhof Gang), 이탈리아의 붉은 여단(Red Brigades), 일본의 적군파(the Japanese Red Army: JRA), 팔레스타인 해방인민전선(Popular Front for the Liberation of Palestine: PFLP)을 중심으로 사회주의와 무정부주의를 지향하는 중남미 지역의 테러조직들이 구소련·동독·쿠바·레바논·시리아·이라크 등 반서방 성향의 테러지원 국가들과 네트워크를 형성하고 국제 테러를 주도해 왔다. 그러나 1980년대의 세계적인 경제성장과 각국의 대테러 활동 강화로 유럽의 극좌세력은 활동 중단상태에 이르렀고, 1889년 2월 베를린 장벽 붕괴로 시작된 동구권의 몰락은 극좌 테러의 퇴조현상을 가속화시켜 세계적인 네트워크가 무너지게 되었다.[13] 아울러 아랍 과격 테러조직의 유일한 후원자로 남아 있던 리비아의 카다피 정권도 1988년 팬암 항공기와 1989년 프랑스 TUA 항공기 피격 사건 이후 국제적 압력에 굴복하여 국제 테러의 지원 내지는 관여를 포기하자 극좌 테러세력은 물론 아랍계 과격 테러조직의 활동이 위축되었다.

둘째, 1980년 8월 1일 발생한 걸프전으로 아랍권 테러조직의 구성과 활동이 약화되었다. 1990년대 초 국제 테러의 주역은 아랍계

---

13) 독일 적군파는 1998년 4월 20일 매스컴을 통해 해산성명을 발표하였고, 이탈리아 붉은여단은 1994년 내분으로 인하여 2개 파로 분열되었으나 완전히 소멸된 것은 아니며, 일본 적군파는 해외에서 활동을 주도하던 시게노부 후사코(여, 62세)의 체포로 사실상 소멸되었다.

과격 테러조직이었으며 그들의 실질적 후원자는 사우디아라비아·쿠웨이트 등 풍부한 산유국이었다. 그러나 이라크가 쿠웨이트를 침공하자 팔레스타인 해방기구를 비롯한 반미성향의 중동 테러조직이 이라크 노선을 지지하면서 그들에 대한 테러자금 유입이 동결되자 중동 테러조직의 구성과 활동이 쇠락되는 등 급속한 변화를 맞게 되었다. 특히 팔레스타인 테러조직은 1994년 이스라엘과 평화협정이 체결되면서 자신들의 지역과 이스라엘 지역 외의 제3국에서 미국인이나 시설을 공격하는 등의 국제 테러행위는 발생하지 않았다. 반면에 1970년대 중반부터 사우디아라비아가 막대한 오일달러를 기반으로 전 세계 이슬람 선교활동을 지원하면서 순수 이슬람주의를 추구하는 '와히비즘'을 전파하였고, 이러한 영향 때문에 동남아를 비롯한 각국의 무슬림들이 1980~1990년 아프가니스탄의 대소련전 및 내전에 참여하였다.[14] 이를 계기로 오사마 빈 라덴을 중심으로 한 이슬람 과격 테러 연합조직인 알 카에다가 생성되었고, 걸프전 종식 이후에도 미국이 사우디아라비아에 장기 주둔하면서 국제 테러는 새로운 국면을 맞이하게 되었다.

셋째, 21세기 이념대립과 테러 양상이 이미 전개되고 있다는 것이다. 9·11 테러는 납치한 항공기를 테러무기로 사용하는 전혀 예상하지 못한 공격전술로, 미국이 진주만 피습 이후 50년 만에 본토를 공격당하는 수모와 충격을 받았다. 현대전의 패러다임은 국가가 공식적 수단과 조직을 이용하여 상호 유사한 수단으로 싸우는 총력전

---

14) 와히비즘은 18세기 초 무하마드 이븐 아브드 알 와하브(Ibn Abdal-wahhab)에 의해 창설된 분파로, 엄격한 이슬람 근본주의를 바탕으로 하고 있으며 사우디아라비아의 왕국건설에 기여함으로써 사우디아라비아에서 지배적인 이슬람 교단으로 자리 잡고 있다.

으로 적이 누구이며 무엇을 파괴해야 하는지가 명확했으나, 9·11 테러는 비국가적·초국가적 단위집단이 한 국가를 상대로 군사작전을 방불케 하는 치밀한 테러공격을 감행함으로써 '제4세대 전쟁' 혹은 '비대칭 전쟁'으로도 불리며, 21세기 새로운 전쟁유형을 예고하고 있다. 아울러 알 카에다와 같은 민족·이념·종교 등 비국가 단위 조직들이 국제정치의 중요한 행위자로 등장하게 되었다.

알 카에다는 2001년 10월 미국의 공격으로 아프가니스탄의 근거지를 상실하였고 파키스탄으로부터 더 이상의 지원이 불가능해지자 중동·아프리카 북동부 코카서스 등지로 잠입하여 생존을 모색해 왔다. 특히 1990년대 초반부터 현지 이슬람 단체들과 연계되어 왔던 동남아 지역에 집중적으로 침투하여 지역 세포조직을 구성하였으며, 전 세계 무슬림 공동체에 침투하여 종교·정치·문화 등 동질성을 이용하여 활동 근거지를 확보하고 범이슬람 국가건설을 위한 대정부 투쟁과 미국에 대한 공격을 지원하고 있다.

한편, 미국은 냉전시대에도 제국주의의 표상으로서 또는 이스라엘의 지원에 대한 보복으로 팔레스타인을 비롯한 이슬람 테러조직과 극좌세력의 주공격 목표가 되어 왔다. 1990년 8월 이라크의 쿠웨이트 침공 이후 미군이 이슬람 성지인 사우디아라비아에 장기 주둔하고 있는 것에 대해 무슬림들은 기독교 군대가 성지를 점령한 것으로 보고 이를 이슬람의 패배와 굴욕으로 인식하고 있을 뿐 아니라 미국의 석유이익 보호와 패권주의에 대해서도 강한 반감을 가지고 있어 이슬람 과격 테러조직의 일차적인 적은 미국일 수밖에 없으며, 이러한 현상은 기독교 문명과 이슬람 문명의 갈등으로까지 비춰지고 있다. 그러나 미국은 알 카에다 등 이슬람 과격 테러조직의 소탕과 석유이익 보호를 위해 어떠한 형태로든 중동 지역에 군대를 주둔시키고 이 지역 국가들에 대해 자유화·민주화 압력을 강화하는 등 변화를 촉구할 것으로 예상되는바, 이것은 이슬람 원리주의 테러조직의 투쟁목표와 배치되어 대립을 피할 수 없게 됨으로써 국제 테러의 능동적·수동적 주체가 미국 및 친미국가와 알 카에다를 비롯한 이슬람 과격 테러조직으로 양극화될 전망이다.

2) 전략·전술의 변화

민병설(2005: 9-11)은 테러리즘의 전략·전술적 특징을 다음과 같이 설명하고 있다.

테러는 공포를 조성하기 위해 의식적이고 계획적으로 의도되며 상징적·선전적 가치를 고려한 목표를 선택하고 효과적인 전술을 사용하게 된다. 대량살상은 혁명에 실패하거나 대중의 지지기반 및 교섭능력과 수단을 상실하여 심한 좌절감을 느끼는 테러조직이 사용하는 방법이다. 작금의 세태에서 이라크 내의 저항세력들은 심한 좌절감 속에서 다국적군의 철수와 정치적 입지 확보를 위해 무차별 공격을 감행하고 있고, 아프가니스탄에서 근거지를 상실한 알 카에다는 증오에 찬 종교적 이데올로기로 무장하고 강력한 공격방식을 선호하면서 현재 국제 테러를 주도하고 있다.

알 카에다와 그 연계조직 및 지지자들은 일반 무슬림과는 다른 가치세계를 지니고 있다. 이들 극단주의자들은 무슬림이 아닌 이교도나 자신들과 견해가 다른 무슬림인 배교자에 대한 증오와 적개심을 가지고 있으며 문제해결을 위한 수단으로 폭력을 신봉한다. 즉 이슬람에서는 무신론자들을 용인하지 않으며 오로지 총탄으로 하는 대화, 암살, 폭격, 파괴하는 이상(Utopia), 대포와 기관총을 동원한 외교술로 무신론자들을 대할 뿐이라고 한다. 이와 같이 극단적이고 과격한 이데올로기는 과격 테러리스트들을 모집하는 근원이 되고, 책자와 인터넷을 통해 전 세계로 확산되고 있으며, 하나의 보편적인 이념으로 대두되고 있다. 따라서 알 카에다는 물리적인 조직체라기보다는 하나의 이데올로기로 존재한다고 보아야 할 것이며 전 세계 이슬람 조직의 연결고리 역할을 하고 있다. 이들 알 카에다의 투쟁전략을 살펴보면 다음과 같다.

첫째, 전 세계 이슬람 조직에 침투하여 세포조직을 결성하고 투쟁이념과 범이슬람 국가건설이라는 목표의 당위성을 인식시켜 테러조직 간 연대 및 투쟁을 강화하고 있다.

둘째, 벤처회사 또는 맥도널드식 구조를 가지고 있어 독자적인 작전이 가능하고, 오사마 빈 라덴이 제거된다 하더라도 테러활동에는 전혀 지장이 없도록 하고 있다.

셋째, 이슬람 과격세력은 오사마 빈 라덴의 가르침이나 규범, 행동양식을 추종하면서 알 카에다 식으로 활동하고 있어 투쟁이념 확산이나 결속이 용이하다.

넷째, 다른 어떤 조직보다도 순교문화가 뿌리 깊게 내려져 있어 순교를 주공격 전술로 개발·훈련하고 있다.

다섯째, 알 자르카위(Ahmed Fadel Nazzal al−Khalayleh, 1966～2006)와 같은 새로운 지도자가 출현하여 오사마 빈 라덴과 경쟁을 벌임으로써 테러활동이 점점 과격해지고 테러조직들은 지원을 받을 수 있다.

알 카에다를 비롯한 과격 이슬람 테러조직은 전략적 목표를 과거의 상징성과 선전성에서 떠나 군사적 승리까지를 노리고 있어 피해와 파급효과가 큰 폭파테러를 주공격 전술로 사용하고 있다. 이슬람 과격 테러조직들이 폭파테러를 선호하는 것은 다음과 같은 이유 때문이다.

- 이슬람의 순교문화로 자살폭탄테러 지원자 획득이 용이하다.[15]
- 테러공격에 필요한 계획·준비·실행·탈출 4단계 중 순교 작전 시 탈출단계가 생략되므로 공격에만 전념할 수 있어 성공률이 높다.
- 특별한 교육 없이 작전투입이 가능하다.
- 폭발물 제조기술이 간단하고 비용이 적게 들 뿐 아니라 은닉과 운반이 수월하다.
- 대량살상·파괴로 테러 효과를 극대화시킬 수 있다.

이제 폭발물을 사용하는 테러는 항공기 자체가 폭발물로 무기화되었던 2001년 9·11 테러, 2000년 10월 12일 예멘의 아덴 항에 정박 중이던 미군함 '콜'호에 폭발물 적재 소형 고무보트 충돌, 2004년 9월 9일 인도네시아 대사관 자살폭탄테러, 2005년 7월 7일 영국 런던 지하철 연쇄 폭탄테러 등 공중·해상·육상·지하 어느 곳에서도 가능하며, 그 수법도 점차 다양해지고 대형화되는 추세이다. 최근 발생하고 있는 폭파 테러사건의 유형을 보면 다음과 같은 특징을 발견할 수 있다.

첫째, 동시 또는 다발적으로 공격을 감행하고 있다. 이러한 테러

---

15) 한 이라크 자살폭탄테러 지원자(20세)는 2005년 6월 28일 게재된 美 시사주간지 Time지와의 인터뷰에서 자신은 지난해에 지원했는데 올 4월에야 대기자 명단에 올랐다며 지원자가 많음을 암시하였다.

전술이 알 카에다의 소행을 구분할 수 있는 특징이기도 하다. 1998년 9월 7일 케냐와 탄자니아 미대사관 동시폭파, 9·11 테러 시 뉴욕의 세계무역센터와 워싱턴(백악관, 국무성) 공격과 같이 원거리 목표물을 동시에 공격하는 경우 그리고 스페인 마드리드 열차 폭탄테러처럼 한 장소에서 수개의 폭발물이 연쇄적으로 폭발하는 경우를 볼 수 있고, 파리 지하철 연쇄 폭탄테러에서 보았듯이 1995년 7∼11월까지 4개월간에 걸쳐 9회의 연쇄 폭탄테러로 사망 8명, 부상 350여 명이 발생하는 경우도 있다.[16]

둘째, 주로 접근이 용이한 대상의 '연성 목표물(soft target)'을 공격하고 있다. 2004년 테러사건에서 민간인 또는 민간인 시설을 대상으로 발생한 경우가 40%(988건 중 399건)를 차지하였는데, 인도네시아와 같이 관광객이 많은 곳에서는 주로 호텔, 나이트클럽, 식당 등을 공격하고 영국·러시아·일본 등 지하철이 발달한 나라에서는 지하철이 주공격 대상이 되고 있다. 이와 같이 다중집합 또는 이용시설을 공격 대상으로 선정하는 것은 보안이 허술하여 접근이 용이한데다 사건의 대형화로 테러 효과가 크기 때문이다. 공격방법은 시한폭탄·원격조종·자살폭탄 등이 주를 이루고 있는 반면에 경비와 보안이 강화되어 있는 '경성 목표물(hard target)'에 대한 공격은 주로 폭탄 적재 차량을 주변에 주차시켜 폭파하거나 목표물에 돌진시키는 방법을 택하고 있다. 이때에도 실패에 대비해 주공·예비·확인 등 2∼3중 조치로 완벽을 기하고 있다.

셋째, 폭발물 제조·은닉방법이 다양하고 교묘해지고 있다. 알 카에

---

16) 스페인 마드리드 열차 폭탄테러에서는 휴대폰을 이용한 최초 시한장치가 폭발한 후 4∼5분 간격으로 10개의 폭발물이 연쇄 폭발하여 191명이 사망하고 1,500여 명이 부상하였다.

다와 이라크 저항세력들은 이란·요르단·레바논 등으로부터 TNT·
C-4·RDX 등과 같이 공정을 거쳐 생산된 군용 또는 민수용 폭발
물을 확보하여 사용하는 경우도 있으나, 폭발물 확보가 여의치 않은
국가에서는 황산·질산암모늄·유황·흑색화약 등을 이용한 사제폭
발물(IED)을 제조하여 사용하고 있다. 이들이 폭발물을 은닉하는 방
법은 옷, 신발, 장신구, 각종 완구류, TV 등 일용품은 물론 비디오테
이프, 자전거, 자동차 엔진 등 우리 주변에서 사용하는 모든 물건들
이 활용되고 있다.

지난 1994년 12월 11일 마닐라 공항에 기항한 필리핀 747 항공
기 내 폭파사건에서는 범인 람지 유세프가 카시오 디지털 손목시계
를 개조한 타이머, 콘택트렌즈 세정액 케이스에 위장·은닉한 액체
폭약인 글리세린을 분해하여 구두 밑바닥에 숨긴 기폭장치로 공항
검색대를 무사히 통과하고 화장실에서 소형폭탄으로 조립하여 비행
기 좌석 밑에 설치한 후 범인은 비행기에서 내렸다. 이후 동 폭발물이
폭발하여 승객 1명이 사망하고 10명이 부상당했는데, 이것은 공항검
색을 피해 기내로 폭발물을 반입할 수 있는가에 대한 실험이었다고
한다.

넷째, 자살폭탄테러가 만연해지고 있다. 자살폭탄테러는 1983년
레바논의 테러조직이 베이루트 주재 미대사관과 미 해병대 사령부
를 폭탄적재 차량으로 돌진, 자살폭탄테러를 자행하여 300여 명이
사망한 이후 팔레스타인과 이슬람 과격 테러조직의 주요한 공격전
술로 확산되고 있다. 원래 이슬람교에서는 자살을 금지하고 있으나,
자살폭탄테러를 순례로 인정하는 이슬람 문화와 '순교는 천국행을
보장한다'는 서민층 의식이 자살폭탄테러의 근원이 되고 있다.

자살폭탄테러가 확산되고 있는 요인을 살펴보면 대형 사고를 유발하여 보다 많은 사상자를 낼 수 있고, 미디어의 관심을 집중시켜 자살테러리스트 모집 등 후속범행을 촉진할 수 있으며, 기동성이 있어 임기응변식 작전이 가능할 뿐 아니라 범인의 폭사로 배후조직의 보호가 가능하다는 것이다. 이와 같은 자살폭탄테러의 이점 때문에 알 카에다와 이라크 저항세력들은 인터넷을 통해 지원자를 확보하고 폭발물 제조방법 및 비밀공작방법 등 테러수법의 교육·훈련에 필요한 자료를 제공하면서 자살폭탄테러를 부추기고 있다. 또한 알 카에다와 이라크 저항세력들은 폭발물 테러와 인질을 납치하여 선전·선동에 활용하고 있는데, 인질·납치테러의 목적은 두 가지로 볼 수 있다. 하나는 이라크 파병국에 대한 철수압력과 이에 대한 보복이고, 다른 하나는 테러조직의 존재와 정치적 입지 강화에 목적이 있는 듯하다.

국가정보원 자료에 따르면 2004년 4월~2005년 8월 동안 이라크에서 발생한 외국인 납치사건은 총 142건에 37개국 340명으로 이슬람권 국가인 피랍자도 173명(50%)이 포함되어 있다. 이 중 파병국가 국민이 97명, 미파병국가 국민이 243명이며 피랍자 대부분이 기자, 트럭운전수, NGO직원, 사업가 등으로 비교적 납치가 용이한 대상자들이었다. 피랍자 340명 중 48명(14%)이 피살되고 195명(57%)이 석방되었으며, 나머지 97명(29%)은 생사가 확인되지 않았다.

이러한 결과를 종합해 볼 때 이라크 내에서의 인질·납치테러는 치밀하고 계획적인 정치적 테러라기보다는 즉흥적이고 무차별적인 양상을 보이고 있어 협상 및 구출에 더 어려움이 있을 수 있다. 결국 테러는 목표가 아니라 소규모적인 수단이기 때문에 적은 규모로 최대의 능력과 효과를 추구하기 위해 'hit and run' 또는 'mosquito' 전술을 사용하여 경악과 신속함을 보여 주고자 하는 것이다. 그러나 어느 테러조직이 어떠한 전술을 채택하느냐의 문제는 테러조직의 작전능력(group's capabilities), 무기(weapons), 지원구조(support apparatus), 간부의 지도력(carde experience), 작전환경(operating environment), 숙달된 기술(unique skills), 정부의 대테러정책(government countermeasure), 은신처(clandestine heavens), 기민성(level of sophistication), 외부의 협력(external support) 등에 의해 복합적으로 결정될 수 있다(민병설, 2005: 5).

3) 테러리즘의 추세와 전망

과거, 18세기 말 프랑스 혁명 이후 무정부주의적 사회혼란을 수습하기 위해 국가의 정치적 억압과 사회통제의 수단으로 사용되었던 테러리즘은 오히려 긍정적인 의미가 더했다. 혁명정부의 지도자 막시밀리앙 로베스피에르(Maximilien Robespierre, 1758~1794)[17]의 "테러는 정의이자 덕이다"라는 말처럼 그 당시 테러는 중요한 통치수단이었다. 그 후, 제2차 세계대전까지 공산주의 사조가 유행하던 시기에 테러리즘은 정부 전복의 수단으로 사용되었고, 제2차 세계대전 이후에는 주로 민족해방의 수단으로 사용되었다. 이 시대의 테러리스트들은 사람들을 살해하기보다는 대부분의 사람들이 자신들의 테러행위에 대해 지켜보기를 원했으며, 최소한의 무력만을 사용한다는 원칙을 가지고 있었다.

---

17) 막시밀리앙 로베스피에르는 프랑스 혁명기의 정치사상가로서 '덕과 공포'를 주장, '테르미도르의 반동'으로 사형당하였으나 오늘날 정치적·사회적 민주주의의 선구자로 평가된다.

1970년대 들어서면서 테러리즘의 양상은 변모하기 시작하였다. 1968년 7월 22일 팔레스타인 해방인민전선의 요원 3명이 이스라엘 E1 A1 항공사의 보잉 707 항공기를 공중 납치한 사건으로 이른바 '현대 테러리즘'이 시작된 것이다. 이들은 과거의 테러리스트들과는 다르게 도망이나 망명을 요구하지 않고 이스라엘에 구속되어 있는 16명의 팔레스타인 테러리스트들의 석방을 요구한 것이다. 또한 1972년 9월 5일에는 검은 9월단이 뮌헨의 올림픽선수단 숙소를 습격하여 선수 2명을 사살하고 9명을 인질로 삼는 사건이 발생하였다. 이들 역시 이스라엘에 투옥된 236명의 팔레스타인과 독일에 구속되어 있는 5명의 테러리스트들의 석방을 요구하였다.

이 두 사건은 결국 실패로 끝났지만 전 세계의 미디어를 통해 세상 사람들에게 팔레스타인 문제를 세계적인 문제로 부각시키는 효과를 거둠과 동시에 국제 테러리즘의 공포를 확산시키는 결과를 낳았다.[18)

1980년대에는 직접 사람을 표적으로 삼기 시작하면서 대규모의 무차별적 폭력 테러사건이 현격히 증가하였다. 여기에는 1940년부터 1960년대까지 발전된 게릴라전술이 테러전술에 지대한 영향을 끼치게 된다. 각국 정부도 테러리즘을 유용한 무기로 인식하고 자국의 이익을 위해 테러리즘을 사용하기 시작하면서 국제 테러리즘이 제도화되기 시작하였다(Brian Michael Jenkins, 1987).

1990년대 후반 이후 종교적 이념대립에 의한 문화적 단층에서 기

---

18) 현대 테러리즘과 더불어 시작된 국제 테러리즘은 '2개국 이상의 시민 또는 재산이 포함된 테러리즘'을 말한다(미국헌법 22조 2656f(a)항, "terrorism involving the citizens or property of more than one country").

인하는 민족적·종교적 테러리즘의 심화로 인해 일본 동경지하철 독가스 테러사건, 미국 세계무역센터의 항공기 충돌 테러사건 등 테러리즘 방지를 위한 '선제공격 전쟁(preemptive-war)'이 발생하는 등 이른바 '뉴테러리즘'이 등장하기 시작하였다.

뉴테러리즘은 협상이나 논리를 통해 해결할 수 없는 비이성적 행위로, 이를 제대로 이해하기 위해서는 패러다임의 전환이 필요하다. 뉴테러리즘은 종교적·문명적 갈등과 충돌에 의한 맹목적 파괴주의의 양상을 보여 주고 있다. 또한 일부 국가들이 테러리즘에 개입하면서 그 규모가 대형화·대량살상화되어 가고 있다.

뉴테러리즘은 과거와 달리 요구조건과 공격주체를 밝히지 않고 전쟁수준의 무차별 공격으로 피해가 상상을 초월하며, 테러조직이 네트워크 조직으로 분산·운영되어 포착 및 무력화가 곤란하고 세균무기 등의 인명피해를 극대화하기 위한 신종 대량살상무기가 테러리즘에 이용되는 특징을 보여 주고 있다(김정현, 2004: 60).

1968년부터 2005년 5월까지 테러발생 건수를 살펴보면 2만 1,972건이 발생하였는데 대부분 존속기간 1년 미만인 672개 테러단체의 소행이었다(Rand Corporation, 2005). 이러한 통계자료는 대부분 테러리즘 관련 데이터베이스의 주요 출처가 되고 있는 신문 및 미디어 보도로부터 정보를 수집하여 테러발생 건수를 계산하게 된다(Schmid, Alex P. and Jongman, Albert J., 1988; Graeme R. Newman and Ronald V. Clarke., 2007: 123 재인용). 이와 같은 통계로부터 알 수 있는 것은 수십 년 동안 전 세계 테러사건의 수에 비해 사상자 및 사망자의 수가 눈에 띄게 증가한 점이다(Ronald V. Clarke and Graeme R. Newman., 2006). 즉 국제적 테러발생 수는 조금씩 늘고 있는 추세이긴 하지만, 테러공격에 대한 피해 및 사상자 수는 급격히 증가하는 추세를 보이고 있다. 이러한 경향을 반영하듯 보다 새롭고 치명적인 테러리즘을 이른바 '슈퍼 테러리즘(super-terrorism)', '메가 테러리즘(mega-terrorism)', '매스 테러리즘(mass-terrorism)'이라는 다양한 용어들로 표현하고 있다. 여기에는 WMD[19)]의 사용에 초점이 맞추어져 있으며, 결국 WMD Terrorism이라는 용어도 등장하게 되었다.

과거 이슬람권 테러는 주로 이스라엘과 그 연계 세력을 겨냥해 팔레스타인 등 중동 무장단체들에 의해 자행되었다. 여객기 납치·폭탄 테러들이 주종을 이루었으며 희생자는 제한적이었다. 그러나 1993년 2월 폭탄 적재 트럭의 뉴욕 세계무역센터 테러기도를 계기로 이슬람 테러의 양상은 근본적으로 바뀌게 되었다. 이제는 직접 미국 본토를 겨냥하게 된 것이다. 1995년 오클라호마 시 연방정부 건물에 대한 폭탄테러사건을 거쳐 3년 후인 1998년 8월 아프리카 탄자니아와 케냐에 소재해 있던 미 대사관 2곳에 대한 동시 폭탄테러로 총 231명이 목숨을 잃었다. 알 카에다는 이 시기를 전후해 베일을 벗고 '서방과의 성전'을 선포하였다. 이후 1999년 미 국방부 등의 후원을 받는 미국의 RAND 연구소는 뉴테러리즘의 개념을 정립하면서 요구조건도 없고 공격수의 실체도 없는 뉴테러리즘 시대를 알렸다. 예전의 테러가 '존재확인'이나 '극단적인 의사소통'이었다면, 뉴테러리즘은 '전쟁을 수행하는 것'이라고 하였다.

오늘날 테러의 구체적인 기원은 1979년 이후 소련의 침략에 맞서 싸우기 위해 수천 명의 이슬람교도가 몰려든 아프가니스탄이다. 아

---

19) WMD는 대량살상무기(Weapons of Mass Destruction)의 약어로, 일반적으로 chemical(화학), biological(생물) and nuclear(핵)를 의미한다.

프가니스탄이 구소련과 벌인 10년간의 전쟁 유산으로써 이슬람 테러리스트들이 전 세계적으로 테러 네트워크를 구축할 수 있었다는 점이다. 따라서 오늘날 이슬람 테러리즘으로 대표되는 뉴테러리즘에서 폭력을 낳는 주요 요인은 종교적인 측면이라기보다 오히려 역사적 측면이 강하다고 할 수 있다.

2008년 미 국무부가 발표한 '2007년 테러보고서(Country Reports on Terrorism 2007)'에 따르면 지난해 전 세계에서 테러조직의 공격으로 인한 희생자 수는 2006년에 비해 8% 증가한 2만 2,685명으로 나타났다. 특히 작년 한 해 이라크에서는 전년 대비 50% 급증한 자살폭탄테러 등으로 인해 1만 3,600명의 비전투원이 살해됐으며, 아프가니스탄에서는 테러리스트의 공격 횟수가 16%가량 늘어났다. 또한 이란이 세계에서 가장 왕성하게 테러조직을 후원하는 국가이며 알 카에다는 여전히 미국과 미 동맹국에 가장 위험한 테러조직이라고 지목하였다. 이란 혁명수비대는 팔레스타인의 극단주의자와 아프가니스탄·이라크 등의 반정부 무장 세력에 무기와 자금 등을 제공하고 무장대원을 훈련시키고 있다고 지적하였다. 알 카에다는 파키스탄 북서부 변방 일대의 연방직할부족지역(FATA)에서 9·11 테러 이전 수준의 조직 능력을 일부 재건했으며, 알 카에다의 2인자인 아이만 알 자와히리(Ayman al-Zawahiri)를 중심으로 지도부의 중앙 통제력도 복구하였다. 알 카에다가 조직력을 회복할 수 있었던 주된 이유는 파키스탄 정부가 지난해 북서부 변방 부족들과 휴전협정을 체결하면서 알 카에다 지도부가 이들 부족 지역에서 군사훈련 및 작전 능력을 배양할 수 있게 됐기 때문이라고 분석됐다(영남일보, 2008. 5. 2).

이슬람 테러가 극렬화된 근인(近因)으로는 거(Ted R. Gurr) 박사가 체계화한 상대적 박탈감 이론(Relative Deprivation Theory)의 분노와 좌절을 꼽을 수 있다. 이는 중동 분쟁의 한 축인 이스라엘이 1995년 노벨평화상 수상자인 이츠하크 라빈(Yitzhak Rabin, 1922~1995) 이스라엘 총리의 암살 이후 강경 노선으로 치달으면서 아랍권의 좌절은 이스라엘의 배후로 인식하게 된 미국에 대한 직접적인 분노로 표출됐다고 할 수 있다. 더구나 아랍권은 냉전 시절 구소련과의 무기 거래, 미·소 간 줄타기 외교를 통해 나름대로 제 목소리를 냈지만, 냉전 종식 이후 미국의 독점적 지위가 강화되면서 이에 따른 좌절감이 "미국을 타도해야 우리가 산다"는 절박한 분노로 전환된 것이다. 여기에는 이라크 전쟁도 가세하였다. 미국 폭격의 피해를 당하는 이라크 무슬림 형제들의 참상을 언론매체를 통해 목격하면서 아랍·이슬람권 전체에 반미 테러조직들이 급격히 늘어났다.

이슬람 테러의 원인(遠因)으로는 '종교'도 부인할 수 없다. 2004년 9월 500여 명의 사상자를 낸 러시아 남부 북오세티야공화국 베슬란시의 한 학교 인질극 사태를 초래한 기본 배경에도 크리스트교권인 러시아의 그리스정교에 맞서 이슬람 정체성을 띤 독립국을 이루겠다는 대립감이 작용했다고 볼 수 있다.

이슬람 극렬세력들이 꿈꾸는 이슬람 국가는 7세기 예언자 무하마드와 그의 후계자 칼리프가 이루었던 정교(政教)일치의 사회, 코란과 이슬람법인 '샤리아'가 지배하는 세상이다. 이들의 이슬람은 타 종교와 문화에 대한 관용과 포용을 주창한 전통적인 이슬람과는 크게 다르다. 이슬람의 전통적 견해는 세계가 '평화의 이슬람 영향권'과 '전쟁의 영향권'으로 나뉘지만, 이슬람권이 직접 공격을 받지 않는

한 두 영향권 사이에 충돌은 없다는 것이다.

그러나 미 클리블랜드 법대의 포트(F. Forte) 교수는 "오사마 빈 라덴과 같은 이슬람 테러조직에는 자신들이 추구하는 진정한 이슬람 사회는 현재 어디에도 존재하지 않으며 세계는 오직 '전쟁의 영향권'일 뿐"이라고 주장하였다. 따라서 이슬람 테러조직은 지금 전 세계를 상대로 사활을 건 '사상(思想) 전쟁' 또는 '문명 간 전쟁'을 치르고 있는 것이다(조선일보, 2004. 9. 8).

미 국무부는 2003년에 발표한 '세계 테러리즘의 패턴(Patterns of Global Terrorism)' 보고서에서 최근 테러리즘에 나타나는 추세를 다음과 같이 진단하였다.

첫째, 느슨한 조직, 자체 재원 조달, 테러리스트 간의 국제 네트워크가 형성되어 가고 있다.

둘째, 테러리즘의 동기가 종교화·이념화되고 있다. 급진적인 이슬람 근본주의자 조직이나 종교를 표면에 내세우는 조직들이 다양한 방법의 테러위협을 가하고 있다.

셋째, 서로 다른 테러리스트 조직 간에 군사훈련, 자금, 기술 이전 또는 정치적 자문 등을 포함하는 국가 간 상호 연대가 현격히 증가하였다. 실제로 체첸반군은 알 카에다 캠프에서 훈련을 받았다.

넷째, 여기에 WMD가 확산되려는 경향이 나타나기 시작하였다. 가장 강력한 테러지원국인 이란은 핵무기 능력을 모색 중이고, 이라크는 생화학무기를 보유하고 있을 것으로 추정되며, 핵시설 불능화를 이유로 미국의 테러지원국에서 해제된 북한은 은밀하게 우라늄 농축 프로그램을 추진하였다. 또한 알 카에다 조직도 CBRNE[20] 무기를 획득하려고 시도하고 있는 것으로 보이고 있다.

이러한 맥락에서 최근 테러리즘을 분석하고, 이를 통해 향후 테러리즘의 전망을 제시하면 다음과 같다.

첫째, 테러조직의 변화 가능성이다. 21세기 테러의 특징은 강대국을 위한 대리전이 아니라 초강대국을 겨냥한 직접적·전면적 투쟁의 성격을 보여 줄 것이다. 또한 테러조직은 재원이 든든한 거대 조직이나 테러지원국과의 예속적 관계에서 벗어나 소규모화될 것이다. 아울러 기존 테러조직과 연계되지 않고, 테러지원국의 공작원도 아닌 개인 테러리스트의 등장 가능성도 배제할 수 없다. 이는 인터넷의 발달로 수집 및 전파를 위한 독자적인 정보, 무기 및 테러방법의 접근이 가능해짐에 따른 것이다. 이에 따라 테러조직의 추적이나 테러에 대한 대응조치가 더욱 어려워질 것이다. 또한 과거 테러조직들이 지역성을 넘어 세계성에 눈을 뜸으로써 오사마 빈 라덴과 같은 극단적 반미성향의 과격단체와 국제 테러 네트워크를 형성할 경우에도 대비해야 할 것이다.

둘째, 테러재정의 변화 가능성이다. 테러 목적을 달성하기 위한 과거 테러재정의 가장 주요한 요소는 테러지원국들의 후원이었다. 그러나 21세기 테러조직들은 그들의 활동자금을 확보하기 위해 마약조직과의 연계는 물론 마약밀매에 직·간접적으로 개입하는 경향을 보이고 있다. 이에 따라 테러조직과 마약범죄조직과의 연계가 이루어질 것이다. 21세기 새로운 권력자로 등장한 이러한 연계는 이미 1980년대 초반부터 나타나기 시작하여 1990년대에 들어 테러조직들의 재정은 단시일 내에 가장 많은 불법자금을 획득할 수 있는 직

---

20) 화학(Chemical), 생물(Biological), 방사능(Radiological), 핵(Nuclear), 고출력 폭발물(Enhanced high explosive) 등 모든 종류의 대량살상무기를 전담한다는 뜻에서 이 무기종류들의 첫 글자를 따서 약칭되기도 한다.

접적 마약밀매로 전환하였다. 이들은 이러한 불법마약 밀매를 초국가적 범죄조직들과 연계하여 판매망을 확보하고 있다. 21세기 테러의 이러한 현상은 결국 '테러'와 '범죄'의 구별을 모호하게 만들고 있다. 더욱이 1990년대 미국의 '마약과의 전쟁' 그리고 21세기 '테러와의 전쟁'에 따른 군사화는 테러·범죄·전쟁의 경계선을 불분명하게 만들면서 테러의 개념적 정의에 대한 전통적 불일치를 더욱 가속화시키는 요인이 될 것이다.

셋째, 알 카에다와 이슬람 과격세력이 국제 테러를 주도할 것이다. 2008년 3월 30일 미 국가대테러센터가 발표한 '2007년 테러보고서'에 따르면 이라크의 폭력사태는 전체 테러공격의 45%를 차지했으며, 전 세계의 테러로 인한 사망자 수의 65%를 차지하였다. 이라크에서의 테러공격은 2005년 3,468건에서 2006년 6,630건으로 거의 2배 증가하였다. 세계적으로 납치사건은 50% 감소했지만, 이라크에서는 300% 증가하였다. 또한 아프가니스탄에서는 테러가 2005년 491건에서 2006년 969건으로 50% 증가하였다(데이빗 맥키비, 2007). 더불어 2004년 3월 스페인 마드리드의 열차 폭탄테러사건, 2004년 5월 9일 러시아 체첸반군의 카디로프 체첸 대통령 암살사건과 2004년 8월 24일 여객기 연쇄 공중폭파 테러사건 그리고 2004년 9월 9일 제마 이슬라미야의 인도네시아 주재 호주대사관 폭탄테러사건 등 도처에서 이슬람에 대한 지원 테러 및 동조 테러가 빈발하였다. '알 카에다 사상'에 동조하는 이슬람 과격세력들이 전 세계에서 반미·반서방 테러를 자행하고 선동함으로써 이슬람과 기독교 간 대립구도로 국제질서를 전환하려고 획책할 전망이다.

넷째, 민족과 종교적 갈등에 따른 테러의 지속 가능성이다. 냉전

종식과 더불어 존재 이유를 상실한 이념적 테러리즘이 쇠퇴하고, 뿌리 깊은 민족적·종교적 테러리즘이 전면에 등장하고 있다. 북아일랜드·바스크족·팔레스타인·쿠르드족 등의 오래된 민족 갈등뿐 아니라 위구르족·티모르족 등 최근의 종족 갈등문제도 구소련의 붕괴 이후 민족주의-분리주의-민족통일주의 등과 맞물려 테러의 주요 요인으로 여전히 작용하고 있다. 이는 중동과 태평양 연안에서 미국의 영향력이 점점 증대하고 있고 구소련 연방의 해체에 따라 각국에 대한 통제력의 약화와 중앙아시아의 불안정에 따른 이슬람 근본주의의 부상에 기인한 바가 크다. 실제로 구소련의 이념적 지배의 공백을 이란이 종교적으로 지배하려는 시도가 나타나고 있다. 이미 이란은 터키·수단·바레인·남아프리카·알제리·보스니아 및 크로아티아 등지에서 모습을 드러낸 바 있다. 팔레스타인 테러단체들의 이스라엘에 대한 테러 투쟁과 보복 공격의 악순환이 반복되고 있으며, 분리주의 운동이 활발한 스페인과 러시아연방을 비롯하여 네팔과 콜롬비아 등지에서의 반정부 좌익테러도 빈발할 것으로 예상되고 있다. 또한 이념문제도 종교의 영향 아래 완전히 덮여 있는 것은 아니다. 터키의 혁명인문자유당전선(DHKP-C), 페루의 빛나는 길(Shining Path), 인도의 낙살당원(Naxalites) 등의 좌익운동 단체들과 더불어 동물보호단체나 환경운동단체들의 이슈그룹들도 정치적으로는 좌파적 경향을 띠고 있다.

한편, 미국의 KKK(Ku Klux Klan), 영국의 C-18 및 스킨헤드 단체들은 우익운동의 핵을 이루고 있다.

다섯째, 테러 목표와 방법의 변화 가능성이다. 테러리즘에 대한 국제 공조체제와 외교 군사시설에 대한 경비 강화 등으로 테러리스트들의 목표와 방법상에 변화가 생겼다. 경제 기반시설·에너지 공급시설·교통시설·은행 및 관광지 등에 대한 무차별적 공격이 예상된다. 테러리스트들은 정보의 접근 및 획득, 선전, 기금모금, 통신수단 그리고 작전계획의 전파수단으로 인터넷을 빈번히 사용할 것이다. 또한 총기와 폭탄은 테러의 공격수단으로 여전히 애용될 것이다. 특히 차량폭탄은 매력적인 수단으로 대량살상, 목표의 무차별성과 더불어 제조와 운반의 용이성, 다량의 운반능력과 높은 살상력, 인터넷상에서 사용방법을 익힐 수 있고 획득이 용이한 장점이 있다. 자살테러는 중동과 스리랑카 등지에서 크게 증가하였고, 여전히 사용될 가능성이 높으며, 최근에는 여성 테러리스트도 증가 추세에 있다. 또한 화학무기·생물무기 및 방사능무기의 사용 가능성이 예상된다.

대량살상으로 대중의 관심을 끌기 위해서 강화된 보안조치로 인해 새로운 공격방법을 모색하고자 하는 테러조직의 마지막 수단으로 이들 생화학무기나 방사능물질이 사용될 가능성이 있다.

미 국토안보부가 대테러정책을 효율적으로 수행하기 위하여 작성한 '15대 재앙 시나리오'를 보면 12개 테러 관련 시나리오 중 생물학테러와 화학테러가 4건씩이고, 핵폭탄테러, 폭탄테러, 방사능테러와 사이버테러가 각각 하나씩 포함되어 있다. 그 외에는 지진, 질병, 허리케인 등 자연재해가 3건 포함되어 있다(조선일보, 2005. 3. 17). 그만큼 생화학테러에 대한 주의와 대비가 필요하다.

핵무기를 둘러싼 경비수준이나 핵무기가 테러수단으로 사용됨에 따른 각국의 거부감 등을 감안하면 핵무기의 사용 가능성은 낮아 보인다. 오히려 이들 생화학무기 및 핵무기의 우월성에도 불구하고 사

용의 용이성 및 친밀성으로 인해 재래식 무기가 여전히 주요 테러수
단으로 애용될 것으로 보인다.

9·11 테러는 우리에게 새로운 안보 경각심을 갖게 해 주었을 뿐
아니라 대량학살 테러와 같은 '예측불능의 초국가적 위험'이 초래될
수 있음을 경고하고, 전쟁 패러다임의 변화를 예고해 주는 계기가
되었다. 이제는 종교·이념 및 종족 등에 의한 갈등이 동기가 되어
테러조직과 같은 불량단체들이 대량파괴와 대량살상도 초래할 수 있
는 전쟁행위의 주체가 될 수 있음을 세계인류는 목도하게 된 셈이다.
따라서 전쟁의 주 패러다임이 국가들 간의 것보다는 종교·민족·
이념 등 정체성에 근거한(identity−based) 전쟁의 빈도가 증대되는
방향으로 변경될 전망이다.

제3절 한국적 테러리즘의 특성

1. 정치적 환경

6·25 전쟁으로 인한 남북분단 이후 1990년대 말까지 북한이 자행한 대남테러 사례는 1968년 청와대 기습 사건, 울진·삼척 무장공비 습격사건, 1983년 미얀마 아웅산 묘소 폭파사건, 1987년 대한항공 858기 폭파사건 등 약 550여 건에 달하였으며(곽병현, 2005: 57), 지금까지 북한과 첨예하게 대립하고 있다.[21] 냉전체제가 종식된 이후에도 북한은 다양한 방법으로 국내에 테러리즘을 자행하고 있다.

북한 테러의 특징에 있어서 목적, 대상과 범위를 시기와 특징별로 구분해 볼 수 있다. 우선 시기별로는 광복~한국전쟁 발발 이전, 1950년대, 1960년대, 1970년대, 1980년대 그리고 1990년대의 6단계로 구분할 수 있고, 테러의 형태와 양상도 시대의 흐름에 따라 주요 요인 암살부터 항공기 납치, 대통령 암살, 대규모 무장공비 침투, 민간여객기 공중폭파, 국제행사 방해를 통한 국제사회에서 한국의 고립화, 귀순자 및 해외주재 한국 외교관 피살 등으로 점차 대담성과 그 잔인성을 더해 가고 있다(국방참모대학, 1999: 290−292).

광복~한국전쟁 발발 이전까지 북한은 비밀공산당원이나 남파된 간첩을 통해 공산정권 수립을 목적으로 이에 반대하는 남한 내 반공

---

21) 우리나라는 집계가 개시된 1954년 이후 최근까지 국내외에서 592건의 테러를 당한 바 있다(국가정보원, 2002). 이를 테러 주체별로 살펴보면 북한에 의한 테러가 92%인 542건에 이르고, 나머지 50건은 해외에서 국제 테러조직 등에 의해 피해를 입은 것으로 나타났다.

세력에 대한 테러 및 전복활동을 주로 실시하였다. 이 시기의 주요 테러사건으로는 현준혁 암살, 제주 4·3 사건, 여순 10·19 사건 그리고 이승만 박사 저격을 비롯한 남한 내 주요 요인 암살기도였다.

1950년대에 북한은 한반도 분단체제가 고착된 상태에서 본격적으로 테러를 시작했으며, 이 시기의 특징은 북한이 한국전쟁의 패인을 분석하면서 그 대안으로 직접 공작원을 남파하여 비행기 납치 등을 주도하는 형태의 테러리즘 기반을 강화했다는 점이다.

1960년대는 남한에 대한 지속적인 무력도발을 감행하기 위해 테러를 노동당의 주요 사업으로 계획하고 추진하여 테러전술을 게릴라전과 함께 무장 폭력봉기를 혁명전쟁으로 확대하는 결정적 요소로 보았다. 북한이 이러한 목적과 의도로 추진한 결과 대통령 암살, 한·미 연합방위태세 약화, 후방지역의 교란을 목적으로 자행한 청와대 기습사건, 미 정보함 푸에블로호 납치사건, 울진·삼척 무장공비 침투사건 등의 테러행위를 자행하였다(국방참모대학, 1999: 300-302).

1970년대는 6·25 전쟁 이후 납북자의 존재를 처음으로 공식 인정하고 납북자와 국군 포로의 생사 확인 문제를 남측과 협의하기 위해 1971년 '남북적십자회담'을 개최하였고, 통일문제를 해결하기 위해 1972년 '7·4 남북공동성명서'를 발표하였다. 그러나 우리나라의 급속한 경제성장과 철저한 반공정책에 대응하기 위해 1975년 6월 30일 판문점 미군장교에 대한 집단폭행사건, 1976년 8월 18일 판문점 도끼살인 만행사건이 있었고, 박정희 前 대통령의 3차례 암살시도[22]를 자행하였다.

---

22) 박정희 前 대통령 암살을 시도한 대표적 사건으로는 1970년 6월 22일 국립묘지 현충문 폭파사건, 1974년 8월 13일 경회루 석교 폭파사건, 1974년 8월 15일 국립극장 문세광 암살사건이었다.

1980년대에 북한은 지속적인 경제계획의 실패와 과중한 군사비 증강 및 외채가 급증한 반면, 우리나라는 모든 분야에서 안정이 자리 잡는 시기였다. 1980년대 남한에 대한 대표적인 테러사건은 1983년 10월 9일 미얀마(버마) 아웅산 묘소 폭파사건, 1986년 9월 14일 김포공항 청사 폭파사건, 1987년 11월 28일 대한항공 858기 폭파사건 등이 있었다. 이 시기 북한의 테러 목적은 대통령 암살과 남한의 정치·경제·사회질서를 파괴하여 그들의 혁명 전략을 완성하는 것이었다.

탈냉전 이후 1991년 12월 3일에는 남북한이 화해 및 불가침, 교류 협력 등 3개 부문에 관해 공동 합의한 '남북기본합의서'를 정식으로 교환하였다. 그러나 1990년대에도 북한의 지속적인 테러가 있었는데 과거와 같이 체제를 위협하는 정책적 전환을 위한 목적 테러리즘이 아니라 개인에 대한 보복성 테러로 전환되기 시작하였다. 그 예로 1996년 10월 1일 러시아 블라디보스토크에서 우리나라 정보기관 소속 최덕근 영사가 암살되었고, 1997년 2월 15일 분당에서 이한영 암살사건[23]이 있었다. 또한 국민의 정부 시절 우리나라는 북한에 대한 정책 의제로 내세웠던 '햇볕정책'의 결과로, 21세기에 들어서기 전 2000년 6월 13일 김대중 前 대통령이 우리나라 대통령 중에는 처음으로 북한을 방문하여 남북한 두 정상이 백화원 영빈관에서 '6·15 남북공동선언'을 발표하였다.

그러나 이러한 선언을 무색하게 한 사건이 2002년 제2연평해전이

---

23) 경찰관 등이 북한 공작원의 의뢰를 받은 심부름센터 직원에게 이한영(김정일 처조카)의 신상정보를 제공함으로써 결과적으로 이한영이 북한 공작원에 의해 피살된 점을 인정하여, 대법원은 2008. 8. 21. 이한영의 처 등 유족에게 9,699만 원을 지급하라는 판결을 내림으로써 국가에 60%의 배상책임이 있음을 명시하였다(수원지방검찰청·경기지방경찰청·국군기무사령부·국가정보원경기지부, 2008. 8. 27).

었다. 그 후, 2007년에는 남북한 두 정상이 남북관계 발전과 평화 번영을 위한 '10·4 남북 정상선언'을 발표하였다. 이러한 진행 상황에서 이듬해 또다시 원정화 여간첩 사건과 황장엽 암살사건 등으로 우리 사회는 북한에 대한 긴장감이 여전히 팽배해졌다.

한편, 북한 김정일 국방위원장의 와병으로 북한체제의 위기가 감돌았다. 그럼에도 불구하고 북한체제의 건재함을 과시라도 하듯 북한 핵시설의 복구를 선언함과 동시에 노동당과 북한 주민의 김정일에 대한 충성과 일심단결을 요구하는 등 체제 단속에 안간힘을 쓰는 모습을 보였다. 북한은 분산서비스거부(DDoS) 공격, 천안함 폭침 사건, 연평도 폭격 도발에 이어 2011년 김정일 국방위원장의 사망 이후 김정은으로의 3대 세습을 본격화하면서 2006년 첫 핵실험 이후 2009년 제2차, 2013년 제3차, 2016년 1월 제4차, 같은 해 9월 제5차 핵실험을 실시하는 핵 도발을 강행하고 있다. 이에 우리나라는 2016년 2월 10일 개성공단 가동 전면중단 결정으로 전례 없는 대북 대응과 3월 2일 유엔 안보리 대북 제재 결의 2270호 채택으로 유엔 역사상 전례 없는 비군사적 조치에 따라 만장일치로 채택하였고, 3월 8일 우리나라는 독자적 대북제재를 발표하였다. 그럼에도 불구하고 북한의 미사일 개발은 계속되고 있다. 이러한 상황을 통해 안보 불감증은 초기증상이 아닌 우리 내부의 숙병으로 진행되고 있다는 것을 알 수 있다.

앞으로 우리는 국내에서 탈북자 문제가 급격히 사회문제화되는 것을 막기 위해 중국과 긴밀한 협조관계를 유지할 필요가 있다. 이러한 사건들을 계기로 탈북자에 대한 관리를 철저히 해야 할 것이다. 자유를 찾아 탈북한 진정한 '새터민'들에 대해서는 우리나라에 조기 정착

할 수 있도록 계속 지원해야 한다. 다만, 이들에 섞여 침투하는 극소수 테러리스트들을 효과적으로 적발하기 위한 관계기관의 관심이 필요하다. 또한 주요 반체제 탈북자에 대한 신변안전 조치를 강화해야 한다. 황장엽 등 남한으로 망명한 전 북한 고위직 인사 및 반체제 탈북자에 대한 북한의 집요한 보복위협이 계속되고 있음을 확인할 수 있었다. 따라서 북한 고위직 망명인사 및 반체제 탈북자에 대한 보호조치를 가일층 강화할 필요가 있다. 그리고 군인, 해외활동 사업가 등에 대한 안전주의를 조치해야 한다. 그들에 대한 북한 대남공작 당국의 기도가 사실로 드러남에 따라 향후 북한 공작원으로 의심되는 자와 접촉하지 않도록 각별한 주의와 함께 보안의식을 강화할 필요가 있다.

2. 경제적 환경

오늘날 우리나라는 급속한 경제성장으로 1990년대 중반까지도 개발도상국들 중 선두에 있었고, 무역 규모 면에서는 세계 여러 나라들과 어깨를 나란히 하였으며, 1996년에는 경제협력개발기구(OECD)에 29번째 회원국으로 가입하였다. 이러한 빠른 경제성장으로 인해 한강의 기적이라고 불렸으며, 한때는 타이완·싱가포르·홍콩과 더불어 아시아의 네 마리 용으로 일컬어지기도 하였다. 그리고 컴퓨터의 보급, 인터넷 등으로 첨단 정보기술(IT) 강국으로 불리는 등 괄목할 만한 성과를 달성함으로써 최근에 들어서는 전 세계적으로 우리의 위상이 급격히 높아졌다. 그러나 그 이면에는 경제성장에 따른

소비욕구의 기형적인 분출로 향락문화, 과소비 사치풍조가 만연하면서 범죄양상도 충동적이고 흉포화되는 경향이 있으며, 아울러 산업화의 진전에 따라 이른바 '화이트칼라 범죄'가 증가하고 있다.

한편, 오늘날 국경 없는 경제발전, 산업화 그리고 국제화의 가속으로 재외국민,[24] 해외여행 등으로 인해 해외진출자[25]가 급증하고 있고, 기업들은 국내 자원 개발의 한계로 인하여 해외 에너지 확보를 위해 테러위협 국가로 진출하고 있는 실정이다. 예컨대 D건설회사는 나이지리아 9개 공사현장에 141명의 인력이 파견되어 있으며, 해외 매출의 60%를 차지하고 있다(이데일리, 2007. 5. 7).

박준석(2008a: 32)에 따르면 2001년 3,707개, 2003년 5,548개, 2005년 7,699개, 2007년 9,568개 기업체가 테러위협 국가로 진출하였고, 매년마다 지속적으로 증가하고 있으며 지역과 규모가 확대되고 있다고 한다.

지역별로는 아시아 지역이 79%로 대다수를 차지하고 있으며, 북미 지역 7%, 구주 지역 6%, 중남미 지역 4%, 중동 지역 4% 순으로 나타났다. 특히 이라크·아프가니스탄 등 25개 테러위협 국가로 진출한 기업은 2001년 662개에서 2007년 1,843개로 2.8배나 급증하였다.

우리 기업 근로자를 대상으로 한 테러피해 분석 자료를 살펴보면

---

24) 2010년 기준 지역별 재외국민 현황을 살펴보면 구주 지역 63만 7,663명, 북미 지역 230만 8,795명, 아주 지역 48만 704명, 아프리카 지역 1만 522명, 일본 지역 91만 3,152명, 중국 지역 248만 9,076명, 중남미 지역 10만 8,603명, 중동 지역 1만 4,313명으로 총 696만 2,828명이 집계되었다(외교통상부 재외동포 현황, www.mofat.go.kr). 이후 2014년 말 기준 지역별 재외동포 현황을 살펴보면 동북아시아 344만 1,718명, 남아시아태평양 51만 633명, 북미 246만 3,043명, 중남미 10만 5,243명, 유럽 62만 7,089명, 아프리카 1만 1,583명, 중동 2만 5,563명으로 총 718만 4,872명이 집계되었다(외교부 2015 재외동포현황, www.mofa.go.kr).

25) 한국관광공사의 자료에 따르면 2007년 기준 주요국 한국인 출국자 수는 1천117만 572명으로 조사되었다(한국관광공사 시장조사팀, www.knto.or.kr). 이후 2014년 기준 내국인 출국자 수는 1천608만 684명으로 조사되었다(한국관광공사 관광시장조사팀, kto.visitkorea.or.kr/kor/notice.kto).

1970년대 테러발생 건수는 8건, 1980년대 6건, 1990년대 16건, 2000년 이후 68건으로 나타났다. 지역별 테러발생 현황으로는 중동 지역 40%, 아·태 지역 24%, 아프리카 지역 20%, 유럽 지역 13%, 미주 지역 3%로, 테러 유형별로는 무장공격 41%, 납치 34%, 폭파 22%, 기타 3%로 나타났다.

국가정보원은 해외 위험지역에 진출한 우리 기업의 테러방지를 위해 2007년 10월 외교통상부·지식경제부·국토해양부 합동으로 '해외진출기업 안전지원단'을 발족하여 안전설명회·교육 등 해외진출기업 대상 맞춤형 대테러 컨설팅을 실시하였다(국가정보원, 테러정보통합센터(www.tiic.go.kr)). 그러나 해외진출기업 안전지원단에 의한 해외사업장 점검 결과 자체 경비 또는 주재국의 경비원을 받고 있으나 주재국 공권력이 미치지 않는 오지에 위치하여 테러위협에 노출되어 있다(박준석, 2008a: 32-33).

해외기업 테러피해 점검결과에 따른 해외진출 기업의 문제점으로는 첫째, 일부 사업장에서는 인원·차량 출입통제시스템이나 안전·경호 전담직원이 없거나, 외부 울타리·CCTV 등 기본적인 안전장치조차 갖추어지지 않은 곳도 있었으며 둘째, 일부 근로자·교민들은 테러위험에 대한 경각심이 부족하고, 유사시 행동요령도 잘 숙지하지 못하는 등 문제점이 드러났다(국가정보원, 테러정보통합센터(www.tiic.go.kr)).

결과적으로 해외기업은 단기적인 수익에만 집중되어 있어 장기적인 기업의 이미지와 지역 간 상호협력을 통한 직·간접적인 대응이 부족하다고 할 수 있다(박준석, 2008a: 33). 따라서 재외국민, 해외진출자, 해외진출 기업이 증가하고 있는 시점에서 테러위협에 대한 요소 및 실태를 분석하여 대응 및 보호 방안을 효율적으로 접근해야 할 것이다.

3. 사회·문화적 환경

우리나라 경제는 그동안 지속적으로 성장해 왔으나 1990년대 중반 들어 지나친 외화 사용 등으로 인해 1997년 12월 국제통화기금의 구제 금융을 받게 된 이후 사회구조적 차원에서 실업 및 이로 인한 양극화 현상, 사회심리적 차원에서 아노미·상대적 박탈감, 문화적 차원에서 이혼율 증가로 인한 가족해체 현상 심화·공동체의식 결여 등 적지 않은 문제가 산재되어 있다. 아울러 사회에 대한 불만으로 개인적으로는 원한관계가 없는 불특정 다수인을 대상으로 한 대구지하철 화재사고, 숭례문(남대문) 방화사건 등 사회병리 현상은 간과할 수 없는 부분이다. 물론 그 원인이 사회에 대한 증오와 복수심이라는 측면에서 범죄라고 할 수 있지만, 현상학적 측면에서 본다면 유사 테러리즘으로 분류될 수 있다.

한편, 다민족 사회로 접어들고 있는 상황에서 제조업체의 인력수급 부족으로 외국인 노동인력에 의존할 수밖에 없어 외국인 체류자가 증가하였다. 2008년 1월 기준 외국인력 체류 현황은 총 106만 8,925명이다. 이 중 합법체류자는 84만 3,960명으로 전체 체류자 중 78%를 차지하였으며, 불법체류자는 22만 4,965명으로 22%를 차지하였다(경찰청, 외국인 범죄 단속 현황(www.police.go.kr/infodata/pds_07_totalpds_07_02.jsp)). 2015년 말 기준 국내 체류외국인은 총 189만 9,519명이다. 이 중 합법체류자는 168만 5,351명으로 전체 체류자 중 88.7%를 차지하고 있으며, 불법체류자는 21만 4,168명으로 11.3%를 차지하고 있다(법무부 출입국·외국인정책본부, 2014년도 출입국·외국인정책 통계연보: 74 재구성). 특히 연도별 불법체류 현황에서 보듯이 감소 추세에 있다가 2012년을 기점으로 증가 추세로 전환하여 꾸준히 증가하고 있다. 경찰청 외국인 범죄 단속 현황 통계자료에 따르면 2001년 4,328건에서 2007년 1만 4,524건, 2014년 2만 8,456건으로 지속적으로 증가하는 실정이다(경찰청, 2015년 경찰백서: 321). 또한 내부적으로는 인구 대비 외국인 체류자가 2010년 2.8%, 2020년 5%, 2030년 6%, 2040년 7.4%, 2050년 9.2%로 늘어날 것으로 추산하고 있다. 결과적으로 이민사회로 분류되는 외국인 10% 시대가 그렇게 멀지 않은 셈이다(세계일보, 2007. 4. 24).

〈표 6〉 연도별 불법 체류외국인 현황

(단위: 천 명)

연도	1998	1999	2000	2001	2002	2003	2004	2005	2006
계	99	135	205	272	308	154	209	204	211
연도	2007	2008	2009	2010	2011	2012	2013	2014	2015
계	223	200	177	168	167	177	183	208	214

출처: 법무부, 2008 출입국관리통계연보자료; 법무부 출입국·외국인정책본부, 2015 출입국·외국인정책 통계연보 재구성.

불법 체류자는 법적인 보호를 받고 있지 못한 상태이기 때문에 직장과 사회활동에 많은 제약을 받고 있어 이를 악용하는 일부 업체에서는 불법 체류자들을 대상으로 임금체불이나 폭행을 가함으로써 반한감정을 싹트게 할 수 있다. 법무부가 2004년 10월 3일 국회의원에게 제출한 자료에 따르면 국내 불법체류 외국인의 반한활동이 증가하고 있다고 공개하였으며(조선일보, 2004. 10. 3), 지금까지 정부당국이 파악한 불법 체류자들의 반한활동은 반정부적 시위 및 집회가 주종을 이루는 가운데 일부 단체가 테러협박을 하고 있는 상태인 것으로 알려졌다. 이에 정부당국은 불법 체류자들의 활동이 단순히 단속에 대한 항의 차원을 넘어 정치성을 띠고 있다는 점에 주목, 이들의 배후에 일부 급진세력들이 개입하고 있다는 판단을 하고 이에 대한 대책 마련에 나섰다(조선일보, 2004. 10. 3).

이러한 범죄로 인해 국민의 불안감이 확산되고 있으며, 개인뿐 아니라 사회와 국가 전체에 악영향을 끼치고 있다. 따라서 테러 주체의 다양화에 대한 검토와 대응태세를 구축해야 함은 물론 다른 한편으로는 외국인 체류자들과 더불어 사는 법도 진지하게 고민해 볼 필요가 있다.

제4절 선행연구의 검토

우리나라의 대테러시스템은 관계기관 간 업무분장이 명확하게 이루어져 있지 않을 뿐 아니라 이해관계가 복잡하게 얽혀 있어 만약에 발생할 수 있는 테러에 효율적으로 대처할 수 없다는 지적이 많다. 특히 지난 9·11 테러를 계기로 우리나라의 환경에 적합한 대테러 관리의 필요성이 관련 학계를 중심으로 활발하게 논의되고 있다.

테러에 관한 국내의 박사학위논문으로는 1988년에 발표된 여영무의 논문인「국제테러리즘의 억제와 처벌에 관한 연구: 중국 민항기 납치사건을 중심으로」가 처음으로, 그 후 양적·질적으로 많은 연구가 이루어지고 있다.

테러 및 대테러와 관련한 주요 선행연구를 요약하면 <표 7>과 같다.

〈표 7〉 테러 관련 주요 선행연구 논문

구분	연구 분야		연구자
법규	현황		김현진, 2005; 여영무, 1988
	국제법		신경엽, 2002; 정형근, 1991
	형사사법		송태종, 2005
	조약		이만희, 1994
위기관리 및 안전활동	위기관리		이창용, 2004; 양기근, 2004
	테러리즘 인식		이대성, 2005
	네트워크 전략		장기붕, 2007
	국제행사 및 시설	국제행사	이선기, 2007; 주일엽, 2006; 오현득, 2005
		스포츠시설	김명곤, 2006
	경호안전		최기남, 2004; 김평섭, 2002
	경찰협력 관계		오태곤, 2005

테러 유형	중동 테러리즘		최재훈, 2006
	항공 테러리즘	법규	이인재, 2005; 김만호, 1997; 제성호, 1989
		공항보안	김용욱, 2004
	해상 테러리즘		안경훈, 1998
	북한 테러리즘		최선만, 2007; 최윤수, 1992
	화학 테러리즘		주병수, 2007; 최낙진, 2005
	생물 테러리즘		이광렬, 2007
	사이버 테러리즘	기법	김재권, 2007
		민간 부문 역할	이종화, 2006
		법규	박윤해, 2005

테러와 관련된 선행연구의 흐름은 크게 법규, 위기관리 및 안전 활동 그리고 테러 유형 등으로 구분할 수 있다.

법규에 관한 연구는 현황, 국제법, 형사사법, 조약 등에 관한 연구가 주를 이루고, 위기관리 및 안전 활동에 관한 연구는 위기관리, 테러리즘의 인식, 네트워크 전략, 국제행사 및 스포츠시설, 경호안전, 경찰협력 관계 등이 주로 연구되었다. 또한 테러 유형에 관한 연구는 중동 테러리즘, 항공 테러리즘의 법규와 공항보안, 해상 테러리즘, 북한 테러리즘, 화학 테러리즘, 생물 테러리즘, 사이버 테러리즘의 기법·민간 부문의 역할·법규 등에 초점을 두고 있다.

테러와 관련한 법규의 연구는 1994년 조약에 관한 연구부터 최근 법규 현황에 이르기까지 지속적으로 연구되고 있는데, 이는 국제 테러리즘이 빈발하고 있는 상황에서 각국의 테러 관련 국제 협약과 테러리스트들을 법적으로 규제할 수 있는 근거를 마련하기 위해서라고 볼 수 있다. 특히 9·11 테러 이후 각국은 테러리스트들로부터 자국 보호를 위한 근거 마련을 위해 관련 법규의 제정 필요성을 인식하고 있기 때문에 이에 관한 연구가 크게 증가하고 있다.

위기관리 및 안전 활동에 관한 연구는 미국의 9·11 테러, 스페인의 3·11 테러, 영국의 7·7 테러 등 뉴테러리즘의 특징인 불특정 다수를 향한 무차별적 공격을 자행하는 테러인 연성 목표물을 대상으로 테러행위가 빈발하고 있는 가운데 우리 국민과 대테러 관계기관의 테러에 대한 인식, 대테러를 위한 관계기관의 문제점을 극복하기 위한 방안에 관한 연구가 상당수 이루어지고 있다. 또한 대규모 국제행사 시 행사장이나 시설 그리고 국내외 주요 인사에 대한 경호와 대테러를 위한 국가 간 경찰협력 체제의 방안이 주요 연구 주제를 이루고 있다.

한편, 테러 유형에 있어서는 각각의 유형별에 따른 연구가 이루어지고 있다. 최근 우리 기업과 자원봉사자가 해외로 진출하고 있는 상황에서 납치 사건이 지속적으로 발생하고 있는 중동 지역의 테러리즘에 관한 연구가 있었고, 9·11 테러 이후 테러리스트들의 출입통제를 강화하기 위해 항공테러에 관한 연구도 활발히 진행되고 있다. 또한 종전의 총기와 폭탄 등과 같은 공격무기와는 달리, 테러리스트들의 새로운 공격무기로 등장하고 있는 화학과 생물 테러리즘에 관한 연구도 진행되고 있다. 최근에는 테러리스트들이 인터넷을 활용하고 있는 추세를 감안하여 사이버 테러리즘에 관한 연구도 이루어지고 있다.

이처럼 테러에 관한 다양한 연구가 이루어지고 있음에도 불구하고 북한 테러리즘에 관한 연구는 미흡한 실정이다. 우리는 지금까지 북한의 도발행위로 적지 않은 피해를 입고 있지만, 북한과의 정치상황으로 인해 북한의 대남 사건에 대해서는 테러라는 용어를 사용하지 못했을 뿐 아니라 북한 테러리즘에 관한 연구도 상대적으로 소수에 불과하다.

국제 테러리즘의 증가에 따른 위협으로 테러에 관한 연구는 정치학·법학·행정학·사회학·경찰학·군사학·범죄학 등의 사회과학적 분야와 화학, 생물학 등의 자연과학적 분야를 통해 다각적으로 이루어지고 있다. 이렇게 그동안 적지 않은 연구가 있었음에도 불구하고 테러는 여전히 어려운 문제로 남아 있다. 기존의 연구는 주로 테러와 관련된 주요 요인들을 나열, 제시하는 데에 그친 감이 적지 않다. 대테러를 성공적으로 이끄는 데에 필요한 주요 요소들을 지적하는 것은 유용하다. 그럼에도 불구하고 정부기관에게 강력한 행동지침으로 이용되지 못하고 있다.

이러한 점을 극복하기 위해 본 서에서는 테러리즘의 현상학적인 측면에서 접근하여 전체적인 관점에서 유기적으로 기능할 수 있는 대테러시스템을 탐구하고자 한다. 즉 현재 개념적 수준에서 관료조직의 단점과 한계를 일정 부분 극복·보완할 수 있는 대안으로 제기되고 있는 통합시스템을 적용하여 기존의 경직적이고 개별적으로 운용되고 있는 대테러관리를 전체적이고 유기적인 통합성을 확보하고, 조직 간의 상호작용을 통해 시너지 효과(synergy effect)를 높일 창발 현상이 나타날 수 있는 시스템의 운용 방안을 모색하고자 한다.

3 | 각국의 대테러 실태 분석

　각국의 대테러정책과 기본 전략은 그 나라의 안보와 국익 그리고 대내외적 여건을 고려하여 예방책은 물론 테러사건 발생 시 대응책까지도 결정되어 있으며, 그 나라의 특정한 상황에 따라 독창성을 갖는다.

　이스라엘은 테러리스트의 요구에 굴복하면 더 큰 위험부담을 감수해야 한다는 점을 인식하고 일찍부터 대테러 강경책을 견지해 오고 있다. 특히 주변 아랍국 테러리스트들로부터의 위협에 대해서는 세 가지 방향에서 대책을 수립해 놓고 있다. 첫째, 이스라엘 영토 내에서 발생한 사건은 자국민 인질의 희생이 아무리 많더라도 테러리스트를 반드시 소탕하고 둘째, 인질이 이스라엘과 우호적인 국가로 납치됐을 경우와 비우호적인 국가로 납치됐을 경우 특공대 파견의 여건을 검토하면서도 셋째, 테러리스트의 본거지나 테러지원국에 대한 보복 공격을 감행하여 테러행위의 대가가 어떠한 것인가를 인식시켜 주는 효과를 노리고 있다.

　미국도 테러리스트에게 대가를 지불하면 테러 증가의 원인이 되고 '불양보 정책(No-Concession policy)'은 테러 억제에 효과가 있다는 입장을 취하며 테러리스트에게는 어떠한 편의도 제공하지 않겠다는 강경정책을 견지하고 있다. 아울러 9 · 11 테러 이후에는 테러와의 전쟁을 주도하면서 테러리스트의 근거지 소탕, 테러리스트 색출 등 적극적인 대응책을 추진하고 있다. 그러나 대부분의 국가들이 절대 불양보 정책을 표방하면서도 인질 · 납치사건에서는 안전 구출에 우선을 두고 최소한의 양보를 전제로 한 유연성 있는 대처를 대응 전략의 기초로 하고 있다.

테러예방책은 주로 테러리스트 또는 범행 자체에 중점을 두어 이에 대한 원인을 분석함으로써 대책을 찾는 방식으로 수립되어 왔다. 이러한 관점에서 수립된 예방책들은 일반적으로 우범자의 파악 및 조치, 우범자에 대한 정보교환, 불만요인의 해결책 강구 등의 형식으로 나타났다. 행위자를 중심으로 수립된 예방책이 소기의 성과를 거두지 못하고 아무리 사회가 정의롭고 기회균등이 실현된다고 하더라도 불만을 가진 상당수의 개인 또는 소수집단이 존재하게 마련이며, 이들의 불만을 일일이 해소시켜 준다는 것은 사실상 불가능한 일이므로 테러행위를 가능케 하는 사회적 여건 또는 환경중심의 접근방법이 필요하다. 이러한 접근방법은 테러범행의 대상이 될 수 있는 개인이나 시설 혹은 테러행위를 가능케 하는 사회적 여건 등을 사전에 분석하여 이에 대한 대응책을 강구함으로써 테러리스트들이 범행을 실현할 수 있는 기회를 사전에 봉쇄하고 사건 발생 시 효율적인 대응을 가능하게 해 준다(민병설, 2005: 12).

본 장에서는 9 · 11 테러 이후 각국에서 대테러정책 기조의 실효를 거두기 위하여 어떠한 대테러전략의 변화들이 있었는지 살펴볼 필요성이 있기에, 대테러시스템의 제도적 정비를 마련하여 효율적으로 운용되고 있는 국가들과 우리나라 대테러시스템의 실태를 검토한 후 조직·기능적, 법률적 그리고 대응 활동적 측면에서 비교·분석하고자 한다.

제1절 각국 대테러시스템의 실태

1. 미국

미국은 9·11 테러 이전에도 대테러 관련 법제와 기구가 끊임없이 형성되어 왔다.

9·11 테러 이후 새로운 법적 대응을 위해 2001년 10월 「반테러법」을 제정하였고, 2004년에는 「정보개혁 및 테러예방법」을 제정하여 대테러를 위한 조직기구를 정비하였다. 그리고 2005년 12월 31일로 「반테러법」의 16개 한시조항의 시효가 만료됨에 따라 16개 한시조항 중 14개 조항을 영구화하고 추적, 감청 허용 등 2개 조항의 효력을 4년간 연장하는 것을 포함하는 「반테러법 보완 및 한시법 조항 재승인에 관한 법률(USA PATRIOT Improvement and Reauthorization Act)」을 제정함으로써 효과적인 테러예방책을 마련하고, 정보기관과 사법기관의 수사권을 크게 강화함으로써 테러수사의 효율성을 제고하는 등 테러행위에 대한 규제를 종합적·포괄적·체계적으로 규정한 법률이 마련되었다(이훈동, 2008: 49).

1) 대테러 조직

9·11 테러 이전 미국의 대테러 기본구조는 비상활동 개념을 위기관리(crisis management)와 대응관리(consequence management)로 구분하였다. 위기 및 대응관리의 경우 연방 차원에서는 연방수사국과 연방비상관리청(FEMA)의 협조하에 대응하였다(윤우주, 2002: 35). 그러나 이제까지 완벽하다고 생각했던 미국의 제도도 9·11 테러로 많은 문제점을 노정하였다. 미국은 새로운 테러의 양상, 즉 뉴테러리즘에 대한 대응 자세가 너무 미흡하다고 판단하였다. 9·11 테러에서 나타난 테러정보의 공유 및 통합 등에 문제점이 지적되어 정보기관의 대테러 기구 개편의 필요성이 제기되었다. 따라서 이러한 문제점을 해결하기 위해 부시 행정부는 대테러리즘과 반WMD 정책을 핵심적 안보정책으로 추진하였으며, 관련 법령을 제정하기 위해 즉각적으로 관련 조직의 신설과 보완뿐 아니라 재발방지를 위한 조치를 강화하였다.

미국의 대테러 관련 조직의 개편 배경 및 운용체계를 살펴보면 다음과 같다.

우선 '국가안전보장회의(National Security Council: NSC)' 체제는 1947년 「국가안보법(National Security Act)」에 근거하여 자국의 국가안보와 관련한 대통령의 자문기구로 설치되었고, 외교·국방·국내정책의 부처 간 통합 및 대통령 보좌 기능을 담당한다. 미국의 '위기대비 책임 부여'에 관한 대통령 시행령 12656호에 따르면 국가위기상황에는 자연적 재해, 군사적 공격, 기술적 재난을 포함하여 자국의 국가안전을 심각하게 저해하거나 위협하는 모든 사건들이 포함된다고 규정하였다. 이러한 위기상황에 대처하기 위한 위기관리 체계는 국가안보의 총괄 정책과 위기관리를 담당하는 국가안전보장 회의를 중심으로 운용된다(The White House, 1988; 윤태영, 2004: 237-238 재인용).

부시 행정부는 출범 직후인 2001년 2월 13일 '국가안보 대통령지시서 1호'를 발표하여 국가안전보장회의 조직을 개편하였다. 국가안전보장 회의 협의조직은 국가안보회의 본회의, 각료급위원회(NSC Principals Committee: NSC/PC), 차관급위원회(NSC Deputies Committee: NSC/DC), 정책조정위원회(NSC Policy Coordination Committee: NSC PCCs)의 4단 계로 편성되어 운영된다(The White House, 2001: 2-3; 윤태영, 2008: 52 재인용).

국가안전보장회의 본회의는 대통령이 의장으로, 부통령, 국무장 관, 국방장관, 재무장관, 안보보좌관이 참석하며, 중앙정보국장과 합 참의장 등이 배석된다.

각료급 위원회는 안보보좌관이 의장으로, 국무장관, 국방장관, 재 무장관, 대통령비서실장 등이 참석하며, 본회의에 앞서 주무부처 각 료들 간의 의견을 조율한다.

차석급 위원회는 안보 부보좌관이 의장으로, 국무부 부장관, 국방 부 부장관, 재무부 부장관, 검찰 부총장, 예산관리 부실장, 중앙정보 국 부국장, 합참부의장, 부통령 안보보좌관 등이 참석하며, 각료급 위원회 지원 및 신속한 위기관리를 위한 위원회를 요청하는 기능을 수행한다.

정책조정위원회는 각 부처 실무자들이 참석하며, 6개 지역별 정책 조정위원회(유럽과 유라시아·서반구·동아시아·남아시아·극동 및 북아프리카・아프리카)와 11개 기능별 정책조정위원회(민주・인권 및 국제 활동, 국제 개발 및 인도주의적 지원, 지구환경, 국제파이넌스, 초국가적 경제문제, 대테러리즘 및 국가 대비, 국방전략, 군 구조와 기획, 군비 통계, 확산・비확산 및 국토방위, 정보와 방첩, 기록접근 및 정보안보)가 운영된다(The White House, 2001: 4; 윤태영, 2008: 53 재인용).

참모조직은 국가안전보장회의 협의조직의 정책 조정과 통합 기능을 지원하고 대통령을 보좌하는 역할을 수행하는 조직으로, 안보보좌관과 2인의 안보 부보좌관의 지휘를 받아 대통령 지시 사안에 대한 정책 검토 및 부처 간 정책의 사전 조정 기능을 담당한다(윤태영, 2008: 52-53).

한편, 부시 행정부는 「반테러법」의 제정에 이어 2002년 10월에는 국방부에 '북부사령부(U.S Northern Command)'[26]를 창설하여 본토에 대한 테러공격 시 민간지원을 전담하게 하였다. 이후 종합적인 대테러 정부조직으로써 대테러 및 보안, 재해・재난, 국경 및 출입국 등 모든 국가안전관리 기능과 연관된 연방・주・지방정부에 소속된 기존의 8만 7,000개 관할권을 핵심적으로 연결하고 효과적으로 통합하기 위해 자국의 본토 내에 테러방지에 역점을 두면서 새로운 비대칭적・비재래식 위협에 대비하고, 발생 가능한 공격으로부터 피해의 최소화 및 복구 지원에 역량을 집중할 수 있도록 2002년 11월 25일 승인된 「국토안보법」[27]에 근거하여 2003년 1월 24일 국토

---

26) 이 사령부의 임무는 본토에 대한 육・해・공중방어와 자국 내 민방위당국을 지원하는 미군을 지휘하는 것으로, 본토 방어력 강화와 신속한 해외 전력투사 능력을 강화하는 데 목적을 두고 있다. 또한 자연재난에서부터 대량살상무기의 공격에 이르기까지 본토방어에 관련한 군부대의 총괄적 책임을 지고 있다. 특히 이 사령부는 군사적 방어 분야를 총괄하는 조직으로 군사적 측면에서 국토방어(Homeland Security: HLD)와는 구별된다(김재두, 2003: 75-76; 김두현, 2004: 398 재인용).

27) 「국토안보법」은 국토안보부를 설립하고 주요 업무와 책임 그리고 그 주요 기관을 정하는 데 목적을 두고 있다.

안보부를 신설하였다(윤태영, 2008: 55).

이 기구에 대테러업무에 대한 전략 수립, 탐지에서 대응까지의 임무 등을 부여하면서 연방·주 및 지방정부와 중앙정보국 및 연방수사국, 국방부 등 정부 관련 기관 및 사설기관들의 노력을 통합·조정하도록 하였다. 또한 대통령에게 조언을 제공하고 보좌하기 위해 국가안전보장회의와 같은 수준의 위원회로 운용하게 되는 '국토안보위원회(Homeland Security Council: HSC)'도 창설하였다.

이 위원회는 정부 각 부처 및 기관의 협조와 방위정책의 발전 및 시행을 보장하기 위한 기구로, 본회의 의제 결정, 필요한 문서 준비, 위원회의 활동사항 및 결정사항의 기록 등은 국토안보담당 보좌관이 책임을 진다.

2003년 5월 중앙정보국과 연방수사국 등의 대테러리즘센터를 통합하기 위해 테러위협종합상황실(Terrorist Threat Integration Center: TTIC)[28]을 신설하고, 2004년 5월에는 국가대테러센터[29]가 신설되

---

[28] 테러위협종합상황실은 종합상황실의 기능을 부여받은 임시적인 기구로써 미국에 설립되어 있는 15개의 공식 정보기관 사이의 정보교류를 원활하게 하기 위한 설립 목적으로 중앙정보국 내에 사무실을 두고 2003년 5월 1일 공식 출범하였다. 이 기구는 9·11 공격을 통해 노정된 정보 수집상의 문제를 해결하기 위해 설계되었으며, 미국 정부의 대테러정보 허브(hub)라고 할 수 있다. 이 상황실은 미국의 모든 정보기관에서부터 차출된 100여 명의 정보분석가들로 구성되었다(이계수·오동석·오병두, 2006: 511).

[29] 국가대테러센터의 주요 임무는 다음과 같다(이계수·오동석·오병두, 2006: 512).
첫째, 미국 내의 테러리스트 및 대테러에만 관계되는 정보를 제외한 테러리즘과 대테러에 관하여 미국 정부가 수집하거나 보유한 모든 정보를 분석하고 통합한다. 둘째, 외교·재정·군사·정보·국토안보 및 법집행 활동을 포함하여 모든 국가기관을 통합하는 대테러활동을 위한 전략적 운영계획을 수립한다. 셋째, 대테러활동을 위한 전략적 운영계획을 지원하는 주요 부처 또는 기관에 역할과 책임을 적절하게 배분한다. 그러나 후속적 조치들의 실행을 직접 지휘하지는 않는다. 넷째, 기관들이 대테러계획을 실행하거나 독자적이고 대안적인 분석을 수행하는 데 필요한 모든 형태의 정보를 지원한다. 다섯째, 기관이 할당된 활동을 수행하기 위하여 필요한 정보에 접근하고 취득할 수 있도록 한다. 여섯째, 이미 알려져 있고 혐의를 받고 있는 테러리스트 및 국제 테러집단의 목표, 전략, 능력, 접촉 및 지원 네트워크에 대한 중앙 지식 창구의 역할을 한다.
국가대테러센터의 임무규정을 통해 확인할 수 있는 것은 이 기관은 독자적으로 첩보활동을 하고 정보를 수집하는 기관은 아니며, 독자적으로 정보를 수집·생산할 수 있는 기관으로부터 정보를 취합하여 이를 통합·분석하며, 통합전략 운영계획을 수립하는 역할을 담당한다. 또한 이 기관은 분석 및

어 테러위협종합상황실을 흡수·통합하였다.

국가대테러센터가 신설된 배경은 테러위협종합상황실이 정보 수집과 관련해 새로운 혹은 독립적인 권한이 없고 단지 국내외에서 수집된 가용한 위협정보들을 접근·통합·분석하여 종합적인 위협 상황도를 제공하는 역할만을 하고 있어(www.pbs.org/wgbh/pages/frontline/shows/sleeper/homeland/ttic.html) 2004년 5월 테러위협종합상황실은 중앙정보국의 대테러센터(Counterterrorist Center: CTC)와 연방수사국의 대테러국을 통합한 후 2004년 12월 17일에 정보공동체(Intelligence Community: IC)30)의 통합적 운영과 개혁을 위해 의회를 통과한 「정보개혁 및 테러예방법」에 의거하여 국가대테러센터를 설립하였다(Intelligence Reform and Terrorism Prevention Act, 제1021조 및 제1092조). 또한 「정보개혁 및 테러예방법」이 제정되면서 '국가정보국장', '국가대테러센터', '국가정보센터'31) 등이 신설되었다(이계수·오동석·오병두, 2006: 498). 이에 따라 국가정보국장은 중앙정보국

계획 조직이며 정보 분석에 근거하여 후속적 조치들의 실행을 직접 지휘하는 기구는 아니다. 그러한 점에서 이 기관의 임무 및 권한은 이전의 테러위협종합상황실과 동일하다(이계수·오동석·오병두, 2006: 513).

30) 정보공동체는 16개 정보기관을 통칭하는 기구로 대통령이 주관하는 국가안전보장회의 산하에 중앙정보국, 국방부(9), 정부부처(6)로 구성되어 있다. 중앙정보국에는 국가정보위원회(NIC)를 두고, 국방부는 국방정보국(DIA), 국가안보국(National Security Agency: NSA), 국가정찰국(National Reconnaissance Office: NRO), 국가지구공간정보국(National Geospatial-Intelligence Agency: NGA), 각 군(육군·해군·공군·해안경비대·해병대) 등 핵심적 정보기관으로 구성되며, 정부부처는 법무부 연방수사국, 국가안보처(National Security Branch: NSB), 국무부 정보조사국(Bureau of Intelligence and Research: I&R), 재무부 정보분석국(Office of Intelligence and Analysis: OIA), 에너지부 정보방첩국(Office of Intelligence and Counterintelligence: I&C), 국토안보부 정보분석국(Office of Intelligence and Analysis: I&A), 마약단속청(Drug Enforcement Administration: DEA), 국가안보정보국(Office of National Security Intelligence: NSI) 등으로 구성되어 있다(Office of Director of National Intelligence, 2007).

31) 국가정보센터는 국내외에서 수집된 모든 정보를 분석하고 국가정보국장에게 정보의 수집과 분석 및 그 결과를 확인하고 제출하는 책임을 진다. 국가정보국장은 이 센터에 충분한 인력을 보충하고 임무를 수행할 수 있도록 정보기관들이 필요한 정보를 공유할 수 있도록 보장해야 한다. 이 센터의 설치권은 국가정보국장에게 있다(이계수·오동석·오병두, 2006: 498).

을 포함한 16개 기관으로 구성되어 있는 정보공동체의 우선순위와 정보활동 조정, 정보 수집·분석·통제 및 예산 편성 권한도 행사하게 되었다(윤태영, 2008: 51).

국토안보부는 연방정부의 15번째 행정각부로 전쟁부(1789년 창설)·해군부(1798년 창설)·공군부(1947년 창설)가 합병되어 국방부가 설치된 1947년 이래 55년 만에 신설된 최대 부처에 해당된다(이계수·오동석·오병두, 2006: 518). 규모 면에서 국토안보부는 국방부, 보훈부에 이어 세 번째로 큰 조직으로, 9·11 테러 이후 백악관에 국토안보국을 신설하였으나, 이를 「국토안보법」에 의해 정부부처 차원으로 승격하여 신설하였다.

이 기구는 테러리즘과 관련된 업무가 중앙정보국·연방수사국·국방부 등으로 분산되어 있어 테러정보 분석에 문제가 있다는 지적에 따라 본토방어 및 대테러업무 관련 조직 등 22개 행정부처와 유관 기관을 전부 또는 일부 흡수·통합하여 창설된 조직으로, 직제는 장관 아래 부장관, 차관 및 기타 18개 참모부서 등 다른 부서에서 흡수한 약 18만여 명의 대규모 인력과 막대한 예산을 배정받아 편성되었다.

국토안보부의 주요 업무는 자국에 대한 테러리스트의 공격을 예방하고, 자국 내에서의 테러행위에 대한 대응역량을 강화하며, 테러행위가 발생한 경우 피해의 최소화 및 복구지원을 하는 것이다(이계수·오동석·오병두, 2006: 520). 이를 위하여 국토안보부는 3개의 주요 기능을 수행하도록 하고 있다. 첫째, 자국 내에서 테러리스트의 공격예방, 둘째, 테러리즘에 대한 자국의 대응능력 강화, 셋째, 테러공격이 발생한 경우 피해의 최소화 및 재건 등이다. 이러한 주요 업무와 책임은 단지 일회성이 아니며 국토안보부가 흡수·통합하게 되는 다른 기관의 기능도 지속적으로 수행하게 된다(Homeland Security Act, 제101조).

국토안보부로 흡수·통합된 연방기관 22개 부서를 주요 5대 기능 영역으로 구분하면 국경 및 교통안전 부문(Border and Transportation Security), 비상계획 및 대응 부문(Emergency Preparedness and Response), 화학·생물학·방사능 및 핵 대응 부문(Chemical, Biological, Radio Logical and Nuclear Countermeasures), 정보 분석 및 기반시설 보호 부문(Information Analysis and Infrastructure Protection), 운영 부문(Management)으로 두고 있다. 이를 구체적으로 살펴보면 다음과 같다(이계수·오동석·오병두, 2006: 520－521; 최재경, 2002: 37－38 재구성).

국경 및 교통안전 부문은 재무부의 연방관세청, 법무부 산하의 이민국적국과 국내안전대비실, 농무부 산하의 동식물보건검사국, 교통부 산하의 해양경찰대,[32] 교통안전청, 공공시설안전관리국, 연방법무교육원 등이다. 그리고 공공건물 보호의 중요성을 위해 총무처(General Services Administration)의 연방보호국을 국토안보부로 이전하였다.

주요 임무는 첫째, 테러리스트 입국과 테러도구의 유입을 예방하고, 국경·영해·영공·영토·해상 교통체제 안전을 확보하고 둘째, 비시민권자의 자국 내 유입허가와 비자 관련 사항 정비 등 이민 관련 사항을 관리하고, 관세업무를 효율적으로 시행하며 셋째, 합법적인 운송과 상업 활동의 효율성을 추진하는 데 있다.

비상계획 및 대응 부문은 연방비상관리청, 법무부의 부서 중에서 사법프로그램처(Office of Justice Programs)의 국내기획국, 연방수사

---

32) 교통안전부 산하의 해양경찰대는 국토안보부 산하에 속하지만 독립된 별도의 조직으로 유지되도록 명시적으로 규정하였다(Homeland Security Act, 제403조).

국의 국내기획국과 국내비상지원팀, 보건부의 공공보건비상기획 및 국가전략비축국으로 핵사고에 대한 대응팀을 운영하게 된다. 기본적으로 핵사고에 대해서는 에너지 및 환경보호처에서 담당하지만, 「국토안보법」은 실제 테러공격, 주요 재난 또는 다른 비상사태 시 국토안보부장관이 에너지 및 환경보호처의 관련 부서를 국토안보부의 한 부서로 운용할 수 있도록 요구할 수 있는 권한을 가진다.

주요 임무는 첫째, 테러공격·대규모 재난 등 긴급 상황에 대비한 준비태세를 확보하고 기준 마련, 교육훈련 및 업무수행 평가 등을 실시하며 둘째, 테러공격과 대형재난에 대한 연방정부 차원의 대응·복구지원을 위해 전반적인 대응체제 조정, 비상대응팀 등 지휘, 의료 지원체제 감독 등의 임무 이외에 셋째, 포괄적인 국가비상관리체제 구성을 위한 연방정부 및 비정부기구 간 협력을 긴밀화하고, 기존 연방위기 대응계획을 통합하며 상호 운용이 가능한 통신기술 프로그램을 개발한다.

화학·생물·방사능 및 핵 대응 부문은 보건부의 업무 중 관련 프로그램과 활동인 화생방 대응체제(CBRN Countermeasures Programs), 에너지부의 업무 중 관련 프로그램과 활동인 환경평가연구소(EML), 국방부 생물무기분석센터 업무의 국립생물무기 방어분석원(National BW Defense Analysis Center), 농무부의 Plum Island 동물질병센터의 업무 등을 규정하였다.

주요 임무는 첫째, 화학·생물·방사능 및 핵무기 등을 사용하는 테러공격이나 국내 유입을 막기 위해 탐지·예방을 위한 기술·시스템 조달과 국가적 연구 개발을 지원하고 정책지원 우선순위를 결정하며 둘째, 지방정부가 이러한 대응조치를 이행하도록 행동지침을 제공한다. 국토안보부장관은 보건부의 합의하에 민간 보건후생 관련 생물학 및 전염병 대처 연구개발 책임을 수행하며, 정책 우선순위 설정 등 연구개발 프로그램 주관의 권한을 갖는다.

정보 분석 및 기반시설 보호 부문은 연방수사국의 국가기간산업보호센터, 국방부의 국가통신시스템, 상무부의 핵심 기간산업보호청, 국가기술표준연구소의 컴퓨터안전부, 에너지부의 국가기간산업시뮬레이션 및 분석센터, 총무처의 연방컴퓨터사고대응센터 등을 명시하였다.

주요 임무는 첫째, 정보기관·사법당국 등의 정보를 취합·분석, 자국 내 테러위협을 평가, 잠재적인 테러리스트들을 색출하고 둘째, 핵심 기간시설의 취약성을 총체적으로 평가하고 관련 정보를 종합·분석하여 보호 우선순위와 방법을 모색하며 셋째, 주요 기간시설과 자원들에 대한 국가 차원의 보호계획을 수립하고 효율적인 보호 방안을 강구하는 한편 넷째, 국토 안보 자문시스템을 감독하고 공공위협에 1차적 책임을 지며, 지방정부에 위협 경고 정보 및 적절한 대응책을 제공하고 모든 행정기관은 테러위협이나 자국 내 테러취약 부문 및 기간시설과 관련된 정보를 국토안보부장관에게 제공한다.

마지막으로 운영 부문은 첫째, 예산 관련 사항, 인적자원 관리 및 인사, 물자조달, 정보기술 및 통신시스템, 시설·자산·장비 관리, 기타 물자 관련 안전, 이행조치 확인 및 추적 등의 업무를 수행한다. 둘째, 주·지방정부 및 민간 부문과의 업무를 조정하고 의사소통을 원활히 하며, 지방정부의 비상대비 조직에 대한 지원을 총지휘하고, 테러경고·시달 및 관련 정보를 제공한다.

국토안보부장관은 자문위원회 위원을 임명하고 현대적이며 유연한 인적자원관리시스템을 도입할 수 있도록 허용되며, 국토안보부 내에 권한의 배분 및 조직의 신설·통합·개편 등의 권한을 갖는다.

한편, 연방비밀경호실(United State Secret Service: SS)이 국토안보부로 이전되면서 국토안보부 내에 별도의 독립된 기관으로 운용된다.

이와 같은 주요 5대 기능부문은 첫째, 국토안보회의의 조직 및 운영에 관한 사항, 대테러 작전, 대량살상무기에 대한 국가 전략 등의 '국토안보에 관한 대통령령'과 둘째, 대테러 기술 제공자에 대한 인센티브 제공, 국가보호에 도움이 되는 대테러 기술 개발 촉진 등의 '기술 개발 촉진을 위한 대테러 지원법'과 셋째, 국내에서 테러리스트의 공격 예방, 테러로 인한 피해 최소화 등의 「국토안보법」의 관련 법령에 근거하여 이루어진다.

국토안보부는 이러한 각 기능별 임무를 수행하기 위한 전략적 목표로 인지(awareness), 예방(prevention), 방호(protection), 대응(response), 복구(recovery) 및 서비스(service)로 설정하였다(정원식, 2006: 42).

인지는 위협들에 대한 이해 및 식별, 취약성을 평가, 잠재적인 영향 결정, 자국민과 안보 유관기관들에 대한 적시적인 정보를 제공하는 것이다.

예방은 국토에 대한 위협을 탐지, 억제 및 완화하는 것이다.

방호는 테러리즘의 활동, 자연재난 및 기타 비상사태로부터 국민과 국민의 자유, 중요한 기반시설, 국가의 재산과 경제를 안전하게 지키는 것이다.

대응은 테러리즘의 활동, 자연재난 및 기타 비상사태에 대한 국가적 대응을 선도, 조정 및 협조하는 것이다.

복구란 테러리즘 활동, 자연재난 및 기타 비상사태 후 지역사회를 재건설하고 서비스 시설을 복구하기 위해 연방·주·지방 및 각 개인적 분야에까지 모든 노력을 선도하는 것이다.

서비스 제공이란 합법적인 무역, 여행 및 이민을 용이하게 할 수 있도록 국민들에게 효과적인 서비스를 제공하는 것이다.

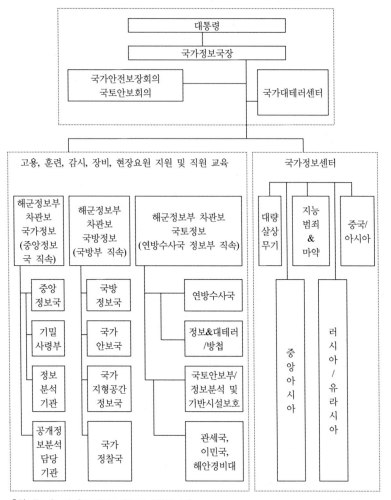

출처: The 9-11 Commission Report, 2004: 413.

〈그림 2〉 미국 대테러시스템

2) 주요 활동내용

(1) 테러 관련 수사

테러혐의자의 수사권을 확대하기 위해 「반테러법」 제207조에 의거하여 다음과 같은 규정을 마련하였다.

테러혐의자의 색출을 위해서 영장주의의 예외를 인정하여 특정한 죄목 없이도 최장 7일간 구금할 수 있고, 자국의 안전 행위와 관련된 외국인일 경우에는 영장 없이 구금할 수 있도록 하며, 수사당국의 전자도청 및 감청 권한도 대폭 확대하였다(신의기, 2007: 36). 테러가 의심될 경우 통신감청 대상을 확대하고 절차를 완화하여 통신감청 대상을 특정 전화가 아닌 특정 인물로 확대하고, 일반전화·이동전화·인터넷 등 모든 통신수단에 대한 일괄적인 감시를 허용하였다(장석헌, 2005: 8). 또한 외국인을 대상으로 전화 통화내역 기록장치 및 발신자 추적 장치의 사용기간을 120일까지 허용하고, 연장할 경우 최장 1년까지 허용할 수 있게 하였다(USA PATRIOT Act, 제207조; 이훈동, 2008: 50 재인용).

(2) 출입국 심사

9·11 테러의 본질적 문제는 테러리스트들의 출입국 및 관리체계의 허점이 그대로 노출되었다는 점이다. 따라서 미국은 특정국가의 국적자에 대한 특별등록 절차를 마련하기 위하여 '국가안보를 위한 입출국 등록시스템(National Security Entry and Exit Registration System: NSEERS)'을 2002년 9월부터 적용하였다(장기붕, 2007: 164). 또한 「반테러법」 제403조의 규정에 의거하여 출입국 심사를 강화하였다.

테러혐의자들이 국내로 입국하는 것을 차단하고 국내 테러혐의자들의 추방을 위하여 구금 및 추방의 요건을 완화하였다. 출입국 심사 시 외국인의 범죄기록에 관한 존재 여부를 확인할 수 있도록 하기 위하여 비자 발급 임무를 수행하는 모든 영사, 입국신청자의 신분을 확인하는 국경감시 공무원, 수사 및 정보기관 종사자들에게 연방수사국이 관리하는 '국립범죄정보파일(National Criminal Information Files)'에 대한 접근을 허용하였다(USA PATRIOT Act, 제403조; 이훈동, 2008: 50 재인용).

이 밖에도 9·11 테러의 테러리스트들이 유학생들을 주축으로 구성되었다는 점과 항공학교에서 교육을 받았다는 사실이 확인된 것을 바탕으로 '학생 및 교환방문자 정보관리시스템(Student and Exchange Visiter Information System: SEVIS)'을 구축하여 외국인 유학생과 교수를 포함한 교환방문자의 정보를 관리하고 추적 및 감시하였다. 즉 이들이 방문 목적과 부합하는 활동을 하는지를 판단하는 체계인 것이다(장기붕, 2007: 164).

(3) 테러자금의 세탁 방지 및 감시

테러자금의 세탁을 방지하고 감시하기 위하여 「반테러법」 제311조와 제371조를 제정하였다.

테러를 준비하거나 계획하는 데 사용된 자산과 그로 인하여 발생한 수익을 몰수할 수 있도록 하기 위한 「반테러법」 제3장 「국제자금세탁 억제 및 반테러자금법」은 일련의 금융거래가 주요한 자금세탁과 관련이 있음을 적발한 경우 재무부장관에게 계좌이체 또는 대리계좌 유지 금지 등 특별한 제재조치 부과 권한을 부여하였으며(USA

PATRIOT Act, 제311조), 자국 내외로 거액의 밀반입·출의 금지 규정을 두어 이를 위반 시 5년 이상의 징역과 몰수할 수 있는 근거를 마련하였다(USA PATRIOT Act, 제371조; 이훈동, 2008: 51 재인용).

(4) 테러행위의 처벌

테러행위의 처벌을 강화하기 위하여 종전의 한시적인 「반테러법」을 영구화할 목적으로 「반테러법 보완 및 한시법 조항 재승인에 관한 법」을 제정하였다.

「반테러법」은 테러행위에 대한 형량을 상향 규정하고 보호관찰 부과와 공소시효의 연장 등을 통해 처벌을 크게 강화하였다. 예컨대 테러로 현주 건조물에 대하여 방화 또는 방화로 생명의 위협 행위를 한 자는 20년 이하의 징역에서 무기 또는 종신형으로 가중 처벌하고, 테러리스트 또는 테러조직에 물질적 지원을 제공한 행위를 한 자는 10년 이하의 징역에서 15년 이하의 징역으로 처벌하도록 규정하였다. 상기 행위를 비롯하여 위험무기로 연방시설물 공격 및 살해 행위·열차전복 행위·핵 시설물 파괴 행위·자국 국적 항공기 내 무기 또는 폭발물 휴대 탑승 등 테러음모의 경우에는 그 음모행위를 해당 범죄와 동일한 형량으로 처벌하도록 하였다. 특히 「반테러법 보완 및 한시법 조항 재승인에 관한 법」은 항공기 납치행위 중 피해자들을 고문하거나 또는 잔인하고 비열한 행위를 한 자에 대해서는 사형으로 처벌하도록 하였고, 테러행위로 사람이 사망하거나 신체에 심각한 장애를 유발 또는 이러한 것을 야기할 위험이 있는 연방테러범죄의 경우에는 공소시효를 두지 않았다(이훈동, 2008: 50).[33]

(5) 중요시설의 안전대책

국가중요시설이나 공공의 다중이용시설에 대한 테러범죄에 대해서는 엄중한 처벌을 할 수 있도록 하였다.

「폭력 범죄 통제 및 법 집행에 관한 법률(the Violent Crime Control and Law Enforcement Act of 1994)」 제8장 제801조에서는 대중교통수단 및 시설물을 대상으로 한 테러공격 및 기타 폭력행위에 대하여 20년 이하의 징역행위에 처할 수 있도록 하고, 범죄행위 당시 승객들이 탑승하고 있을 경우에는 종신형 또는 무기징역에 처할 수 있도록 하여 대중교통수단을 공격하는 범죄에 대해 매우 엄중한 처벌을 하였다(장기붕, 2007: 159).

(6) 대테러를 위한 민간 영역의 도입

미국에서는 9·11 테러 이후 수사기관의 눈과 귀와 팔다리의 역할을 할 수 있는 민간 기업이 증가하고 있다. 그러한 이유는 회사의 자산이 본의 아니게 국제 테러단체들의 활동자금으로 이용되는 것을 방지하기 위한 것이다. 화물운송업체인 페덱스(Fedex)의 경우 연방수사국을 지원하는 10명의 사내경찰을 두고 25만 명에 이르는 종업원들에게 대테러교육을 실시하며, 수상한 자가 나타나면 즉시 신고하도록 하였다. 또한 회사 측이 발견한 잠재적 테러위협을 국토안보부에 통보할 수 있도록 컴퓨터연결시스템을 갖추었다. 그리고 해외로부터 운송되는 화물에 섞여 있을 수 있는 방사능물질 식별을 위한 탐지기를 설치하고, 고객들의 신용카드 결제정보와 운송내역 데

---

33) 이와 같이 장애나 위험이 없는 경우 방화나 폭발물을 사용한 경우에는 10년, 그 외의 경우에는 8년으로 시효가 연장되었다.

이터베이스를 개방하는 등 수사당국에 자발적으로 협조한다(장석헌, 2005: 9).[34]

2. 영국

영국의 대테러 법제는 대영제국 시절에 식민지들의 독립운동과 북아일랜드의 분리 독립운동이라는 두 가지 역사적 경험을 통하여 형성되어 왔다(Civil Walker., 2003: 11-12). 북아일랜드 문제로부터 파생한 아일랜드 공화국군(Irish Republican Army: IRA)의 테러에 대처하기 위하여 1973년 「북아일랜드긴급권법」 및 1974년 「테러방지임시조치법(Prevention of Terrorism(Temporary Provision) Act)」[35]이 제정, 공포됨으로써 테러에 대한 강력한 규제를 위한 법적 기반을 마련하였다(이황우, 1992: 270). 이러한 의미에서 비추어 볼 때 영국은 국제 테러뿐 아니라 국내 테러에 대해서도 충분한 경험이 있다고 볼 수 있다(이계수・오동석・오병두, 2006: 534).

영국은 미국과 마찬가지로 9・11 테러 이전에도 테러방지를 위한 다양한 법적・제도적 장치들을 구축하여 왔으며, 이는 9・11 테러 이후에 보다 전면적으로 확대되어 왔다. 영국의 테러 관계 입법으로 특기할 만한 것은 1983년의 「핵물질범죄법(Nuclear Material Offences

---

34) 페덱스 외에도 송금업체인 Western Union, 인터넷서비스업체인 AOL, 최대할인점인 Wall Mart 등이 있다(장석헌, 2005: 9).

35) 「테러방지임시조치법」의 1장에서는 금지된 테러조직을 다루고, 2장에서는 테러리즘과 관련하여 의심이 가는 자는 자국에서 추방하고, 3장에서는 테러리즘과 관련 의심이 가는 자는 경찰에 의해 체포, 구금할 수 있도록 규정하였다.

Act)」이다.36) 이 법은 1974년 「테러방지임시조치법」에 기초해 테러대책이 구성되어 왔지만, 북아일랜드 평화의 진전37)과 새로운 테러의 위협 등에 입각해 이를 폐지하고 테러를 정의하는 등 테러 일반에 대처하기 위한 영구적인 성격의 법으로, 2000년 7월 20일 새로운 「테러법」38)을 제정하여 2001년 2월 19일부터 시행하였다. 이는 영국의 테러방지 법제에서 기존의 국내 테러에서 발전된 새로운 단계, 즉 국제적 테러에 중점을 둔 입법으로의 전환을 보여 준 것으로 평가된다(Civil Walker., 2003: 11; 이계수·오동석·오병두, 2006: 542 재인용).

9·11 테러가 발생하면서 이러한 수단 외에 테러를 방지하기 위한 강력한 제재수단의 법적인 대책을 추가하기 위해 2001년 12월 14일 「대테러법」을 제정하여 테러리스트에 대한 출입국 관리, 자산동결, 통신자료 취득 등을 개정함으로써 수사권을 강화하였다. 아울러 2005년 7월 런던 연쇄 폭탄테러사건을 계기로 「테러방지법 (Prevention of Terrorism Act)」이 제정되어 기존의 법제를 정비하였다. 이와 함께 테러방지 문제를 재난방지와 통합하여 통합적 관리체계를 추구하는 경향이 있음에도 주목할 만하다. 즉 테러방지와 관련

---

36) 「핵물질범죄법」은 핵물질을 이용하거나 핵물질과 관련하여 행해진 살인, 강도, 사기 등 각종 범죄행위 및 핵물질의 수령·소지·처분 및 이를 이용한 협박, 공갈 등을 처벌하려는 것으로써 국적과 범죄행위지에 관계없이 영국에서 처벌할 수 있도록 규정하였다.

37) 신교도와 구교도 간의 대립 속에 1996년 6월 영국 및 아일랜드 정부 그리고 북아일랜드 6개 정파 간에 처음으로 평화협상이 시작된 지 22개월 만인 1989년 4월 10일 아일랜드 공화국군의 정치조직인 신페인(Sinn Fein)당을 포함한(1997.9. 협상 참여) 평화협상 당사자 간에 역사적인 평화협정이 체결되었다. 평화협상 과정에서 토니 블레어 영국 총리와 버티 어헌 아일랜드 총리는 회담이 교착될 때마다 협상 타결을 위한 노력을 하였고, 클린턴 미 대통령은 조지 미첼 前 상원의원을 중재역으로 임명하여 적극적인 중재외교를 전개하였다(김성한, 1998: 7).

38) 주요내용은 첫째, 일정한 테러조직을 금지단체로 지정하고 금지단체에 소속되는 것 등을 범죄로 하고 둘째, 테러 목적으로 사용될 것을 알면서 금전 등을 수령·제공·사용하는 것 등을 범죄로 하며 셋째, 테러 목적으로 사용될 의혹이 있는 현금 등을 영장 없이 압수·수색할 수 있다.

된 조직들은 점차로 단순한 테러방지 영역에서 벗어난 전체적인 위기관리의 차원으로 확대되는 경향을 보인다(이계수·오동석·오병두, 2006: 534 재구성).

1) 대테러 조직

9·11 테러 이후 영국의 대테러전략은 안보위협에 대한 평가를 기초로 예방(Prevention), 추적(Pursuit), 보호(Protection), 대응태세(Preparedness)의 네 가지로 구성하게 된다(이계수·오동석·오병두, 2006: 542−543).

첫째, 예방은 국내외 테러리즘의 배경이 되는 요소들을 완화한다(addressing). 이는 자국 내 이슬람인들에게 모든 법적 보장을 다함으로써 영국사회에 완전히 참여할 수 있도록 하는 것에 가장 중점을 두었다.

둘째, 추적은 정보를 활용하여 테러리스트들을 효과적으로 분쇄하고 검거한다. 영국은 국제적으로 외국 정부와 법집행기관들과의 공동작업과 정보 공유를 수행하면서, 국내적으로는 국경의 보안을 보다 강화하고, 개인정보 유출(identity theft)을 보다 어렵게 하며, 테러리스트가 재원에 접근하는 것을 억제하고자 한다.

셋째, 보호는 안보를 위한 보호적 사전 주의사항(protective security precautions)을 활용하여 국내외에서 자국인들에 대한 위험을 최소화한다. 이 사전 주의사항에는 화학·생물·방사능 및 핵(CBRN) 위협 등이 포함된다. 그 범위에는 공항에서의 물리적 수단에서부터 각 지역경찰 소속의 대테러보안담당관(Counter−Terrorism Security Advisers: CTSAs)을 설치하는 것까지 포함된다.

넷째, 대응태세는 테러리스트의 공격 또는 기타의 중요한 혼란 (disruption)에 대응할 수 있는 사람들과 자원을 보유하여 테러공격 등으로부터의 회복력(resilience)을 향상한다(Press Office, 2004(http://press. homeoffice.gov.uk/press-releases/Prevention,_Pursuit_Protection_?version=1); Frank Gregory, 2005(www.realinstitutoelcano.org/analisis/781.asp)).

이와 같은 전략은 테러방지 정보기관의 제안을 받아들여 영국의 정보기관들이 네 가지 전략 중에서 예방과 추적에 집중한 것으로 평가된다(Frank Gregory, 2005(www.realinstitutoelcano.org/analisis/781.asp)).

9·11 테러 이후 보안부(the Security Service: SS)는 산업과 상업부문에 보다 예방적 보안권고(preventive/protective security advice)를 하기 시작하였다(Frank Gregory, 2005(www.realinstitutoelcano.org/analisis/781.asp)). 또한 보안부가 운영하는 국가보안자문센터(National Security Advisory Center)를 경찰의 대테러자문보안담당관과의 네트워크에 연결시켜 운용하기 시작하였다. 그리고 국제적 차원의 테러리즘에 대응하기 위해 특별수사대의 업무영역에서 비밀정보부(the Secret Intelligence Service: SIS)와의 협력관계가 중시되고 있으며, 이민국(the United Kingdom Immigration Service: UKIS)과 관세청(Her Majesty's Custom & Excise: HMCE) 등과 같은 기관 간 정보의 통합 및 조정이 강조되고 있다(Scottish Executive, 2004: 4(www.scotland.gov.uk/library5/justice/sbwuk.pdf); 이계수·오동석·오병두, 2006: 544 재인용).

2003년 6월 영국 정부는 보안부·비밀정보부·국방부(the Ministry of Defence: MOD)·경찰 등 정부기관합동으로 '합동테러분석센터'를 설립하였다.[39] 합동테러분석센터의 설립은 테러정보 분석 영역에서 가장 중요한 발전의 하나로 평가된다(Frank Gregory, 2005 (www.realinstitutoelcano.org/analisis/781.asp); 이계수·오동석·오병두, 2006: 545 재인용).

합동테러분석센터의 장은 보안부의 장이 책임을 지지만, 기구상으로는 독자적이며 11개의 정부부처와 기구로 구성된다. 그 인적 구성은 세 개의 정보기관40)·군 방첩대(the Defence Intelligence Staff: DIS)·외무부(the Foreign and commonwealth cffe: FCO)·내무부·경찰 등 기타 관련 부처의 대표들로 구성된다(The Stationary Office, 연도미상: 13). 주요 임무는 국내외 테러리즘과 관련된 정보를 분석하고 평가하며, 다른 정부부처와 기구들이 필요로 하는 위협이나 테러 관련 주체를 평가하여 정보를 제공하는 것이다(동아일보, 2005. 7. 15; 이계수·오동석·오병두, 2006: 545 재인용).

영국 정부는 합동테러분석센터를 국제적 테러위협의 분석에 관한 최고 전문 집단으로 여기고 있었고, 합동테러분석센터는 장기적인 연구를 수행하여 매주 세계 전역에서의 위협정보를 평균 100여 건씩 취급하였다(Frank Gregory, 2005(www.realinstitutoelcano.org/analisis/781.asp); 이계수·오동석·오병두, 2006: 545 재인용).

보안부 내에서 합동테러분석센터는 런던경시청 내 특수수사대 중의 하나인 대테러 특수수사대와 밀접한 협조관계를 유지하는데, 이 기관은 자국 내 테러활동에 관한 수사를 담당한다(The Stationary Office, 연도 미상: 13).

한편, 정보 공유와 관련하여 국가안보와 관련된 경우 국세청장 또

---

39) 이 기구의 설립 목적은 보안부의 장(the Director General MI5)의 관할하에 모든 정보기관의 분석가들과 기타 전문가들을 한자리에 모아서 분석 작업을 행하도록 함으로써 다양한 정보기관 간의 제도적인 장벽을 허무는 데 있다(이계수·오동석·오병두, 2006: 545).

40) 보안부·비밀정부·정보통신본부(GCHQ) 등이 대표적이며, 이들은 보통 정보기관(the Agencies)으로 통칭된다.

는 관세청장은 다른 법률에 의해 비밀보장이 규정되어 있음에도 불구하고 국가정보기관41)에 관련 정보를 제공할 수 있도록 하였다(이훈동, 2008: 56).

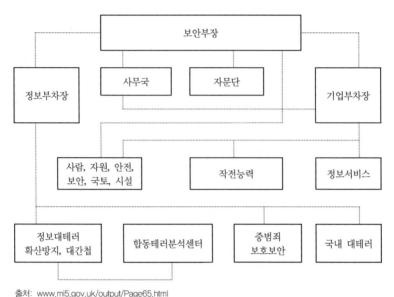

출처: www.mi5.gov.uk/output/Page65.html

〈그림 3〉 영국 대테러시스템

2) 주요 활동내용

(1) 테러 관련 수사

테러혐의자의 수사권을 확대하기 위해 「테러법」과 「테러방지법」으로 제정하였다.

---

41) 보안부 · 비밀정보부 · 정보통신본부를 일컫는다.

「테러법」은 테러혐의자에 대한 수사권 강화와 관련하여 감청·체포·수색 및 검색 등에 대한 특칙을 마련하였다. 또한 「조사권법(the Regulation of Investigator Powers Act)」을 개정하여 테러혐의자에 대한 최초 감청기간을 3개월에서 6개월로 수정하고, 감청기간 연장을 기존의 9개월에서 최장 12개월까지 감청이 가능하도록 하였으며, 국가안보상 필요하다고 판단될 경우에는 영장내용 변경사안 발생 5일 이내에 영장내용을 긴급히 변경하는 것을 허용하였다(Prevention of Terrorism Act, 제32조). 경찰관은 일정한 요건하에 특정인이 테러리스트라고 의심할 만한 합리적 이유가 있는 경우 영장 없이 체포할 수 있도록 하고, 특별한 사정이 없는 한 48시간 이내에 석방하여야 한다(Prevention of Terrorism Act, 제41조; 이훈동, 2008: 54-55 재인용).

「테러방지법」은 종전의 「테러법」을 개정하여 테러혐의자에 대해 기소 전 구속기간을 현행 14일 이내에서 최장 28일로 확대하고, 테러 관련 증거자료의 보존·검증 및 분석을 위해서 구속할 수 있도록 사유를 추가하였다(Prevention of Terrorism Act, 제23조-제25조). 압수·수색과 관련하여 테러사건 조사를 위한 영장발부 시 영장에 적시된 물건·장소에 대해 압수·수색을 허용하였고, 테러 관련 표현물의 압수·수색 영장발부 시 압수한 출판물을 적절한 장소에서 관리 또는 몰수·파기할 수 있는 권한도 부여하였다(Prevention of Terrorism Act, 제26조-제28조; 이훈동, 2008: 55 재인용).

(2) 출입국 보안

출입국의 보안을 강화하기 위하여 「테러방지법」을 제정하였다. 국가안보의 위협이나 테러혐의자로 의심되는 자에 대해서 입국 금지, 추방대상을 확대하였다. 특히 경찰관·이민국 직원·세관원은 주 경계 및 공항만에서 출입국하려는 자에 대해 테러와 관련된 의심을 불문하고 검문·검색을 할 수 있도록 하였다. 검문·검색 시 차량뿐 아니라 항공기·선박에 대해서도 가능하도록 확대하였다(Prevention of Terrorism Act, 제29조－제30조). 또한 경찰관·이민국 직원·세 관원이 테러 목적으로 사용될 것으로 의심되는 자금을 압수한 후 법 원에 압수기간 연장 허가를 신청하는 경우 법원은 이 자금의 압수로 인하여 불이익을 받게 되는 자나 그의 변호인이 불참한 상태에서도 연장을 허용할 수 있게 함으로써 테러자금 유입을 막기 위해 출입국 보안을 강화하였다(Prevention of Terrorism Act, 제35조; 이훈동, 2008: 55-56 재인용).

(3) 테러자금의 감시

테러 관련 자금을 감시하기 위하여 「테러법」으로 제정하였다.

테러 목적으로 사용될 것을 예상하면서 자신의 자금 혹은 재산을 타인에게 제공·대여·지원하거나, 타인으로부터 이를 제공받거나, 테러를 위해 이를 사용·은닉하거나, 사법관할지역 외로 이전한 경우 등을 범죄로 규정하였고, 이러한 범죄의 경우 법원이 유죄확정 판결 이전에 관련 재산의 압수 후 몰수명령을 내릴 수 있는 권한을 갖도록 하였다(Terrorism Act, 제15조－제18조; 이훈동, 2008: 56 재인용).

(4) 테러행위의 처벌

테러 관련 행위의 처벌을 강화하기 위해 「테러법」과 「대테러법」 그리고 「테러방지법」으로 제정하였다.

「대테러법」에서 테러혐의자가 신분을 밝히지 않거나, 위조된 신분증을 사용하거나, 변장을 하는 등 신분 허위 시 신분확인을 위해 지문을 채취하거나, 유전자검사를 위해 적절한 신체의 일부를 채취할 수 있도록 하고(Terrorism Act, 제89조), 채취한 지문은 10년간 보존하도록 하였다(신의기, 2007: 41).

한편, 「테러법」은 테러단체의 가입, 본인 스스로 조직원임을 공개, 테러단체 지원을 권유하는 경우 10년 이하의 징역으로 처벌하고, 「테러방지법」은 테러 관련 표현물로 전파하거나 배포 등을 하는 경우 7년 이하의 징역으로 처벌하며(Terrorism Act, 제2조), 테러 관련 훈련을 시키거나 받는 경우 및 테러훈련 장소를 방문하는 경우 10년 이하의 징역으로 처벌하였다(Prevention of Terrorism Act, 제9조-제11조). 방사능 물질과 관련한 범죄는 기존 14년 이하의 징역에서 종신형으로 강화하였다. 이 밖에 테러 목적으로 물품을 소지한 경우 기존 10년 이하에서 15년 이하의 징역으로 형량을 강화하였다(이훈동, 2008: 57).

3. 독일

독일은 구서독 시대의 1970년대 서독일 적군파 등이 정·관·재계의 주요 요인을 인질로 삼아 옥중 동료의 석방을 정부 관계기관에 강요하는 등의 악질적인 테러가 속출했었다(阿久滰 正 好, 2006: 42). 1975년 2월 서베를린의 보수계 야당 지부장의 유괴·감금사건, 같은 해 4월 재스웨덴 서독일대사관의 공격사건 발생을 감안해 같은 해 8월 통칭 「테러방지법」이라 칭하는 「형법」, 「형사소송법」, 「재판소 구성법」, 「연합 변호사법」 및 「형사법」을 개정하는 법률이 성립되었고, 「테러방지법」에 의거한 「형법」의 개정에 의해 테러단체의 결성에 관한 「형법」 제129조a가 신설되어[42] 제129조의 범죄적 단체의 결성에 비해 가중 처벌하게 되었다(阿久澤 正 好, 2006: 42). 이 조는 1985년부터 1986년에 걸쳐 발생한 테러사건들을 계기로 1986년 12월에 제정된 「테러범죄방지법」 등이 개정되었다.

9·11 테러를 계기로 한층 강화된 테러대책을 수립하기 위하여 「국제테러대책법」을 제정함으로써 보안기관의 권한 강화, 외국 테러조직에 대한 처벌 확장, 중요시설 근무자에 대한 신원확인의 강화, 위험물질 안전관리시스템 등을 구축하였다.

1) 대테러 조직

독일 테러방지 법제의 동향은 유럽연합의 대테러시스템과 관

---

42) 제129조a의 구성 및 내용은 다음과 같다.

  1. 모살죄, 고살죄, 민족 모살죄, 인질죄, 전쟁범죄, 공갈적 인신 탈취죄를 목적으로 또는 그와 같은 죄를 범하는 단체를 편성하고 또는 이에 대해 참가한 자는 1년 이상 10년 이하의 자유형에 처한다.

  2. 타인에 대한 신체적 또는 정신적인 손해를 주거나(1호), 방화, 실화, 일수, 궤도, 선박, 항공교통에 대한 위험행위, 공공의 경영에 대한 방해, 항공교통 및 해상교통에 대한 공격 등의 죄(2호), 유독물 살포에 의한 중대한 위험을 초래한 죄의 경우에 있어서 환경에 대한 죄(3호), ABC병기와 대인지뢰 제조의 죄(4호), 화기의 불법 소유, 제조 등의 죄(5호)의 각 호에 게재한 죄를 목적으로 하고 또는 그와 같은 죄를 범하는 단체를 편성한 자는 1년 이상 10년 이하의 자유형에 처하게 된다. 또한 제2항에서 기술한 단체에 참가한 자도 (1호)~(5호)의 범죄의 하나가 민중을 중대한 방법으로 위협하거나 관청과 국제기관에 대해서 폭력을 동반해 협박에 의해 강제를 가하거나 국가 또는 국제기관의 정치적·헌법적·경제적·사회적인 기본구조를 불안정화시키거나 또는 파괴하는 것의 행위에 맞는 경우 또는 그 행위에 의한 국가와 국제기관이 현저하게 피해를 입는 경우에는 1년 이상 10년 이하의 자유형에 처하게 된다.

  3. 제1항 및 제2항에 게재한 죄에 의해 협박을 목적으로 하고 또는 그와 같은 죄를 범하는 단체를 편성한 자는 6개월 이상 5년 이하의 자유형에 처한다.

  4. 주모자 또는 막후의 인물인 범인의 경우 제1항 또는 제2항의 경우에 있어서는 3년 이상의 자유형, 제3항의 경우에 있어서는 1년 이상 10년 이하의 자유형에 처한다.

  5. 테러리스트 단체를 지원하고 또는 선전하는 자는 제1항 또는 제2항의 경우에 의거해 6월 이상 10년 이하의 자유형, 제3항의 경우에 있어서는 5년 이하의 자유형 또는 벌금에 처한다. 제1항 또는 제2항에 게재된 단체의 구성원 또는 지원자를 얻기 위해 선전을 행한 자는 6월 이상 5년 이하의 자유형에 처한다.

련을 맺으면서 국가의 대내적 안전(innere Sicherheit) 보장 차원에서 재난대응체계를 포괄하는 종합적인 대책을 수립한다(www.bbk.bund.de/lang_de/nn_174266/Internet/Content/Common/Anlagen/Broschueren/2005/Innenpolitik_1_2005,templateId＝raw,property＝publicarionFile. pdf/Innenpolitik_1_2005; 이계수・오동석・오병두, 2006: 547－548 재인용).

독일은 사민당－녹색당 연립정권에서 연방 내무부장관을 역임하였던 오토 쉴리의 제안에 따라 2004년 12월 말 '협동대테러센터'가 설립되었다.[43) 협동대테러센터는 집행권한을 갖는 통합조직이 아니라 각각 경찰과 정보기관으로 분리・운영되는 이원적인 구조의 협동정보분석센터로 기능한다. 이 기구는 실시간 정보교환, 신속하고 목표지향적인 현실적 위험징후의 평가, 작전활동 수단의 조정 그리고 배경의 분석 등을 확보하기 위한 조직이다. 정보의 흐름에 장애를 제거하고 가용한 지식을 정보처리의 방식으로 통합함으로써 정보교환의 가속화와 분석능력의 제고 및 조화를 이루기 위한 제도로 장점을 가지고 있으며(www.bmi.bund.de/cln_012/nn_165104/Internet/Contect/Themen/Terrorismus/DatenundFakten/Gemeinsames_Terrorismusabwehrzentrum_de.html), 연방과 각 주에서 파견된 약 180명의 전문가가 협동대테러센터에서 근무한다(이계수・오동석・오병두, 2006: 548－549).

---

43) 오토 쉴리는 정보기구와 경찰의 협동 작업이 필요하다고 강조하면서 연방범죄수사청・연방헌법보호청・연방정보부 그리고 관세 및 군 정보기관 등의 정보 및 전문지식의 교환을 가능하게 하는 체제를 구축하고자 하였다. 그 방안에 따라 정보기관과 경찰 간의 분리원칙과 경찰 및 정보기관의 연방주의적 운영이라는 대원칙은 유지하되, 연방과 주 정부기구 간의 정보의 통합과 국제적인 테러방지활동에서의 연대를 추진한다는 활동방식이 정해졌다(이계수・오동석・오병두, 2006: 548).

한편, 협동대테러센터에는 연방범죄수사청(Bundeskriminalamt: BKA)·연방헌법보호청(Bundesamt für Verfassungsschutz: BfV)·연방정보부(Bundesnachrichtendienst: BND)·각 주의 주 수사국 및 헌법보호청(die Kriminal−und Verfassungsschutzämter der Länder)·연방국경수비대(Bundesgrenzschutz)·관세수사국(Zollkriminalamt)·국방보안국(Militarische Abschirmdienst: MAD)·연방검찰청(Generalbundesanwalt) 그리고 연방 이민 및 망명청(das Bundesamt für Migration und Flüchtlinge) 등이 참여한다(www.bmi.bund.de/cln_012/nn_165104/Internet/Contect/Themen/Terrorismus/DatenundFakten/Gemeinsames_Terrorismusabwehrzentrum_de.html 참조; 이계수·오동석·오병두, 2006: 549 재인용).

협동대테러센터는 다음과 같은 임무를 수행한다(www.bmi.bund.de/cln_012/nn_165104/Internet/Contect/Themen/Terrorismus/DatenundFakten/Gemeinsames_Terrorismusabwehrzentrum_de.html 참조; 이계수·오동석·오병두, 2006: 549 재인용).

- 일일 상황분석: 매일매일 생산되는 경찰과 정보기관의 상황판단의 교환, 원인 관련 최초평가의 작성 및 이상의 작업과 연계된 조치의 조율에 복무하는 활동이다.
- 위험평가: 거의 매일 입수되는 암시적 정보 및 경고 그리고 새로이 입수된 인식자료가 철저하게 공동으로 분석·평가된다. 위험평가는 구체적인 행동 필요성이 존재하는가라는 질문 등에 대해 신속·정확하게 답변해야 한다.
- 작전활동 정보의 교환: 구조화된 형태로 정보를 교환하는 목적은 작전활동상의 조치들을 직접적으로 조정하기 위한 것이다.
- 사건평가: 효과적인 대응조치를 구상하기 위해 각 기구들이 확

보한 테러의 부분적인 정보들(위조된 신분증명서의 조달 혹은
무기 및 폭발물의 확보 같은 것 등)을 공동으로 평가해야 한다.
- 구조분석: 국제 테러에 대응하기 위해 장기적으로 효과적인 방
  안들을 분석하기 위한 것으로써 매우 중요한 업무영역이다.
- 잠재적인 개별 이슬람 테러세력에 대한 조사: 행위자 및 협력
  자구조 그리고 테러리스트의 충원을 효과적으로 대처하기 위
  해 요주의 인물과 관련 인물에 대한 인지사실을 상호 대조하
  고 그 정보를 개선해야 한다.
- 정보원의 결합: 이러한 작업을 통해 인터넷 검색 혹은 이슬람 학
  자 및 번역자의 투입 등과 같은 시너지 효과가 있을 수 있다
  (www.bmi.bund.de/cln_012/nn_165104/Internet/Contect/Them
  en/Terrorismus/DatenundFakten/Gemeinsames_Terrorismusabwe
  hrzentrum_de.html 참조).

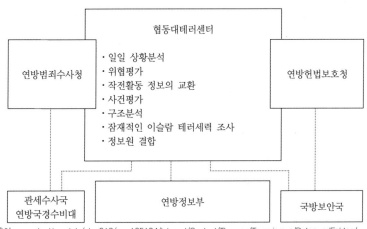

출처: www.bmi.bund.de/cln_012/nn_165104/Internet/Contect/Themen/Terrorismus/DatenundFakten/
Gemeinsames Terrorismusabwehrzentrum de.html 참조.

〈그림 4〉 독일 대테러시스템

2) 주요 활동내용

(1) 테러감시 및 수사

「형법」 및 「형사소송법」, 「행형법」 전반에 걸쳐 대테러 입법이 이루어졌다. 「형법」 제129조a에서는 테러단체조직죄의 구성, 테러범죄 계획의 불고지죄 신설, 범죄행위 계획의 불고지에 대한 면책규정을 보완하였다. 「형사소송법」에서는 테러리스트에 대한 구속요건의 완화, 주거 또는 건물의 압수수색, 통신감청, 검문소 설치, 우편검열, 함정수사, 전산망 검색권 인정, 12시간을 초과하지 않는 범위 내에서 서류 기타 물건 수수의 제한과 감시를 할 수 있도록 하였다. 또한 테러혐의자의 경우 피고인 및 변호인의 권리를 제한하게 하였다.

행형단계에서도 우편 · 통신의 감시, 귀휴의 필요적 제외, 개방처우의 필요적 제외 등을 두어 수형자의 권리를 제약하였다.

「국제테러대책법」은 단체의 설립 및 활동의 전면 금지, 사회 기간시설 보호를 위한 보호 대상 시설 목록을 적시하였다(이훈동, 2008: 64).

(2) 출입국 보안

「국제테러대책법」은 항공기 내 안전요원의 탑승 및 민간인 승객에 대한 정지와 신원확인의 목적을 위한 검문실시 권한의 부여(제6조), 외국인에 대한 체류 및 입국을 거부하도록 하였다(Gesetz zur Beka mpfung des internationalen Tarrorismus, 제11조; 이훈동, 2008: 65 재인용).

한편, 「난민심사법」을 개정하여 난민심사 과정에서 신청자의 출생지가 명확하지 않은 경우에는 언어분석을 시행한 후 지문채취를 통해 10년간 범죄조회자료로 활용하도록 하였다(제12조). 또한 「외국인 등록법」을 개정하여 외국인 등록과 관련, 중앙등록소의 관리를 강화하고 경찰 등 대테러기관에 외국인 등록 관련 자료로 활용하게 하였다(Gesetz zur Beka mpfung des internationalen Terrorismus, 제13조; 이훈동, 2008: 65 재인용).

(3) 테러자금의 감시

「국제테러대책법」은 연방정보국(BND)법을 개정하여 연방정보국에 개별 사건별로 금융기관, 신용회사 등에 테러혐의자의 계좌 및 거래내역 요청권과 통신회사 등에 테러혐의자의 통신 관련 정보 요청권을 부여하였다(Gesetz zur Beka mpfung des internationalen Terrorismus, 제3조; 이훈동, 2008: 65 재인용).

(4) 테러범죄의 처벌

형법적 대응은 사전에 테러를 저지하고자 하는 데 있다고 할 수 있다. 이를 위해 테러범죄 실행 이전이라도 살인, 약취강도, 인질 및 주요 산업시설 파괴 등 공안을 해하는 범죄행위를 목적으로 단체를 설립, 가입, 지원, 선전하는 행위를 테러단체조직구성죄로 처벌하였다(형법 제129a조). 그 외의 형법에는 범죄행위의 공연한 선동이 실패한 경우에도 처벌하고(제111조 제2항), 범죄행위의 위협에 의한 공공평화의 교란(제126조), 범죄행위에 대한 자금 지원과 찬양(제140조) 등을 처벌하도록 하였다. 또한 테러범죄불고지죄를 신설하여 성직자·의사·변호사·친족의 경우에도 면책적용을 배제하였다(제138조; 이훈동, 2008: 66 재인용).

4. 일본

일본은 테러대책에 있어서 형법상의 범죄에 해당하는 경우에만 처벌하며 테러 관련 국제조약에 가입할 때마다 국내법을 정비하는 정도에 그치는 등44) 1980년대 이전까지 비교적 소극적인 입장을 견지하는 형태로써 입법정책에는 크게 관심을 갖지 않았다. 그러나 1995년 동경 지하철 독가스 테러사건을 계기로 1999년 「무차별 대량살인행위를 행한 단체의 규제에 관한 법률」45)을 제정하여 테러 관련 입법에 대한 관심을 가지기 시작하였으나, 다른 선진국들처럼 테러에 대한 특별한 형사법적 입법을 하지 않았다. 단지 테러의 위험에 대처하기 위하여 각종 정책을 실시한바, 주로 테러의 예방을 위한 치안강화 및 테러발생 시 신속한 진압 혹은 대테러 요령에 관한 대국민 홍보 등 행정적인 조치에 치중하였다. 따라서 테러행위가 현행 형법상 범죄에 해당될 경우에만 그 규정에 의하여 처벌하며, 이 경우 테러에 대한 특별한 취급은 인정되지 않고 다른 범죄와 마찬가지로 「형사소송법」에 규정된 형사절차에 따라 처벌하였다(한국형사정책연구원, 1995: 147). 또한 식품과 관련하여 유통식품에 유

---

44) 일본의 테러리즘 규제를 위한 국내 법률을 시대별로 살펴보면 1952년 폭력주의적 파괴활동을 행하는 단체에 대하여 필요한 규제조치를 취하도록 마련한 「파괴활동 방지법」을 제정하였다. 1960년대에 항공기 납치가 빈번히 발생함에 따라 이에 대응하기 위하여 동경협약·헤이그협약·몬트리올협약의 3협약에 가입하면서 각 협약에서 규정한 항공기 테러범죄를 국내법상 범죄로 처벌하는 특별법을 제정하였다. 1970년에는 요도호 납치사건을 계기로 「항공기 탈취 등의 처벌에 관한 법률」을 제정하여 항공기 납치범을 무기 또는 7년 이상의 징역에 처하도록 하였다. 1972년에는 화염병을 소지·제조·사용한 자에 대하여 7년 이상의 징역 등으로 처벌하기 위한 「화염병의 사용 등 처벌에 관한 법률」을 제정하였다. 1974년에는 「항공의 위험을 발생시키는 행위 등의 처벌에 관한 법률」을 제정하여 불법으로 업무 중인 항공기 내에 폭발물·총기·도검을 소지하고 들어간 자는 3년 이상의 징역형에 처하도록 하였다. 한편, 1974년 일본개정형법 초안에서는 교통방해죄 및 선박 및 항공기의 강탈과 운항지배의 죄에 관한 조항에 항공기에 대한 테러범죄 등 공공위험의 죄를 신설하였다.

45) 독가스 기타 인체에 치명적인 화학물질을 사용한 자에게는 최고 종신형으로 처벌하며 이와 유사한 화학물질을 제조·소지한 자에게는 7년 이하의 징역형으로 처벌할 수 있도록 하였다.

독물을 혼입하여 불특정 다수인의 생명과 신체의 안전을 위협하고 국민 생활의 평온과 안전을 침해하는 행위에 대해서는 「유통식품에의 유독물의 혼입 등의 방지 등에 관한 특별조치법」에 의해 처벌하도록 규정하였다.

9·11 테러 이후 2001년 11월 2일 미국의 테러 보복공격에 자위대를 지원하기 위한 「테러대책특별조치법」을 제정하여 경찰이 담당해 온 자국 내 미군 시설과 자위대 시설 경비를 자위대가 담당하도록 하기 위한 '자위대법개정안'과 의심 선박에 대한 선체 사격을 허용하는 '해상 보안청법 개정안'도 통과시켜 자위대의 활동 범위를 타국 영토까지 확대하고, 자위대의 전투 시 해외 파견을 처음으로 허용하는 등 적극적인 대응을 하였다(신의기, 2007: 47).

한편, 2001년 9월 25일 수상을 본부장으로 하고 관방장관을 부본부장·법무대신·총무대신·외무대신·재무대신 등으로 구성되는 국제테러대책본부를 경찰청에 설치하여 '국내테러 대책 중점추진사항'을 마련하였다.

1) 대테러 조직

대테러와 관련한 국가정보기관은 내각정보조사실로 구성된다.

내각정보조사실은 총리의 직접 지휘하에 있으면서 총리의 외교 및 국방정책 결정에 도움이 되는 연구와 분석·활동을 수행한다. 1952년 총리부 설치령에 의거하여 내각관방장관 산하에 내각조사실을 창설하였으나, 1986년에 내각정보조사실로 명칭을 변경하여 기능을 강화하였다. 이 기구는 미국의 중앙정보국과 같은 통일된 성격의 국가정보기관이 아니며 타 정보기관과의 수평적 관계를 유지하고 있어 부문 정보기관에 대한 조정·통제기능은 없다(김두현, 2004: 468). 그러나 총리 관할의 내각관방 소속 내각정보조사실은 매스컴 정보 수집을 담당하면서 체계상으로는 내각부 소속 경찰청 산하 공안경찰, 법무성 소속 공안조사청, 방위성 소속 정보본부, 외무성 소속 국제정보 통괄관의 5개 정보기관을 소통, 조정하고 있다(주간동아, 2016. 9. 14).

한편, 방위성 소속 정보본부는 1996년 5월 방위청 통합막료회의 산하에 통합정보본부 설치를 골자로 하는 「방위청설치법」이 개정됨에 따라 1997년 1월 각 군별로 분산되어 있는 전략정보 수집·분석업무의 일원화를 위한 방위성 소속 정보본부가 창설되었다. 본부장 예하에 총무·기획·분석·영상(화상·지리부)·전파해석의 5개 부서로 되어 있다. 주요 임무는 러시아·중국·한반도 등 극동 지역의 군사정보와 중동·중남미·아프리카 등 평화유지활동(Peace Keeping Operations: PKO) 파견지역에 대한 정보 수집과 내전에 의한 기아, 난민문제, 국제테러리즘 등에 대한 정보 등을 수집·평가하여 방위성장관에게 보고하는 것이다(김두현, 2004: 468-469).

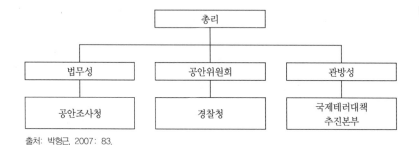

출처: 박형근, 2007: 83.

〈그림 5〉 일본 대테러시스템

2) 주요 활동내용

(1) 출입국 관리

출입국 관리를 강화하기 위해 「출입국관리법」과 「여관법시행규칙」을 제정하였다.

2004년 12월 '테러대책추진요강'을 토대로 '테러방지에 관한 행동계획'을 제정, 이를 근거로 테러리스트 입국을 차단하기 위해 입국심사를 강화하고 테러리스트의 강제출국 규정을 마련하였으며, 외국인 숙박객의 신원확인을 강화하기 위해 숙박자 명부에 외국인 투숙객의 국적 및 여권번호를 추가하는 것을 골자로 한 「여관법시행규칙」을 개정하였다(윤성철, 2005: 174).

한편, 2006년 개정에 의해 공중 등 협박목적의 범죄행위, 그 예비행위 또는 그 실행을 용이하게 하는 행위를 할 우려가 있다고 인정되는 상당한 이유가 있는 자로서 법무대신이 인정하는 자는 「출입국관리 및 난민인정법」(1951년 政令 제319호 이하 「출입국관리법」이라 한다) 제24조에 강제 퇴거할 이유가 된다고 규정하였다.

2003년에 제정된 무력공격사태 등에 있어서 「일본의 평화와 독립, 국가 및 국민의 안전확보에 관한 법률」(2003년 법률 제79호 이하 「사태대처법」이라 한다)은 당초 무력공격사태만을 대상으로 하는 법률이었지만, 「국민의 확보를 위한 조치에 관한 법률」(2004년 법률 제112호 이하 「국민보호법」이라 한다)46)의 심의과정에 대규모

---

46) 「국민보호법」은 유사시 국가가 경보를 발령, 피난을 지시하면 광역자치단체장은 주민에게 수용시설과 식량 확보, 생활필수품 제공, 의료 활동 등을 하도록 규정하여 2004년 6월 18일 공포 2004년 9월 17일 시행되었다. 명칭은 「무력공격사태 등에 있어 국민을 보호하기 위한 조치에 관한 법률」로 일본 「자위대법」, 「무력공격사태대처법」 등 유사법제 10개 법안 중 1개이며 소관 부서는 일본 내각관방부장관(안전보장

테러 등에 있어 국민보호를 상정한 정부안의 긴급사태 대처의 인정 등에 관한 규정이 「사태대처법」에 이행되어 현재에 이르렀다.

긴급사태 대처 방침 제25조에 따르면 정부는 긴급사태 대처[47]에 이를 때에는 긴급사태 대처에 관한 방침(이하 긴급사태 대처 방침이라 한다)을 규정하는 것으로 한다.[48]

(2) 테러자금의 감시

일본은 테러자금의 감시를 강화하기 위해 테러자금 방지조약을 체결하기 위한 일환으로 「테러자금처벌법」을 제정하였다.

「테러자금처벌법」은 기존의 테러방지 관련 조약에 있어서 범죄화를 의무 부여한 행위 및 범죄행위로 된 것은 아니지만 테러행위에 해당한다고 간주되는 주민에 대한 위협 또는 정부 등에 대한 강요를 목적으로 하는 살상행위 등을 전체 범죄로 규정하고, 그와 같은 테러행위에 대한 자금의 제공 및 수집에 관한 독립 죄로 처벌하는 것

· 위기관리 담당)이다. 목차 구성은 제8장 194조로 총칙, 피난조치, 구원조치, 무력공격재해 대처, 기타, 재정상 조치, 긴급사태 대처 조치, 벌칙으로 되어 있으며, 주요내용을 살펴보면 제1장 총칙에는 국가의 책무와 배려사항으로 1. 통칙 2. 국가, 광역·기초자치단체가 하는 국민보호 조치 3. 국민보호를 위한 조치 4. 국민보호 기본지침 5. 국민보호 계획 6. 광역자치단체국민보호협의회·기초자치단체국민보호협의회로 나뉘어 있으며, 제2장 피난조치, 제3장 구원조치, 제4장 무력공격재해 대처 조치, 제5장 기타, 제6장 재정상 조치, 제7장 긴급사태에 대처 조치, 제8장 벌칙으로 구성되어 있다.

47) 긴급사태 대처란 무력공격에 준하는 수단을 이용해 다수의 사람을 살상하는 행위가 발생한 사태 또는 해당 행위가 발생하는 명백한 위험이 절박하다고 인정되는 사태(후일 대처기본방침에 있어 무력공격 사태인 것의 인정이 행해진 사태를 포함)로, 국가로서 긴급히 대처할 필요가 있는 것을 말한다.

48) 여기서 말하는 긴급사태 대처의 예를 들면 첫째, 위험성을 내재하는 물질을 갖는 시설 등에 대한 공격이 행해진 사태로써 원자력발전시설 등의 파괴나 석유콤비나트, 도시가스 저장시설 등의 파괴를 말한다. 둘째, 다수의 사람이 집합한 시설 및 대량운송기관 등에 대한 공격이 이루어진 사태로써 대규모 집객 시설, 터미널 역 등의 폭파 또는 신칸센 등의 파괴를 말한다. 셋째, 다수의 사람을 살상하는 특성을 가진 물질 등에 의한 공격이 행해진 사태로써 방사성물질을 혼입시킨 폭탄 등의 폭발에 의한 방사능의 확산, 탄저균 등 생물제의 항공기에 의한 대량살포, 시가지 등에 있어 사린 등 화학제의 다량 살포, 수원지에 대한 독소 등의 혼입을 말한다. 넷째, 파괴의 수단으로 교통기관을 이용한 공격이 행해진 사태로써 항공기 등에 의한 다수의 사망자 등을 동반한 자살폭탄테러가 가정되고 긴급대처 사태로 인정되는 경우에는 「국민보호법」 등의 규정에 의해 조치가 강구된다.

을 의무 부여하는바, 일본의 법제에 적합한 형태로써 해당 전체 범죄인 테러행위를 규정하는 것으로 「테러자금처벌법」에 있어 '공중 등 협박목적의 범죄행위'가 정의되어 있다.

이 '공중 등 협박목적의 범죄행위' 실행을 용이하게 할 목적으로 자금을 제공하는 자 등은 국외범도 포함해 10년 이하의 징역 또는 1,000만 엔 이하의 벌금에 처하는 것으로 되어 있다(テロ資金處罰法, 제2조 및 제3조). 또한 부칙 개정에 의해 「조직적인 범죄의 처벌 및 범죄수익의 규제 등에 관한 법률」(1999년 법률 제136호 이하 「조직범죄처벌법」이라 한다)이 개정되고 해당 자금을 「조직범죄처벌법」 제2조 제1항에서 규정하는 범죄수익으로 규정한다. 이에 의해 제공·수집된 자금 또는 그 미수에 관한 자금 등이 부동산 또는 동산 또는 금전채권인 경우의 몰수(제13조 제1항)와 이들의 재산이 아닌 경우의 추징(제16조 제1항), 제공·수집된 자금 등의 은닉행위(제10조 제1항)와 수수행위(제11조)의 처벌, 금융기관 등이 업무에 있어 받아들인 재산이 이들 자금 등으로 의심되는 경우 등에 있어 의심스러운 거래신고의 각각 대상으로 되어 있다.

(3) 중요시설의 안전대책

경찰청 및 해상보안청은 긴박한 테러정보 입수 등 상황 발생 시 경계구역을 설정하여 경찰관이 해당 지역 내에서 안전확보를 위한 필요 조치 및 중요시설 등 주변에 출입제한구역을 설치할 수 있도록 2006년까지 필요조치를 강구하도록 하였다. 공안 및 원자력시설에 대한 안전대책과 핵물질 관련 안전대책을 강화하기 위한 관련 법률을 개정하였다(윤성철, 2005: 174).

(4) 대테러를 위한 민간 영역의 도입

2002년 4월에 내각부(총리실) 산하에 민·관 컴퓨터 전문가로 구성된 사이버테러리즘 대책기구를 설치하고, 탄저균테러 확산을 계기로 인원·장비 확충을 위해 '생물무기 대응 기본방침'을 마련하여 각 부처의 생물무기 대응체제를 일원화하는 등 사이버·생물무기 대테러시스템을 확충하였다.49)

5. 한국

우리나라는 국내에서 북한을 제외한 국제 테러리스트들의 직접적인 공격을 받은 경우가 전무하다. 제2차 세계대전 이후 냉전시기에 북한의 테러리즘에 대한 대비가 국가의 중요한 정책으로 '반공정책'이 추진되어 별도의 법률이나 제도가 없어도 이는 정책으로써의 효력을 발휘할 수 있었고 정부의 신념이자 표방이기도 하였다. 그러나 냉전종식 이후 공산주의의 상징이었던 구소련이 붕괴됨으로써 북한의 대남 테러리즘 양상도 점차 국제 테러리즘과 연계하는 방향으로 전환됨에 따라 우리나라는 국제 테러리즘에 대한 대응체제의 중요성을 비로소 인식하기 시작하였다.

우리나라는 1981년에 서울이 1988년 제24회 올림픽 개최지로 확

---

49) 방위성의 생물무기 대응 방안을 강구한 경위를 살펴보면 1995년 동경 지하철 독가스 테러사건을 계기로 테러리즘 수단 사용 가능성에 대한 대책의 필요성이 잇따라 제기되어 2000년 12월 중기방위력증강계획('01~'05년) 수립 시 게릴라·특수부대의 화생방 공격에 대한 대응능력 향상을 중요 과제로 포함하여 2001년 5월 방위청 산하에 '생물무기 대처 연락회'를 구성, 각 부서별 행동지침 및 역할 분담 등을 논의, 2002년 1월 말 '생물무기 연락회'에서 '생물무기 대응 기본방침'을 확정하였다(김두현, 2004: 466).

정되면서 1972년 9월 뮌헨올림픽에서 검은 9월단에 의한 테러사건과 같은 비극을 방지하기 위해 1982년 대통령훈령 제47호 「국가대테러활동지침」이 마련되어 대테러업무 수행의 근간이 되었다.

9·11 테러 이후 우리나라는 국제평화와 인류의 안전을 위해 테러리즘이 근절되어야 한다는 입장을 천명하고 이를 위한 국제사회의 반테러 노력에 적극 참여한다는 방침 아래 유엔 안전보장이사회 결의 1373호의 중요성을 인식하여 관련 부처와의 긴밀한 협조하에 이 결의의 이행을 위해 최대한 노력을 경주하였다.

한편, 최근 발생하고 있는 테러가 국가안보를 위협하는 전쟁수준의 양상을 보이고 있고 기존의 대응시스템으로는 효과적인 대처가 어렵다는 판단하에 테러를 효율적·체계적으로 대처하여 국가의 안전보장과 국민의 생명 및 재산을 보호하는 차원에서 테러의 예방·방지 및 범인색출 등 전 과정을 규정한 테러방지법의 제정안(부칙포함 총 5장 29조)을 국가정보원에서 입법 예고하였으나, 2004년 5월 16대 국회의 임기가 종료됨에 따라 자동 폐기되었다. 또한 테러방지법안의 입법화를 추진하기 위해 '테러방지법을 위한 법률안'을 일부 국회의원들이 발의하였으나 이 역시 자동 폐기되었다.[50] 그러나 9·11 테러 이후 국제사회가 지속적으로 테러와의 전쟁을 치르고 있으며, 유엔은 9·11 테러 이후 테러근절을 위해 국제공조 결의와 테러

---

50) 테러방지법을 위한 법률안은 2005년 3월 15일 한나라당 공성진 의원 등(발의자 21인)이 발의한 '테러대응체계의 확립과 대테러활동 등에 관한 법률안', 2005년 8월 26일 열린우리당 조성태 의원 등(발의자 21인)이 발의한 '테러방지 및 피해보전 등에 관한 법률안', 2006년 2월 14일 한나라당 정형근 의원 등(발의자 29인)이 발의한 '테러예방 및 대응에 관한 법률안'이 있었으나 2008년 5월 17대 국회의 임기가 종료됨에 따라 자동 폐기되었다. 18대 국회가 개회된 후에도 테러방지를 위한 국회의 입법활동은 지속되었다. 2008년 10월 28일 공성진 의원 등(발의자 23인)이 발의한 '국가대테러활동에 관한 기본 법안', 2009년 4월 15일 송영선 의원 등(발의자 11인)이 발의한 '테러예방 및 대응에 관한 법률안'이 있었으나, 이들 법률안 역시 2012년 5월 임기만료로 자동 폐기되었다.

방지를 위한 국제협약 가입 및 법령 제정 등을 권고해 OECD 국가 대부분이 테러방지를 위한 법률을 제정하였음에도 불구하고 아직 우리나라에서는 대테러활동 수행에 기본이 되는 법적 근거조차 마련하지 못하고 있는 실정이기에 국가의 안보 및 공공의 안전, 국민의 생명과 신체 및 재산을 보호하기 위하여 테러방지법이 재논의되기 시작하면서 19대 국회 통과로 논의 시작 14년 4개월 만에 2016년 3월 3일 법률 제14071호「국민보호와 공공안전을 위한 테러방지법」을 제정·공포하여 6월 4일 시행되었다.

1) 대테러 조직

급변하는 국제 테러정세와 2004년 6월 김선일 사건을 계기로 정부는 대테러시스템을 개편하여 우리나라도 많은 변화를 가져왔다. 2005년 1월 21일 대통령 주재로 국가 대테러체계 개선 관계 장관 회의 시 국가정보원 산하에 '테러정보통합센터(Terrorism Information Integration Center: TIIC)' 설치를 결정하였고, 2005년 3월 15일에는 「국가대테러활동지침」을 개정하여 테러대책회의, 테러대책상임위원회, 테러정보통합센터, 지역 테러대책협의회, 공항·항만 테러·보안대책협의회를 두었다. 그리고 테러사건 대응조직으로는 분야별 테러사건대책본부, 현장지휘본부, 대테러특공대, 협상팀, 긴급구조대 및 지원팀, 대화생방테러 특수임무대, 합동조사반으로 구성되었다.

테러대책회의의 구성은 국가 대테러정책의 심의·결정 등을 위하여 대통령 소속하에 테러대책회의를 두고 의장은 국무총리가 되며, 위원은 관계기관 장관급 18명이 참석한다.[51]

테러대책상임위원회의 구성은 관계기관 간 대테러업무의 유기적인 협조·조정 및 테러사건에 대한 대응대책의 결정 등을 위하여 테러대책회의 밑에 테러대책상임위원회(이하 "상임위원회"라 한다)를 두고 위원장은 위원 중에서 대통령이 지명한다.52)

테러정보통합센터의 구성은 테러 관련 정보를 통합관리하기 위하여 국가정보원에 관계기관 합동으로 구성되는 테러정보통합센터를 둔다.53)

지역 테러대책협의회의 구성은 지역의 관계기관 간 테러예방활동의 유기적인 협조·조정을 위하여 지역 테러대책협의회를 두고 의장은 국가정보원의 해당 지역 관할지부의 장이 되며, 위원은 대테러업무 담당 국·과장급 직위의 자가 된다.

공항·항만 테러·보안대책협의회의 구성은 공항 또는 항만 내에서의 테러예방 및 저지활동을 원활히 수행하기 위하여 공항·항만별로 테러·보안대책협의회를 두고 있다. 의장은 당해 공항·항만의 국가정보원 보안실장(보안실장이 없는 곳은 관할지부의 관계과장)이 되며, 위원은 관계기관의 직원 중 상위 직위자, 공항·항만의 시설관리 및 경비책임자, 그 밖에 테러·보안대책협의회의 의장이 지명하는 자가 된다.

---

51) 위원은 외교부장관·통일부장관·법무부장관·국방부장관·행정자치부장관·산업통상자원부장관·보건복지부장관·환경부장관·국토교통부장관·해양수산부장관 및 국민안전처장관, 국가정보원장, 국가안보실장·대통령경호실장 및 국무조정실장, 관세청장·경찰청장 및 원자력안전위원회위원장, 그 밖에 의장이 지명하는 자가 된다.

52) 위원은 외교통상부장관·통일부장관·국방부장관 및 국민안전처장관, 국가정보원장, 국가안보실장 및 국무조정실장, 경찰청장, 그 밖에 상임위원회의 위원장이 지명하는 자가 된다.

53) 테러정보통합센터의 임무는 1. 국내외 테러 관련 정보의 통합관리 및 24시간 상황처리체제의 유지 2. 국내외 테러 관련 정보의 수집·분석·작성 및 배포 3. 테러대책회의·상임위원회의 운영에 대한 지원 4. 테러 관련 위기평가·경보발령 및 대국민 홍보 5. 테러혐의자 관련 첩보의 검증 6. 상임위원회의 결정사항에 대한 이행점검 7. 그 밖에 테러 관련 정보의 통합관리에 필요한 사항이다(제12조).

테러사건 대응조직에 있어서 분야별 테러사건대책본부의 구성은 테러가 발생하거나 발생이 예상되는 경우 외교부장관은 국외테러사건 대책본부를, 국방부장관은 군사시설테러사건대책본부를, 보건복지부장관은 생물테러사건대책본부를, 환경부장관은 화학테러사건대책본부를, 국토교통부장관은 항공기테러사건대책본부를, 국민안전처장관은 해양테러사건대책본부를, 원자력안전위원회위원장은 방사능테러사건대책본부를, 경찰청장은 국내일반테러사건대책본부를 설치·운영한다.54)

현장지휘본부 구성에 있어서 테러사건대책본부의 장은 테러의 양상·규모·현장상황 등을 고려하여 협상·진압·구조·소방·구급 등 필요한 전문조직을 구성하거나 관계기관의 장으로부터 지원받을 수 있다.

대테러특공대의 구성은 국방부·국민안전처·경찰청에 대테러특공대를 둔다.55)

협상팀의 구성은 국방부·국민안전처·경찰청에 협상실무요원·통역요원·전문요원으로 구성되는 협상팀을 두며, 협상실무요원은 협상전문능력을 갖춘 공무원으로 편성하고, 협상전문요원은 대테러전술전문가·심리학자·정신의학자·법률가 등 각계 전문가로 편성한다.

긴급구조대 및 지원팀의 긴급구조대는 테러로 인한 인명의 구조·구급 및 테러에 사용되는 위험물의 탐지·처리 등에 대한 전문적 능력을 보유하여야 한다. 지원팀은 정보·외교·통신·홍보·소방·인명구조·의료 등 전문 분야별로 편성한다.

---

54) 테러사건대책본부의 임무는 1. 테러대책회의 또는 상임위원회의 소집 건의 2. 현장지휘본부의 사건대응활동에 대한 지휘·지원 3. 테러사건 관련 상황의 전파 및 사후처리 4. 그 밖에 대테러활동에 필요한 사항의 강구 및 시행이다(제21조).

55) 대테러특공대의 임무는 1. 테러사건에 대한 무력진압작전 2. 테러사건과 관련한 폭발물의 탐색 및 처리 3. 요인경호행사 및 국가중요행사의 안전 활동에 대한 지원 4. 그 밖에 테러사건의 예방 및 저지 활동의 임무를 수행한다(제25조).

대화생방테러 특수임무대의 구성은 국방부에 대화생방테러 특수임무대를 둘 수 있다.[56]

합동조사반의 구성에 있어서 국가정보원장은 예방조치·사건분석 및 사후처리방안의 강구 등을 위하여 관계기관 합동으로 조사반을 편성·운영한다. 다만, 군사시설인 경우 국방부장관(국군기무사령관)이 자체 조사할 수 있다.

대테러시스템의 운용체계는 예방·대비 및 대응활동으로 구분하여 운용되었다.

제1단계인 예방·대비활동 단계에서는 테러사건의 발생을 미연에 방지하기 위하여 소관업무와 관련한 국내외 테러 관련 정보의 수집활동에 주력하는 테러경보가 발령된 경우 관심 단계, 주의 단계, 경계 단계, 심각 단계의 기준을 고려한 테러경보의 단계별 조치, 공항·항만 등 테러의 대상이 될 수 있는 국가중요시설·다중이 이용되는 시설 및 장비에 대한 테러예방활동을 관계법령이 정하는 바에 따른 지도 및 점검, 정보수집 및 전파, 테러위기의 징후를 포착한 경우 이를 평가하여 상임위원회에 보고하는 테러경보 발령, 국내외에서 개최되는 국가중요행사에 대하여 행사특성에 맞는 분야별 대테러·안전대책을 수립·시행하여야 하는 국가중요행사에 대한 안전활동, 대테러 전문 능력의 배양을 위하여 필요한 인원 및 장비를 확보하고, 이에 따른 교육·훈련계획을 수립·시행하는 교육 및 훈련으로 구성되었다.

테러위기의 징후를 포착한 경우 센터장은 상임위원회에 보고하고

---

56) 대화생방테러 특수임무대의 임무는 1. 화생방테러 발생 시 오염확산 및 피해 최소화 2. 화생방테러 관련 오염지역 정밀제독 및 오염피해 평가 3. 요인경호 및 국가중요행사의 안전활동에 대한 지원을 수행한다(제31조의3).

테러경보를 발령한다. 테러경보는 테러위협 또는 위험의 정도에 따라 관심·주의·경계·심각의 4단계로 구분하여 발령하였다.[57]

제2단계인 대응활동 단계에서는 테러사건이 발생하거나 테러위협 등 그 징후를 인지한 경우의 상황전파, 테러사건이 발생한 경우 현장 보존을 위한 초동조치, 테러사건이 발생한 경우의 사건대응 그리고 사후처리 등으로 구성되었다.

대테러활동에 관한 관계기관별 임무를 살펴보면 <표 8>과 같다.

〈표 8〉 관계기관별 대테러임무

관계기관	임 무
국가안보실	• 국가 대테러 위기관리체계에 관한 기획·조정 • 테러 관련 중요상황의 보고 및 지시사항의 처리 • 테러분야의 위기관리 표준·실무 매뉴얼의 관리
금융위원회	• 테러자금의 차단을 위한 금융거래 감시활동 • 테러자금의 조사 등 관련 기관에 대한 지원
외교부	• 국외 테러사건에 대한 대응대책의 수립·시행 및 테러 관련 재외국민의 보호 • 국외 테러사건 발생 시 국외테러사건대책본부의 설치·운영 및 관련 상황의 종합처리 • 대테러 국제협력을 위한 국제조약의 체결 및 국제회의에의 참가, 국제기구에의 가입에 관한 업무의 주관 • 각국 정부 및 주한 외국공관과의 외교적 대테러 협력체제의 유지
법무부 (대검찰청 포함)	• 테러혐의자의 잠입에 대한 저지대책의 수립·시행 • 위·변조여권 등의 식별기법의 연구·개발 및 필요장비 등의 확보 • 출입국 심사업무의 과학화 및 전문 심사요원의 양성·확보 • 테러와 연계된 혐의가 있는 외국인의 출입국 및 체류동향의 파악·전파 • 테러사건에 대한 법적 처리문제의 검토·지원 및 수사의 총괄 • 테러사건에 대한 전문 수사기법의 연구·개발

---

57) 테러경보의 단계별 조치는 다음과 같다. 1. 관심 단계: 테러 관련 상황의 전파, 관계기관 상호 간 연락체계의 확인, 비상연락망의 점검 등 2. 주의 단계: 테러대상 시설 및 테러에 이용될 수 있는 위험물질에 대한 안전관리의 강화, 국가중요시설에 대한 경비의 강화, 관계기관별 자체 대비태세의 점검 등 3. 경계 단계: 테러취약요소에 대한 경비 등 예방활동의 강화, 테러취약시설에 대한 출입통제의 강화, 대테러 담당공무원의 비상근무 등 4. 심각 단계: 대테러 관계기관 공무원의 비상근무, 테러 유형별 테러사건 대책본부 등 사건대응조직의 운영준비, 필요장비·인원의 동원태세 유지 등(제36조).

관계기관	임 무
국방부 (합동참모 본부 · 국군 기무사령부 포함)	· 군사시설 내에 테러사건의 발생 시 군사시설테러사건대책본부의 설치 · 운영 및 관련 상황의 종합처리 · 대테러특공대 및 폭발물 처리팀의 편성 · 운영 · 국내외에서의 테러진압작전에 대한 지원 · 군사시설 및 방위산업시설에 대한 테러예방활동 및 지도 · 점검 · 군사시설에서 테러사건 발생 시 군 자체 조사반의 편성 · 운영 · 군사시설 및 방위산업시설에 대한 테러첩보의 수집 · 대테러전술의 연구 · 개발 및 필요 장비의 확보 · 대테러 전문교육 · 훈련에 대한 지원 · 협상실무요원 · 전문요원 및 통역요원의 양성 · 확보 · 대화생방테러 특수임무대 편성 · 운영
행정자치부 (경찰청 포함)	· 국내일반테러사건에 대한 예방 · 저지 · 대응대책의 수립 및 시행 · 국내일반테러사건의 발생 시 국내일반테러사건대책본부의 설치 · 운영 및 관련 상황의 종합처리 · 범인의 검거 등 테러사건에 대한 수사 · 대테러특공대 및 폭발물 처리팀의 편성 · 운영 · 협상실무요원 · 전문요원 및 통역요원의 양성 · 확보 · 중요인물 및 시설, 다중이 이용하는 시설 등에 대한 테러방지대책의 수립 · 시행 · 대테러전술 및 인명구조기법의 연구 · 개발 및 필요장비의 확보 · 국제경찰기구 등과의 대테러 협력체제의 유지
산업통상 자원부	· 기간산업시설에 대한 대테러 · 안전관리 및 방호대책의 수립 · 점검 · 테러사건의 발생 시 사건대응조직에 대한 분야별 전문인력 · 장비 등의 지원
보건복지부	· 생물테러사건의 발생 시 생물테러사건대책본부의 설치 · 운영 및 관련 상황의 종합처리 · 테러에 이용될 수 있는 병원체의 분리 · 이동 및 각종 실험실에 대한 안전관리 · 생물테러와 관련한 교육 · 훈련에 대한 지원
환경부	· 화학테러의 발생 시 화학테러사건대책본부의 설치 · 운영 및 관련 상황의 종합처리 · 테러에 이용될 수 있는 유독물질의 관리체계 구축 · 화학테러와 관련한 교육 · 훈련에 대한 지원
국토교통부	· 건설 · 교통 분야에 대한 대테러 · 안전대책의 수립 및 시행 · 항공기테러사건의 발생 시 항공기테러사건대책본부의 설치 · 운영 및 관련 상황의 종합처리 · 항공기테러사건의 발생 시 폭발물처리 등 초동조치를 위한 전문요원의 양성 · 확보 · 항공기의 안전운항관리를 위한 국제조약의 체결, 국제기구에의 가입 등에 관한 업무의 지원 · 항공기의 피랍상황 및 정보의 교환 등을 위한 국제민간항공기구와의 항공통신정보 협력체제의 유지
해양수산부	· 선박 · 항만시설에 대한 대테러 · 안전대책 수립 및 시행 · 해양운항 국적 선박 및 선원에 대한 테러예방 · 대비 및 대응활동 · 해양의 안전관리를 위한 국제조약의 체결, 국제기구에의 가입 등에 관한 업무의 지원

관계기관	임 무
국민안전처	・해양테러에 대한 예방대책의 수립・시행 및 관련 업무 종사자의 대응능력 배양 ・해양테러사건의 발생 시 해양테러사건대책본부의 설치・운영 및 관련 상황의 종합처리 ・대테러특공대 및 폭발물 처리팀의 편성・운영 ・협상실무요원・전문요원 및 통역요원의 양성・확보 ・해양 대테러전술에 관한 연구개발 및 필요 장비・시설의 확보 ・해양경비 안전관련 국제기구 참여 및 국제협약 등에 관한 사항 ・국제경찰기구 등과의 해양 대테러 협력체제의 유지 ・긴급구조대 편성・운영 및 테러사건 관련 소방・인명구조・구급활동 및 화생방 방호대책의 수립・시행 ・대테러 인명구조기법의 연구・개발 및 필요장비의 확보
관세청	・총기류・폭발물 등 테러물품의 반입에 대한 저지대책의 수립・시행 ・테러물품에 대한 검색기법의 개발 및 필요장비의 확보 ・전문 검색요원의 양성・확보
원자력안전 위원회	・방사능테러발생 시 방사능테러사건대책본부의 설치・운영 및 관련 상황의 종합처리 ・방사능테러 관련 교육・훈련에 대한 지원 ・테러에 이용될 수 있는 방사성물질의 대테러・안전관리
국가정보원	・테러 관련 정보의 수집・작성 및 배포 ・국가의 대테러 기본운영계획 및 세부활동계획의 수립과 그 시행에 관한 기획・조정 ・테러혐의자 관련 첩보의 검증 ・국제적 대테러 정보협력체제의 유지 ・대테러 능력배양을 위한 위기관리기법의 연구발전, 대테러 정보・기술・장비 및 교육훈련 등에 대한 지원 ・공항・항만 등 국가중요시설의 대테러활동 추진실태의 확인・점검 및 현장지도 ・국가중요행사에 대한 대테러・안전대책의 수립과 그 시행에 관한 기획・조정 ・테러정보통합센터의 운영 ・그 밖의 대테러업무에 관한 기획・조정

국가정보원은 이전 1차장(해외담당), 2차장(국내), 3차장(북한) 밑에 각각 3국 체제를 두었다. 2006년 6월 21일 해외교민에 대한 테러리스트들의 테러위협과 마약・밀수 등 국제범죄가 증가하는 추세를 반영하여 테러 및 국제 범죄조직에 대한 정보활동 역량을 강화하기 위해 '6국'으로 불리던 '대테러보안국'을 '대테러국'과 '보안국'으로 분리하였다. 9국에서 10국 체제로 늘렸다(주간경향, 2006. 6. 30).

또한 2007년 5월 23일 테러대책상임위원회를 개최하여 테러 위험지역에 진출한 기업·근로자 안전대책 지원업무를 총괄적으로 수행하는 가칭 '해외진출 기업 안전지원단'을 6월 중 테러정보통합센터 산하에 설치하기로 결정하고, 2007년 10월 1일 테러정보통합센터 산하에 외교통상부·지식경제부·국토해양부 합동 '정부합동 해외진출기업 안전지원단'을 출범시켰으며, 11월 22일 삼성·LG 등 13개 기업과 대한무역투자진흥공사 등 5개 기관이 참여한 '해외진출기업 대테러 협의체'를 발족하여 민·관 협력 네트워크를 구축하였다(국가정보원, 테러정보통합센터(www.tiic.go.kr)).

외교부는 2005년 12월 외교통상부와 소속기관 직제를 개정하여 2006년 2월 외교정책실 아래에 대테러국제협력과를 신설, 테러방지를 위한 관계기관 간 업무협조와 대테러 국제공조 업무를 강화하였다. 2007년 8월 직제 개정에 따라 대테러국제협력과는 다자외교조약실 안보대테러협력과로 개편되었다. 이후 2016년 현재 국제기구국 국제안보과에서 테러리즘 관련 외교정책의 수립·시행 및 총괄·조정, 대테러 관련 국제협력 업무, 초국가적 범죄 관련 국제협력 업무 등의 업무를 담당하고 있다.

한편, 최근 제정된 「국민보호와 공공안전을 위한 테러방지법」은 테러의 예방 및 대응 활동 등에 관하여 필요한 사항과 테러로 인한 피해보전 등을 규정함으로써 테러로부터 국민의 생명과 재산을 보호하고 국가 및 공공의 안전을 확보하는 것을 목적으로 하고 있다(제1조). 주요내용은 첫째, 대테러활동의 개념을 테러의 예방 및 대응을 위하여 필요한 제반 활동으로 정의하고 테러의 개념을 국내 관련법에서 범죄로 규정한 행위를 중심으로 적시하고(제2조) 둘째, 대테러활동에 관한 정책의 중요사항을 심의·의결하기 위하여 국무총리를 위원장으로 하여 국가테러대책위원회를 두며(제5조) 셋째, 대테러활동과 관련하여 임무분담 및 협조사항을 실무 조정하고, 테러경보를 발령하는 등의 업무를 수행하기 위하여 국무총리 소속으로 대테러센터를 둔다(제6조). 넷째, 관계기관의 대테러활동으로 인한 국민의 기본권 침해 방지를 위해 대책위원회 소속으로 대테러 인권보호관 1명을 두고(제7조) 다섯째, 국가정보원장은 테러위험인물에 대한 금융거래 정지 요청 및 통신이용 관련 정보를 수집할 수 있도록 하며(제9조) 여섯째, 관계기관의 장은 테러를 선전·선동하는 글또는 그림, 상징적 표현이나 테러에 이용될 수 있는 폭발물 등 위험물 제조법이 인터넷 등을 통해 유포될 경우 해당기관의 장에 긴급삭제 등 협조를 요청할 수 있다(제12조). 일곱째, 관계기관의 장은 외국인테러전투원으로 출국하려 한다고 의심할 만한 상당한 이유가 있는 내·외국인에 대하여 일시 출국금지를 법무부장관에게 요청할 수 있도록 하고(제13조) 여덟째, 테러 계획 또는 실행 사실을 신고하여 예방할 수 있게 한 자 등에 대해 국가의 보호의무를 규정하고, 포상금을 지급할 수 있도록 하고, 피해를 입은 자에 대하여 국가 또는 지방자치단체는 치료 및 복구에 필요한 비용의 전부 또는 일부를 지원할 수 있도록 하는 한편 의료지원금, 특별위로금 등을 지급할 수 있도록 하며(제14조부터 제16조까지) 아홉째, 테러단체를 구성하거나 구성원으로 가입 등 테러 관련 범죄를 처벌할 수 있도록 하고, 타인으로 하여금 형사처분을 받게 할 목적으로 이 법의 죄에 대하여 무고 또는 위증을 하거나 증거를 날조·인멸·은닉한 자는 가중처벌하며, 대한민국 영역 밖에서 이 같은 죄를 범한 외국인에게도 국

내법을 적용하도록 하고 있다(제17조부터 제19조까지).[58]

2) 주요 활동내용

우리나라는 테러위협을 포괄적으로 규제하는 단일 법률은 제정되어 있지 않았고, 테러범죄에 대한 명시적인 규정도 정의되어 있지 않았다. 그러나「국민보호와 공공안전을 위한 테러방지법」이 제정되면서 제2조(정의)에 테러, 테러단체, 테러위험인물, 외국인테러전투원, 테러자금 등을 명시하고 있다.

테러리즘 관련 법령들을 살펴보면 대부분 테러리즘의 발생을 억제하고 경로를 추적하여 차단하는 예방적 측면의 법규와 테러리즘 발생후 수습을 위한 대응적 측면의 법규로 구분해 볼 수 있다.

우선 예방적 측면의 법규로는「검역법」,「감염병의 예방 및 관리에 관한 법률」,「항공보안법」,「화학물질관리법」,「총포·도검·화약류 등의 안전관리에 관한 법률」,「범죄수익은닉의 규제 및 처벌 등에 관한 법률」,「마약류 관리에 관한 법률」,「특정 금융거래정보의 보고 및 이용 등에 관한 법률」,「출입국관리법」,「공중 등 협박목적 및 대량살상무기확산을 위한 자금조달행위의 금지에 관한 법률」,「경비업법」과「청원경찰법」,「원자력시설 등의 방호 및 방사능 방재 대책법」그리고「통신비밀보호법」등이 있다.

대응적 측면의 법규로는「형법」이나「형사소송법」,「국가보안법」,「통합방위법」,「재난 및 안전관리 기본법」,「민방위기본법」,「폭력행위 등 처벌에 관한 법률」,「특정범죄 가중처벌 등에 관한 법률」,「비

---

58) 구체적인 내용은 부록 참조.

상대비자원 관리법」 등이 있다.

테러와 관련하여 우리나라가 가입한 국제협약 및 의정서는 1971년 2월 19일 가입한 「항공기 내에서 행한 범죄 및 기타 행위에 관한 협약」, 1973년 1월 18일 가입한 「항공기의 불법납치 억제를 위한 협약」, 1973년 8월 2일 가입한 「민간항공의 안전에 대한 불법적 행위의 억제를 위한 협약」, 1982년 4월 7일 가입한 「핵물질의 방호에 관한 협약」, 1983년 5월 4일 가입한 「인질억류방지에 관한 국제협약」, 1983년 5월 25일 가입한 「외교관 등 국제적 보호인물에 대한 범죄의 예방 및 처벌에 관한 협약」, 1990년 6월 27일 가입한 「1971년 9월 23일 몬트리올에서 채택된 민간항공의 안전에 대한 불법적 행위의 억제를 위한 협약을 보충하는, 국제민간항공에 사용되는 공항에서의 불법적 폭력행위의 억제를 위한 의정서」, 2002년 1월 2일 가입한 「가소성 폭약의 탐지를 위한 식별조치에 관한 협약」, 2002년 9월 10일 가입한 「항해의 안전에 대한 불법행위의 억제를 위한 협약」과 「대륙붕상에 소재한 고정플랫폼의 안전에 대한 불법행위의 억제를 위한 의정서」, 2004년 3월 18일 가입한 「폭탄테러행위의 억제를 위한 국제협약」과 「테러자금조달의 억제를 위한 국제협약」, 2005년 7월 20일 가입한 「수형자의 이송에 관한 협약」, 2005년 12월 19일 발효한 「가소성 폭약의 탐지를 위한 식별조치에 관한 협약」, 2006년 4월 7일 가입한 「아시아에서의 해적행위 및 선박에 대한 무장강도행위 퇴치에 관한 지역협력협정」, 2008년 3월 27일 가입한 「국제연합 부패방지협약」, 2014년 5월 29일 가입한 「핵테러행위의 억제를 위한 국제협약」, 2015년 11월 5일 가입한 「국제연합 초국가적 조직범죄 방지 조약」 등이 있다.

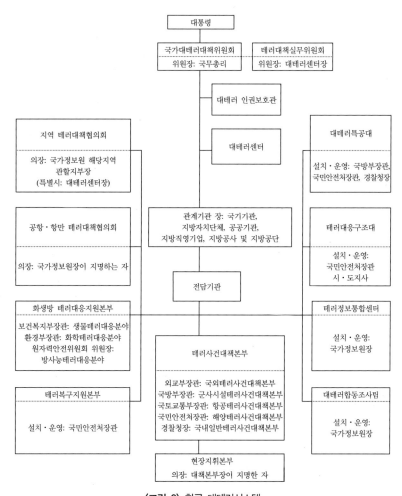

〈그림 6〉 한국 대테러시스템

제2절 각국의 대테러시스템 비교·분석

1. 조직·기능적 측면

테러 및 테러대책과 관련하여 수집 또는 보유한 모든 정보를 분석·통합하고 대테러활동을 위한 전략적 운영 계획 수립을 위해 테러 및 대테러 관련 정보를 종합·관리하는 정보기관이 설치될 필요가 있다.

우선 조직적 측면에 있어서 미국은 국가안보와 관련한 대통령의 자문기구로 국가안전보장회의와 국토안보위원회가 운용된다. 국가안전보장회의 조직은 국가안보회의 본회의, 각료급 위원회, 차관급 위원회, 정책조정위원회 등으로 편성되며, 국토안보위원회는 정부 각 부처 및 기관의 협조와 방위정책의 발전 및 시행을 보장하기 위한 기구로 창설되었다. 그리고 주무기관으로는 본토방어 및 대테러업무 관련 조직 등 22개 행정부처와 관계기관을 전부 또는 일부 흡수·통합하기 위한 국토안보부가 있으며, 16개 정보기관의 수장으로 국가안보 관련 정보활동을 지휘·감독하는 등 모든 정보의 조정과 통제 기능을 수행하며, 대테러의 정보 통합을 위하여 국가정보국장 소속하에 국가대테러센터와 국가정보센터가 설치되었다.

영국은 대테러업무 관련 정책의 수립·감독 등 테러업무와 관련한 총괄적인 조정관 역할을 수행하는 국가안보 및 대테러 사무소(OSC)를 신설하고, 보안부와 비밀정보부에서 실질적인 대테러업무를 주관하며, 테러정보의 통합을 위해 보안부 산하에 합동테러분석센터를 설치하였다. 또한 대테러 특수수사대가 자국 내의 테러활동에 관한 수사를 담당하고, 보안부가 국내의 정보를, 비밀정보부가 국외의 정보를 담당한다. 그리고 정보통신본부가 대테러 통신정보를 수집한다.

독일은 수상실의 정보조정관이 수상에게 직접 대테러 관련 보고 및 총괄적인 대테러정책을 개발, 여러 개의 주와 관련한 사안을 조정하고, 주정부 내무부가 치안과 정보 및 비상사태 대비 활동을 수행하며, 내무부장관 협의회에 참여하여 테러 관련 정보 수집·수사 및 사태 대비활동을 협의한다(국가정보원, 2000: 19-20). 정보의 통합과 국제적인 테러방지활동을 위해서 정보기관과 경찰 간의 분리원칙을 유지하면서도 협동작업의 필요성을 절감하여 대테러 관계기관이 참여하는 협동대테러센터를 설치하였다. 또한 내무부 산하에 있는 연방범죄수사청이 검찰의 지휘를 받거나 주 정부의 요청에 따라 테러사건에 대한 지휘통제를 전담하고 있으며, 연방헌법보호청이 국내의 정보를, 연방정보부가 국외의 정보를 담당한다.

일본은 총리 관할의 내각관방 소속 내각정보조사실이 있다. 내각정보조사실은 정보기관으로 국내 정보, 해외 정보 등을 수집하여 관방장관이 아닌 총리에게 직접 보고하고 위성 발사국인만큼 여러 첩보 위성을 띄워 해외 및 국내 정보를 수집한다. 내각정보조사실은 매스컴 정보 수집을 담당하면서 체계상으로는 5개 정보기관을 소통, 조정한다.

우리나라는 테러 관련 정보를 수집·분석·통합하고 이를 전략적으로 운영하고 계획할 수 있는 정책기구를 두지 않았으며, 개별 부서가 자체의 영역 내에서 임무를 수행하는 시스템으로 운영되었다.

다만, 테러첩보의 통합수집과 테러정보의 통합관리 및 전파능력을 향상시키기 위하여 2005년 4월 1일 국가정보원 산하에 테러정보통합센터를 설치, 운영하였으며, 수사기능은 검찰청과 경찰청에서 담당하였다. 그러나 최근 「국민보호와 공공안전을 위한 테러방지법」의 제정에 따라 대테러활동에 관한 정책의 중요사항을 심의·의결하기 위하여 국가테러대책위원회를 정책기구로 두고, 대테러활동에 관한 사항을 수행하기 위하여 대테러센터를 두고 있다.

한편, 정보 공유에 있어서 미국은 정보기관·사법기관·군·국토안보기관 간 테러 관련 정보공동체를 신설하였고, 범죄 수사기관이 테러·방첩, 국가안보와 관련한 정보를 수집한 경우 정보기관과 정보 공유를 허용하도록 하였으며, 대테러와 관련하여 연방 및 주 지방 사법 당국 간 정보 공유시스템을 구축, 운영하도록 하였다.

영국은 국가안보와 관련된 경우 국세청장 또는 관세청장은 타 법률의 비밀보장 규정에도 불구하고 정보기관에 관련 정보를 제공하도록 하였다.

독일은 외국인 등록 관련 자료를 대테러 관계기관에 공유할 수 있도록 하였다.

각국 대테러시스템의 조직적 특성을 비교하면 <표 9>와 같다.

<표 9> 각국 대테러시스템의 조직적 특성

국가 구분	미국	영국	독일	일본	한국
정책기구	· 국가안전 보장회의(NSC) · 국토안보 위원회(HSC)	국가안보 및 대테러사무소 (OSC)	정보조정관	국가안전 보장국	국가테러대책 위원회
주무기관	국가정보국 (ODNI)	보안부(SS)	내무부	내각관방	· 국가정보원(NIS) · 국무조정실
테러정보 통합기구	국가대테러센터 (NCTC)	합동테러 분석센터 (JTAC)	협동대테러센터 (GTAZ)	내각정보 조사실	대테러센터
정보기관	· 국내: 연방 정보국(FBI) · 국외: 중앙 정보국(CIA)	· 국내: 보안부(SS) · 국외: 비밀 정보부(SIS)	· 국내: 연방헌법 보호청(BFV) · 국외: 연방 정보부(BND)	내각정보 조사실 등	국가정보원 (NIS) 등
수사기관	연방정보국 (FBI)	대테러 특수수사대	연방범죄 수사청(BKA)	-	검찰청·경찰청

미국은 국가정보국 산하에 국가대테러센터를 두며, 테러의 위협정보를 종합적으로 수집·통합·분석하여 제공하는 기능을 담당한다.

영국은 보안부 산하에 합동테러분석센터를 두며, 국내외 테러리즘 관련 정보를 분석·평가하고, 다른 정보부처와 기구들에 테러 관련 주체를 평가하여 정보를 제공하는 기능을 담당한다.

독일은 내무부 산하에 협동대테러센터를 두며, 실시간 정보를 교환, 현실적 위험징후를 평가, 작전활동의 수단을 조정 그리고 배경을 분석하는 기능을 담당한다.

일본은 내각관방 산하에 내각정보조사실을 두며, 총리의 중요 정책 수행을 위한 정보 수집과 각 부처와의 연락 및 조정 업무 등 각급 정보기관이 얻은 정보를 종합적으로 관리하는 기능을 담당한다.

우리나라는 국무조정실 산하에 대테러센터를 두며, 국가 대테러활동 관련 임무분담 및 협조사항 실무 조정, 장단기 국가대테러활동 지침

작성·배포, 테러경보 발령, 국가 중요행사 대테러안전대책 수립, 대책
위원회의 회의 및 운영에 필요한 사무의 처리, 그 밖에 대책위원회에
서 심의·의결한 사항을 담당한다. 또한 대테러센터 외에 군과 경찰
등에 대테러를 위한 자체 정보시스템이 설치되어 있다. 국방부는 테러
문제의 전담을 위해 특수전과를 두고 있을 뿐 아니라 707 특수임무대
대를 비롯한 특전사령부대와 화생방 방호사령부 등 대테러 작전부대
를 운영하고 있다. 경비국에서 테러를 담당하고 있는 경찰청은 대테러
능력을 향상시키기 위하여 경비2과를 대테러센터로 개편하였으나,
2011년 5월 재해·재난 업무를 추가하면서 대테러센터가 위기관리센
터로 직제를 개정하였다. 위기관리센터는 대테러 관련 법령의 연구·
개정 및 지침 수립, 대테러 종합대책 연구·기획 및 지도, 테러대책기
구 및 대응조직 운영 업무, 대테러 종합훈련 및 교육 등을 분장한다.
  각국 대테러정보 통합시스템의 기능적 특성을 요약하면 <표 10>
과 같다.

〈표 10〉 각국 대테러정보 통합시스템의 기능적 특성

국가	기능
미국 (국가대테러센터)	·정보 수집·분석·통합 ·국가기관을 통합하는 전략적 운영계획 수립 ·주요부처, 기관에 역할과 책임 분배 ·중앙지식 창구 역할
영국 (합동테러분석센터)	·국내외 테러리즘 관련 정보 분석·평가 ·다른 정보부처와 기구들에게 테러 관련 주체를 평가하여 정보 제공
독일 (협동대테러센터)	·실시간 정보교환 ·현실적 위험징후 평가 ·작전활동 수단 조정 ·배경분석 확보
한국 (대테러센터)	·국가 대테러활동 관련 임무분담 및 협조사항 실무 조정 ·장단기 국가대테러활동 지침 작성·배포 ·테러경보 발령 ·국가 중요행사 대테러안전대책 수립 ·대책위원회의 회의 및 운영에 필요한 사무의 처리 ·그 밖에 대책위원회에서 심의·의결한 사항

대테러를 위한 각국의 시스템이 갖추고 있는 기능은 대테러업무의 기획 및 조정기능·정보 수집기능·수사기능 등 크게 세 가지로 구분할 수 있다.

미국의 국가대테러센터는 기획 및 조정기능과 정보 수집기능을 수행하고 있으며, 영국의 합동테러분석센터와 독일의 협동대테러센터의 주된 기능은 기획 및 조정기능이다. 결국 기관 간의 상호협력을 통한 정보의 융합과 통합은 이들 세 나라의 공통된 시사점이라고 볼 수 있다.

이처럼 대테러를 위해 시스템이 그 기능을 행사하는 데 있어서 가장 적합한 부분이 어디까지인가를 판단해 볼 때, 대테러시스템의 핵심은 정보의 통합적인 분석과 평가에 있다는 점이다. 그러나 우리나라는 테러와 관련한 정보의 공유가 부재한 실정이다.

대테러관리에 있어서 가장 중요한 부분은 사전예방활동이라고 할 수 있으며, 사전예방을 위해서 필요한 것은 정보이다. 테러 관련 정보를 수집·작성 및 분석하고 그 결과의 중요성을 평가한 후 관계기관을 통해 적시에 배포하여 그 실효성을 거두기 위해서는 정보의 공유가 필수적이다. 그러나 과거 시스템의 경우 대테러 관계기관 간의 정보 공유는 물론 민·관 간의 정보 공유도 이루어지지 못하고 있는 실정이었다. 따라서 대테러시스템은 기본적으로 기획·조정 기능을 수행해야 할 뿐 아니라 정보의 융합 및 분석 기능도 수행할 수 있도록 재편될 필요가 있을 것이다.

2. 법률적 측면

각국에서는 테러의 예방을 위해 테러리스트 또는 범죄행위에 중점을 두고 이에 대한 원인을 분석하는 방식으로 법률을 제정한다.

미국은 9·11 테러 이전의 시기에도 대테러 관련 법률이 제정되어 왔으나, 9·11 테러 이후 자국의 보호를 위해「반테러법」이라는 법률로 테러 관련 행위를 한층 강화한다.

영국은 독립운동이라는 자국의 역사적 경험을 통해 국제 테러뿐 아니라 국내 테러에 대해서도 경험을 지니고 있어 이러한 국내외의 테러에 대처하기 위해 일찍부터 테러 관련 법률을 제정하며, 9·11 테러 이후에는 보다 전면적으로 확대되어 왔다.

독일은 구서독 시대의 적군파 등 1980년대 테러사건들의 빈발로 인해「형법」,「형사소송법」,「재판소 구성법」,「연합 변호사법」 및「형사법」 등을 개정하는 법률을 제정하고, 테러리스트 단체의 결성을 처벌하기 위해「형법」 제129조a를 신설하며, 9·11 테러를 계기로 한층 강화된 테러대책을 수립한다.

일본은 테러와 관련하여 1980년대 이전까지 형법상의 범죄에 해당하는 경우에만 처벌하며 테러 관련 국제조약에 가입할 때마다 국내법을 정비하는 등 비교적 소극적 입장을 견지하는 형태였으나, 1995년 동경 지하철 독가스 테러사건을 계기로 테러 관련 입법에 관심을 가지기 시작하여 테러 관련 법률을 제정한다.

각국 대테러시스템의 법률적 특성을 비교하면 <표 11>과 같다.

국가 요소	미국	영국	독일	일본	한국
테러 관련 수사	「반테러법」 제207조	·「테러법」 ·「테러방지법」 제23조－제25조, 제26조－제28조, 제32조, 제41조	·「형법」, 129조a ·「형사소송법」	-	검찰청 사무기구에 관한 규정
출입국 관리	「반테러법」 제403조	「테러방지법」 제35조	·「국제테러 대책법」 ·「난민심사법」	·「출입국 관리법」 ·「여권법 시행규칙」	·「출입국관리법」 ·「관세법」 ·「특정 금융거래 정보의 보고 및 이용 등에 관한 법률」 ·「통신비밀보호법」
테러자금 차단	「반테러법」 제311조, 제371조	「테러법」 제15조－제18조	「국제테러 대책법」	·「테러자 금처벌법」 ·「조직범죄 처벌법」	「공중 등 협박목적 및 대량살상무기확산을 위한 자금조달행위의 금지에 관한 법률」
테러행위 처벌	「반테러법 보완 및 한시법 조항 재승인에 관한 법률」	·「테러법」 제2조 ·「대테러법」 제89조 ·「테러방지법」 제9조－제11조	「형법」	-	·「국민보호와 공공 안전을 위한 테러 방지법」 ·「형법」
중요시설 안전대책	「폭력 범죄 통제 및 법집행에 관한 법률」 제8장 제801조	-	-	-	·「통합방위법」 ·「도시철도법」 ·「선박안전법」 ·「재난 및 안전관리 기본법 시행령」 ·「철도산업발전기본법」 ·「항공법」

미국은 테러 관련 법률에 있어서 「반테러법」과 「반테러법 보완
및 한시법 조항 재승인에 관한 법률」을 제정하여 효과적인 테러예방
책을 마련한다. 테러 관련 수사에 있어서는 「반테러법」 제207조에
의거하여 테러혐의자의 수사권을 확대한다. 출입국 관리에 있어서는
「반테러법」 제403조에 의거하여 출입국 심사를 강화한다. 테러자금
차단에 있어서는 「반테러법」 제311조와 제371조에 의거하여 테러자

금의 세탁을 방지하고 감시한다. 테러행위의 처벌에 있어서는 「반테러법 보완 및 한시법 조항 재승인에 관한 법률」에 의거하여 테러행위에 대해 처벌을 크게 강화한다. 중요시설 안전대책에 있어서는 「폭력 범죄 통제 및 법집행에 관한 법률」 제8장 제801조에 의거하여 중요시설에 대한 테러범죄에 대해 엄중히 처벌한다.

영국은 테러 관련 법률에 있어서 「테러법」과 「테러방지법」을 제정하여 미국과 같은 테러예방책을 마련한다. 즉 테러 관련 수사에 있어서는 「테러법」과 「테러방지법」 제23조-제25조, 제26조-제28조, 제32조, 제41조 등에 의거하여 테러혐의자의 수사권을 강화한다. 출입국 관리에 있어서는 「테러방지법」 제35조에 의거하여 테러혐의자의 유입을 차단하기 위해 출입국 보안을 강화한다. 테러자금 차단에 있어서는 「테러법」 제15조-제18조에 의거하여 테러 관련 자금을 감시한다. 테러행위의 처벌에 있어서는 「테러법」 제2조와 「대테러법」 제89조 그리고 「테러방지법」 제9조-제11조에 의거하여 테러 관련 행위의 처벌을 강화한다.

독일은 「형법」 제129조a에 간접적인 형태로 테러를 규정하고 테러예방책을 마련한다. 테러 관련 수사에 있어서는 「형법」 제129조a와 「형사소송법」의 절차에 의거하여 테러 관련 감시 및 수사권을 확대한다. 출입국 관리에 있어서는 「국제테러대책법」과 「난민심사법」에 의거하여 출입국 보안을 강화한다. 테러자금 차단에 있어서는 「국제테러대책법」에 의거하여 테러자금에 대한 감시를 강화한다. 테러행위의 처벌에 있어서는 사전에 테러를 저지하기 위해 형법적 대응으로 테러범죄의 처벌을 강화한다.

일본은 테러 관련 법률에 있어서 「출입국관리법」과 「여권법시행규칙」 그리고 「테러자금처벌법」과 「조직범죄처벌법」을 제정하여 테러 예방책을 마련한다. 출입국 관리에 있어서는 「출입국관리법」과 「여권법시행규칙」에 의거하여 입국심사를 강화해 테러리스트의 입국을 차단한다. 테러자금 차단에 있어서는 「테러자금처벌법」과 「조직범죄처벌법」에 의거하여 테러자금의 감시를 강화한다.

한편, 우리나라는 미국·영국·독일·일본과 같이 적극적인 테러 예방책을 위해 법률로 규정되어 있지 않고 개별 법령에 의해 대처해 왔다. 테러 관련 수사에 있어서는 검찰청 사무기구에 관한 규정으로 수사하였다. 출입국 관리에 있어서는 법무부와 그 소속기관 직제에 의해 국내외의 출입을 관리하였다. 테러리스트 처벌에 있어서는 「형법」 등의 개별 법령에 의해 처벌을 하였다. 그리고 중요시설 안전대책에 있어서는 「경비업법」, 「청원경찰법」, 「국가대테러활동지침」 등 개별 법령으로 규정하여 시설의 안전대책을 강화하였다. 즉 테러방지를 위해 개별 부처에서 근거 법령으로 예방 및 대비 그리고 대응 조치의 업무를 수행하였다. 따라서 테러의 예방과 대응을 위해서는 분산되어 있는 개별 법령을 관련 법령 간의 연계성을 강화하여 대테러 관계기관 업무의 고유 기능을 원활히 수행할 수 있도록 상위법인 법률의 체제로 확대되어야 할 것이다.

그러나 최근 「국민보호와 공공안전을 위한 테러방지법」의 제정에 따라 출입국 관리는 「출입국관리법」, 「관세법」, 「특정 금융거래정보의 보고 및 이용 등에 관한 법률」, 「통신비밀보호법」에 의거하여 국내외의 출입을 관리하고 있다. 테러자금의 차단은 「공중 등 협박목적 및 대량살상무기확산을 위한 자금조달행위의 금지에 관한 법률」로 자금을 차단하고 있다. 테러행위 처벌은 「국민보호와 공공안전을 위한 테러방지법」의 테러단체 구성죄 등과「형법」에 의거하여 처벌하고 있다. 중요시설 안전대책은「통합방위법」,「도시철도법」,「선박안전법」,「재난 및 안전관리 기본법 시행령」,「철도산업발전기본법」,「항공법」으로 시설의 안전대책을 강화하고 있다.

3. 대응 활동적 측면

1) 테러 관련 수사

　미국·영국·독일 등 주요 국가들은 대부분 감청제도 등 감시제도의 강화와 구속, 압수요건의 완화를 내용으로 한다.

　미국은 포괄적 감청제도와 감청허용범죄의 확대를, 영국은 테러혐의자에 대한 감청 기간을 종래 3개월에서 6개월로 수정하고 연장 시 최대 12개월까지 허용한다. 독일도 군 방첩대법을 개정하여 테러관련 정보 수집을 위해 감청을 허용하게 한다.

　테러혐의자에 대한 수사에 있어서도 영장주의의 예외를 인정한다. 미국은 영장발부 사실을 최장 90일까지 통보를 지연하는 것을 허용하는 비밀영장발부제도, 압수수색영장 발부의 관할권 확대, 테러 혐의와 관련한 외국인에 대해 영장 없이 7일 이내의 구금제도를 인정한다.

　영국은 테러혐의자로 의심되는 경우 48시간 이내에 긴급체포를 허용하고, 영장에 적시된 물건·장소뿐 아니라 테러혐의자가 점유·통제하는 모든 물건 및 장소에까지 압수수색영장의 적용 범위를 확대하며, 테러혐의자의 기소 전 구속기간을 최장 28일로 연장하고 증거자료 보존·검증 및 분석을 구속사유로 추가한다. 이 밖에도 테러혐의로 구금된 피의자의 변호인에 대한 접견교통권을 제한한다.

독일은 테러혐의자의 경우 도주 우려가 없어도 구속이 가능하도록 하고, 테러혐의자의 거주지에 대한 영장 없는 수색을 허용하며, 테러혐의자의 신원을 확인할 목적으로 휴대품 검색, 지문채취, 사진촬영 등 필요한 조치를 허용한다. 또한 극렬종교단체의 등록제한 및 활동 금지 규정을 두며, 주요시설의 보호를 강화하기 위해 보호대상 목록을 작성하도록 한다. 영국과 마찬가지로 테러혐의자에 대해서 피고인 및 변호인의 권리를 제한한다.

우리나라는 테러범죄의 수사를 위한 감청의 경우 테러범행의 착수와 동시에 또는 범행의 예비 시에 범인을 검거하기 위해서 법원의 허가를 받아 전화도청·전자도청 등 '전기통신의 감청' 및 '통신제한조치'를 할 수 있는 1993년에 제정된 「통신비밀보호법」이 있다. 이 법은 통신 및 대화의 비밀과 자유에 대한 제한은 그 대상을 한정하고 엄격한 법적 절차를 거치도록 함으로써 통신비밀을 보호하고 통신의 자유를 신장함을 목적으로 제정되었다(제1조). 따라서 누구든지 이 법과 「형사소송법」 또는 「군사법원법」의 규정에 의하지 아니하고는 우편물의 검열·전기통신의 감청 또는 통신사실 확인자료의 제공을 하거나 공개되지 아니한 타인 간의 대화를 녹음 또는 청취하지 못한다(제3조). 다만, 대통령령이 정하는 정보수사기관의 장은 국가안전보장에 대한 상당한 위험이 예상되는 경우에 한하여 그 위해를 방지하기 위하여 이에 관한 정보 수집이 특히 필요한 때에는 통신제한조치를 할 수 있다(제7조 제1항). 또한 검사, 사법경찰관 또는 정보수사기관의 장은 국가안보를 위협하는 음모행위, 직접적인 사망이나 심각한 상해의 위험을 야기할 수 있는 범죄 또는 조직범죄 등 중대한 범죄의 계획이나 실행 등 긴박한 상황에 있고 또는 규정에 의한 절차를 거칠 수 없는 긴급한 사유가 있는 때에는 법원의 허가 없이 통신제한조치를 할 수 있다(제8조 제1항). 그러나 검사, 사법경찰관 또는 정보수사기관의 장은 통신제한조치의 집행착수 후 지체 없이 법원에 허가청구를 하여야 하며, 그 긴급통신제한조치를 한 때부터 36시간 이내에 법원의 허가를 받지 못한 때에는 즉시 이를 중지하여야 한다(제8조 제2항).

2) 출입국 관리

미국은 출입국 심사 시 이민국 직원뿐 아니라 국가안보국 직원을 참여시켜 테러행위 연루자의 입국 여부를 확인하도록 하고, 테러행위 연관 가능성이 확인되면 해당 외국인 또는 그 이미지를 특정 죄목이 없이도 7일까지 구금할 수 있으며, 재판 없이 추방절차로 이행될 수 있도록 한다. 이 밖에도 유학생 감시 프로그램을 강화하여 테러 등에 유학생이 가담할 수 없도록 사전예방책을 도입한다.

영국은 국제 테러혐의자로 의심되는 자에 대해서 입국금지, 추방 대상을 확대하고, 경찰관·이민국 직원·세관원은 주 경계 및 공항 만에서 구체적 혐의가 없더라도 사람뿐 아니라 차량·항공기·선박에 대해서도 검문검색을 할 수 있도록 한다.

독일은 항공기 내 안전을 위해 검문 실시를 강화하고 외국인에 대한 체류 및 입국을 거부하도록 한다. 또한 대테러기관에 외국인 등록 관련 자료를 활용할 수 있도록 한다.

일본도 테러리스트의 입국을 막기 위해 입국심사 및 외국인 숙박객의 신원확인을 강화한다.

우리나라는 출입국 보안과 관련한 현행 법률로써 국민과 외국인의 우리나라에의 출입국관리에 필요한 사항을 규정하기 위하여 제정된 「출입국관리법」이 있다. 이 법은 국내에 입국하거나 국내에서 출국하는 모든 국민 및 외국인의 출입국관리를 통한 안전한 국경관리와 국내에 체류하는 외국인의 체류관리 및 난민의 인정절차 등에 관한 사항을 규정함을 목적으로 제정되었다(제1조). 출국의 금지에 관해서는 대한민국의 이익이나 공공의 안전 또는 경제질서를 해할 우려가 있어 그 출국이 적당하지 아니하다고 법무부령으로 정하는 사람은 6개월 이내의 기간을 정하여 출국을 금지할 수 있다(제4조제1항 5호). 테러와 관련해서는 이 법에 의하여 국민의 출입국, 외국인의 입국 및 상륙, 외국인의 체류와 출국, 외국인의 등록 및 사회통합 프로그램, 강제퇴거 등, 선박등의 검색, 선박등의 장 및 운수업자의 책임, 난민여행증명서 발급 등을 규정하고 있다.

3) 테러자금의 차단

미국은 자금세탁 사실이 적발될 경우 재무부장관에게 계좌이체 금지 등 특별제재조치 권한을 부여하고 대테러활동 수행 목적상 금융거래정보를 요구할 수 있는 권한을 부여하도록 하며, 자금세탁과 관련하여 민·형사상 가중처벌 규정을 둔다. 자국 또는 자국인에 대한 테러행위의 자행·계획에 관련된 사람과 단체뿐 아니라 국제조직 또는 외국정부 대상 테러행위를 자행·계획하는 사람과 단체의 재산에까지 5년 이하의 징역, 몰수할 수 있도록 그 적용범위를 확대한다.

영국은 테러행위를 목적으로 제공 또는 모집된 자금을 압수하도록 하고 이를 범죄로 규정하며, 테러자금과 관련한 규정에 위반한 경우 법원이 유죄확정 판결 이전이라도 관련 재산의 몰수 명령을 내릴 수 있게 한다.

독일은 테러자금 관련 범죄를 처벌하고 테러자산 동결 규정을 형법에 명시한다.

일본은 테러행위를 일정한 행위 유형으로 제한적으로 열거한 후 이러한 범죄를 지원할 목적으로 제공 또는 모금행위를 한 자를 처벌하며 양벌규정을 둔다.

우리나라는 테러자금과 관련하여 마련된 법률로는 특정범죄59)를 조장하는 경제적 요인을 제거하기 위해 제정한 「범죄수익은닉의 규제 및 처벌 등에 관한 법률」이 있다. 이 법은 특정범죄와 관련된 범죄수익의 취득 등에 관한 사실을 가장하거나 특정범죄를 조장할 목적 또는 적법하게 취득한 재산으로 가장할 목적으로 범죄수익을 은닉하는 행위를 규제하고, 특정범죄와 관련된 범죄수익의 몰수 및 추징에 관한 특례를 규정함으로써 특정범죄를 조장하는 경제적 요인을 근원적으로 제거하여 건전한 사회질서의 유지에 이바지할 목적

---

59) 특정범죄란 재산상의 부정한 이익을 취득할 목적으로 범한 죄로 중대범죄와 「성매매알선 등 행위의 처벌에 관한 법률」의 죄, 「폭력행위 등 처벌에 관한 법률」의 죄, 「국제상거래에 있어서 외국공무원에 대한 뇌물방지법」의 죄, 「특정경제범죄 가중처벌 등에 관한 법률」의 죄, 「국제형사재판소 관할 범죄의 처벌 등에 관한 법률」의 죄, 「공중 등 협박목적 및 대량살상무기확산을 위한 자금조달행위의 금지에 관한 법률」의 죄를 말한다.

으로 제정되었다(제1조). 금융회사등에 종사하는 사람은 금융거래와 관련하여 수수한 재산이 범죄수익등 이라는 사실을 알게 되었을 때 또는 상대방이 범죄수익등의 은닉 및 가장의 죄에 해당하는 행위를 하고 있다는 사실을 알게 되었을 때에는 지체 없이 관할 수사기관에 신고하여야 한다(제5조). 이와 관련한 다른 법률로는 외국환거래 등 금융거래를 이용한 자금세탁 행위와 공중협박자금조달행위[60]를 규제하는 데 필요한 특정금융거래정보의 보고 및 이용 등에 관한 사항을 규정함으로써 범죄행위를 예방하고 나아가 건전하고 투명한 금융거래 질서를 확립하는 데 이바지하기 위하여 제정된 「특정금융거래정보의 보고 및 이용 등에 관한 법률」이 있다. 이 법에서는 자금세탁행위[61]와 공중협박자금조달행위를 규정하고 있다. 금융실명제를 위해 마련된 이 법은 대규모 불법자금의 유통이나 조성을 위한 차단은 가능하지만 테러에 관한 직접적인 규정은 명시하고 있지 않다. 그러나 「테러자금 조달의 억제를 위한 국제협약」과 대량살상무기확산 방지와 관련된 국제연합 안전보장이사회의 결의 등을 이행하기 위하여 「공중 등 협박목적 및 대량살상무기확산을 위한 자금조달행위의 금지에 관한 법률」을 제정하여 시행되고 있어 테러조직에 대한 금융거래를 금지시키고 있다.

---

60) "공중협박자금조달행위"란 「공중 등 협박목적 및 대량살상무기확산을 위한 자금조달행위의 금지에 관한 법률」의 죄에 해당하는 행위를 말한다.

61) "자금세탁행위"란 「범죄수익은닉의 규제 및 처벌 등에 관한 법률」에 따른 범죄행위, 「마약류 불법거래 방지에 관한 특례법」에 따른 범죄행위, 「조세범처벌법」, 「관세법」 또는 「특정범죄 가중처벌 등에 관한 법률」의 죄를 범할 목적 또는 세법에 따라 납부하여야 하는 조세를 탈루한 목적으로 재산의 취득·처분 또는 발생 원인에 관한 사실을 가장하거나 그 재산을 은닉하는 행위를 말한다.

4) 테러행위의 처벌

미국·영국·독일 등 각국은 테러리스트에 대한 가중처벌 규정을 둔다. 미국은 테러범죄자에 대한 사형처벌 강화법을 두며 테러리스트에 대한 시효제한 배제규정을 둔다.

영국은 테러단체 가입, 모임 주선 등의 행위에 대한 처벌 규정을 두며, 테러 목적으로 자금 사용, 또는 자금 제공, 모금 행위 관련 불고지죄 규정을 둔다.

독일도 테러리스트불고지죄를 신설하고 성직자·의사·변호사의 경우에도 면책 적용을 배제한다.

우리나라는 테러범죄에 대한 사법적 대응에 있어서 대표적으로 테러발생 시 테러리스트의 수사나 처벌을 위한「형법」과 반국가활동을 규제하여 국가의 안전보장을 위해 제정한「국가보안법」등의 특별법으로 규정하고 있다.

「형법」에서는 테러범죄에 해당되는 개개 구체적인 폭력행위의 태양에 따라 범죄단체조직죄(제114조), 폭발물사용죄(제119조), 공용물의 파괴죄(제141조), 방화죄(제165조), 폭발물파열죄(제172조), 살인죄(제250조), 상해죄(제257조), 중상해죄(제258조), 체포·감금죄(제276조), 특수체포·감금죄(제278조), 체포·감금등의 치사상죄(제281조), 해상강도죄(제340조), 손괴죄(제366조 이하), 외국원수나 사절에 대한 폭력죄(제107조, 제108조) 등의 규정들이 적용될 수 있다. 다만, 국제 테러리즘의 경우「국가보안법」은 적용이 불가능할 것으로 보이기 때문에 이는 국내 테러리즘의 경우에 한할 수 있다.

이 외에도 부정독극물 제조·사용에 관한「보건범죄 단속에 관한 특별조치법」, 단체의 위력에 의하거나 흉기 기타 위험한 물건을 휴대하여 행한 상해·폭행·체포·감금·손괴 등의 범죄 및 이를 위해 단체조직죄에 대한 가중처벌을 규정한 「폭력행위 등 처벌에 관한 법률」, 국고 등 손실의 가중처벌, 약취·유인죄의 가중처벌, 단체 등 조직의 처벌, 보복범죄의 가중처벌, 마약사범의 가중처벌 등에 대해 규정한 「특정범죄 가중처벌 등에 관한 법률」, 유독물을 제조, 특정 유독물을 사용, 주된 성분의 효능을 전혀 다른 성분의 효능으로 대체하거나 또는 이미 등록 또는 허가된 유독물 또는 특정유독물과 유사하게 위조 또는 변조한 경우를 처벌규정으로 두고 있는 「화학물질관리법」, 총포·도검 및 화약류의 불법제조·판매 및 소지 사용에 대한 처벌규정을 두고 있는 「총포·도검·화약류 등의 안전관리에 관한 법률」, 폭력 또는 협박 등에 의한 방법으로 운항 중인 항공기를 납치한 경우 등을 처벌하고 있는 「항공보안법」 등이 있다.

5) 중요시설의 안전대책

미국은 대중교통수단 및 시설물을 대상으로 하는 테러공격에 대해서 20년 이하의 징역에, 승객들이 탑승하고 있을 경우에는 종신형 또는 무기징역에 처하도록 한다.

일본은 테러상황 발생 시 경찰청 및 해상보안청이 경계구역을 설정하여 중요시설 등 출입제한구역에 대한 필요조치를 강구하고 공항 및 원자력시설, 핵물질 관련 안전대책을 강화한다.

우리나라는 테러예방을 위한 현장경비 및 보안을 규율하는 법률로는 산업현장에서 국가시설이나 국민의 재산과 생명을 보호하기 위한 목적에서 제정된「경비업법」과「청원경찰법」이 제정되어 있다. 그리고 핵물질 및 원자력시설의 안전한 관리·운영을 위한 방사능 재난예방 및 물리적 방호체제를 수립하기 위해 제정된「원자력시설 등의 방호 및 방사능 방재 대책법」이 제정되어 있다.

최근에 발생되고 있는 테러리즘의 경향은 과거 국가중요시설을 대상으로 테러리즘을 자행했던 경성 목표물에서 불특정 다수를 대상으로 하는 대중교통수단이나 다중이용시설 등에 대한 연성 목표물로 변화되는 추세에 있다. 이러한 점에서 비추어 볼 때 민·관 간의 네트워크 구축은 필수적이다.

각국 대테러시스템의 대응 활동적 특성을 비교하면 <표 12>와 같다.

〈표 12〉 각국 대테러시스템의 대응 활동적 특성

국가 / 요소	미국	영국	독일	일본	한국
테러 관련 수사	·감청 허용 확대 ·영장주의 예외 인정	·12개월 감청 허용 ·영장적용 범위 확대	·감청 허용 ·영장 없는 수색 허용		긴급한 사유에 한하여 36시간 이내에 통신제한 조치 허용
출입국 관리	학생 및 교환 방문자 정보 관리 시스템 구축	·테러혐의자 입국 금지 및 추방대상 확대 ·사람 이외 교통수단의 검문검색	대테러기관에 외국인 등록 관련 자료 활용	외국인 숙박객 신원 확인	테러위험인물에 대하여 출입국·금융거래 및 통신이용 등 관련 정보 수집
테러자금 차단	·테러 관련 행위자 및 단체의 관련 재산 몰수 적용 ·민·형사상 가중처벌 규정	법원의 유죄판결 전 테러 관련 재산 몰수	테러자산 동결 규정	테러행위 관련자의 양벌 규정	테러조직의 금융거래 금지

테러행위 처벌	테러리스트의 시효제한 배제 규정	테러행위 관련 불고지죄 규정		·테러리스트불고지죄 신설 ·성직자·의사·변호사의 면책 적용 배제	·테러단체 구성하거나 구성원으로 가입한 자 처벌 ·무고, 날조한 사람 가중 처벌
중요시설 안전대책	대중교통수단 및 시설물 공격 시 20년 이하 징역형과 종신형 및 무기징역			공항 및 원자력시설, 핵물질 관련 안전대책 강화	테러대상시설에 대한 테러 예방대책과 테러이용 수단, 국가 중요 행사 안전관리대책 수립

각국은 테러와 관련하여 다각적으로 대응활동의 견지를 취하고 있는 형태이다. 국가별 테러 관련 대응활동을 비교·분석해 보면 다음과 같다.

미국은 첫째, 테러혐의자의 감시·수사권을 강화하기 위해 감청 허용을 확대하고 영장주의 예외를 인정한다. 둘째, 출입국 보안업무의 강화를 위해 학생 및 교환방문자 정보관리시스템을 구축하여 추적 및 감시한다. 셋째, 테러자금의 차단을 위해 테러 관련 행위자 및 단체의 관련 재산 몰수를 적용하고 민·형사상 가중처벌 규정을 둔다. 넷째, 테러행위의 처벌 강화를 위해 테러리스트의 시효제한 배제를 규정한다. 다섯째, 국가중요시설 및 다중이용시설의 안전대책을 강화하기 위해 대중교통수단 및 시설물에 대한 테러공격 시 20년 이하의 징역과 승객이 탑승한 경우에는 종신형 또는 무기징역으로 처벌한다.

영국은 첫째, 테러혐의자의 감시·수사권을 강화하기 위해 12개월 간 감청을 허용하고 영장 적용 범위를 확대한다. 둘째, 출입국 보안업무의 강화를 위해 테러혐의자의 입국 금지 및 추방대상을 확대하고 사람 이외의 교통수단에 대해 검문검색을 실시한다. 셋째, 테러자금의 차단을 위해 법원의 유죄판결 전 테러 관련 재산을 몰수한다. 넷째, 테러행위의 처벌을 강화하기 위해 테러행위와 관련한 불고지죄를 규정한다.

독일은 첫째, 테러혐의자의 감시·수사권을 강화하기 위해 감청과 영장 없는 수색을 허용한다. 둘째, 출입국 보안업무를 강화하기 위해 대테러기관에 외국인 등록 관련 자료를 활용하도록 한다. 셋째, 테러자금의 차단을 위해 테러자산의 동결을 규정한다. 넷째, 테러행위의 처벌을 강화하기 위해 테러리스트의 불고지죄를 신설하고 성직자·의사·변호사의 면책 적용을 배제한다.

일본은 첫째, 출입국 보안업무를 강화하기 위해 외국인의 숙박객 신원을 확인한다. 둘째, 테러자금의 차단을 위해 테러행위 관련자의 양벌규정을 둔다. 셋째, 공항 및 원자력시설, 핵물질 관련 안전대책을 강화한다.

과거 우리나라는 미국·영국·독일·일본과 같이 적극적인 테러예방책을 마련하지 않았다. 각각의 요소를 각국과 비교해 보면 첫째, 테러혐의자의 감시·수사권과 관련해서는 긴급한 사유에 한하여 36시간 이내에 통신제한 조치를 허용한다. 둘째, 출입국 보안업무와 관련해서는 출입국사무소와 수사기관 간의 정보 공유 부족으로 출입국자의 자료 확인이 불가하였다. 셋째, 테러자금의 차단과 관련해서는 「공중 등 협박목적 및 대량살상무기확산을 위한 자금조달행위의 금지에 관한 법률」의 제정으로 외국환거래 및 외국인에 대한 적용과 금융거래 등 제한대상자 지정 등을 통하여 테러조직의 금융거래를 금지시키고 있다. 넷째, 테러행위의 처벌과 관련해서는 각각의 법률로 처벌할 수밖에 없을 뿐 아니라 특별규정도 마련되어 있지 않았다. 다섯째, 국가중요시설 및 다중이용시설의 안전대책을 강화하기 위해 「경비업법」과 「청원경찰법」으로 국가시설에 대한 안전조치를 강화하고 있지만, 정보 공유를 위한 민·관 간의 네트워크가 마련되어 있지 않았다. 그러나 최근 「국민보호와 공공안전을 위한 테러방지법」의 제정에 따라 출입국 관리와 관련하여 국가정보원장은 테러위험인물에 대하여 출입국·금융거래 및 통신이용 등 관련 정보를 수집할 수 있다. 테러행위의 처벌과 관련해서는 테러단체를 구성하거나 구성원으로 가입한 사람은 구분에 따라 처벌하고, 타인으로 하여금 형사처분을 받게 할 목적으로 이 법의 죄에 대하여 무고 또는 위증을 하거나 증거를 날조·인멸·은닉한 사람은 「형법」에서 정한 형에 2분의 1을 가중하여 처벌하고 있다. 국가중요시설 및 다중이용시설의 안전대책 강화를 위하여 관계기관의 장은 국가중요시설과 많은 사람이 이용하는 시설 및 장비(이하 "테러대상시설"이라 한다)에 대한 테러예방대책과 테러의 수단으로 이용될 수 있는 폭발물·총기류·화생방물질(이하 "테러이용수단"이라 한다), 국가 중요행사에 대한 안전관리대책을 수립하여야 한다고 규정하고 있다.

4 | 통합형 대테러시스템의 구축

작금의 테러리즘은 대형화 및 국제화되고 동시다발적으로 발생하는 등 다른 범죄에서 찾아볼 수 없는 잔혹성과 무차별적인 파괴로 전 인류와 문명에 심각한 위협을 주고 있다. 우리나라의 대테러시스템은 앞서 분석된 테러위협과 불확실한 안보환경으로부터 국민의 생명과 재산을 보호할 수 있는 국내 치안 차원의 수준이 아니라 국가안보 차원의 대처능력을 충족시켜야 할 것이다. 이를 위해 새로운 형태의 국제 테러리즘에 대처하기 위하여 현실적이고 효율적인 제도 개선의 노력을 하고 있지만, 그 결과는 아직까지 요원하다고 할 수 있다. 따라서 본 장에서는 3장에서 기술한 우리나라 대테러시스템의 문제점을 분석한 후 이를 보완할 수 있는 대안으로 통합형 대테러시스템을 제안하고자 한다.

제1절 한국 대테러시스템의 문제점

과거 우리나라는 테러의 안전진단에 대해 많은 문제점이 지적되었다. 예컨대 2007년 9월 40여 일간의 아프가니스탄 피랍사태가 종료되고 정부의 대테러전략이 도마에 오른 적이 있었다. 당시 언론에서는 정부의 대테러방식에 대해 원칙·전략·지식이 없는 '3무 대응'이라는 강한 비판이 있었는데, 가장 먼저 지적된 것이 원칙의 부재이다. 당시 정부가 우왕좌왕했던 원인은 그동안의 피랍사태에도 불구하고 유기적이고 효율적으로 대응할 수 있는 시스템이 법제화되어 있지 못하였기 때문이다. 테러 관련 법률이 없기 때문에 대테러조직은 안전하지 못하며, 그 활동도 미진할 수밖에 없다. 「국민보호와 공공안전을 위한 테러방지법」이 제정되기 전까지 적용되었던 대테러 법령은 대통령훈령 제337호인 「국가대테러활동지침」뿐이었다. 그러나 이 지침은 법률도 법규명령도 아닌 단지 지침에 불과한 행정규칙으로 법적 근거 없이도 마련될 수 있다. 이러한 이유로 실무기구를 만들거나 예산 확보에 어려움이 있는 실정이었다. 이 지침은 당시 우리나라가 북한에 의한 국가지원 테러리즘의 직접적인 피해국으로써 이에 대한 대책의 일환으로 1982년 1월 21일 대통령훈령으로 제정된 것이다. 그러나 이 훈령은 뉴테러리즘에 효과적으로 대처하지 못한다는 평가를 받았다.

그러한 이유는 첫째, 법치주의의 요구에 배치되고 둘째, 테러발생에 관한 예측가능성이 미흡하며 셋째, 대테러 관계기관 상호 간의 내부지침에 불과하다. 넷째, 테러리스트들의 미래 대규모 테러수단이 될 수 있는 CBRNE 등과 같은 대량살상무기에 대응하는 데 한계가 있다는 평가를 받았다(이호용, 2008: 88).

두 번째로 지적되었던 것이 전략의 부재이다. 일반적으로 테러단체와의 협상 시 낮은 수준부터 단계적으로 올라가는 것이 원칙임에도 불구하고 당시 우리 정부는 최고 수준에서 시작해 거꾸로 내려가는 협상을 진행하였다는 비난을 받은 바 있다. 즉 대통령 특별담화와 외교부차관의 파견에 이어 특사파견이 이루어지면서 우리 측의 절박함을 그대로 드러내게 되어 탈레반의 철군카드를 수용할 수밖에 없어 오히려 상대방의 협상력만 높여 준 결과를 초래하였다는 비판을 받았다.

세 번째로 지적된 것이 지식의 부재이다. 사태가 발생하자 정부는 현지에서의 협상과 정보 수집을 위해 아랍어 교수를 급파했으나, 정작 아프가니스탄에서는 아랍어가 통용되지 않고 현지어인 파슈툰어와 다리어가 쓰임을 알고 얼마 뒤 다른 현지 전문가를 찾는 무지를 보임으로써 탈레반을 너무 모른다는 비판을 받은 바 있다. 또한 탈레반이 테러단체라는 고정관념에 사로잡혀 아프가니스탄 정부를 통하거나 대면 협상을 통해 요구조건을 관철시키는 것만 집중하다 보니 정권 탈환이 목표인 탈레반에 주변 이슬람국가들의 영향력이 크다는 점을 인식하지 못해 사태 초기에 아프가니스탄 정부를 통해 협상에 임한 것도 문제라는 지적을 받았다. 이를 뒤늦게 깨달은 우리 정부는 당시 송민순 외교부장관이 중동을 순방하며 이슬람국가를 움직여 보았지만 불필요한 시행착오만 겪게 되었던 것이다. 이는 결국 정보 부족으로 겪었던 시행착오로써 국가 정보력과 인적 네트워크를 갖춘 전문가의 필요성을 절감하게 하는 내용이다.

상기의 내용을 정리하면 우리나라 대테러시스템의 문제점은 구축 및 운용의 근거가 되는 관련 법제가 부재하여 그에 따라 조직이 불완전하고 불분명할 수밖에 없다는 점이다. 따라서 유기적이고 책임성 있는 대테러활동을 기대하기 어렵다는 점과 전문담당 인력의 부재 등 두 부분으로 요약될 수 있다(이호용, 2008: 88).

첫째, 대테러 관련 부처의 분산과 대테러시스템으로써 '컨트롤 타워(control tower)'의 부재이다.

2007년 7월 전 국민을 충격으로 몰아넣었던 아프가니스탄 피랍사건이 종료된 후 피랍자들이 귀국할 당시 각 정부기관 관계자들의 안내다툼으로 인하여 이들 부처 간 이해관계의 충돌이 있었는데, 이는 관련 부처 간 힘겨루기라고 볼 수 있다(노컷뉴스, 2008. 7. 20; 이호용, 2008: 88 재인용). 이와 같은 현상은 정부의 대테러시스템에 컨트롤 타워의 부재 현상으로 발생하게 되는 것이다. 「국민보호와 공공안전을 위한 테러방지법」이 제정되기 전까지 국가 대테러시스템은 2015년 1월 23일 개정된 대통령훈령 제337호인 「국가대테러활동지침」에 의거 테러대책회의, 테러대책상임위원회, 테러정보통합센터로 구성되었으며, 14개 부처의 테러사건 분야별 관계기관이 각각 테러 관련 업무를 담당하였다.

「국민보호와 공공안전을 위한 테러방지법」이 제정되기 전까지 우리나라의 관계기관별 대테러업무와 근거 법제는 <표 13>과 같다.

<표 13> 한국 관계기관별 대테러업무와 근거 법제

기관	담당업무	근거 법령
중앙안전관리위원회(국무총리 산하기관, 각 부처 장관들로 구성)	국민의 생명이나 피해를 주는 재난의 예방이나 수습 및 기타 업무	재난 및 안전관리 기본법
중앙 통합방위협의회 (국무총리 산하기관, 각 부처 장관들로 구성)	통합방위사태에 대응하기 위하여 군과 경찰, 국가기관과 지방자치단체, 향토예비군, 민방위대, 일정한 범위의 직장 등 국가의 모든 방위요소를 통합하고 지휘체계를 일원화하여 관리할 수 있도록 체계 구축 및 권한 부여	통합방위법
국가안전보장회의 사무처	각종 국가위기의 예방 및 관리체계에 관한 기획 및 조정업무와 긴급사태 발생 시 상황전파 등의 초기조치, 국가재난·재해 관리체계의 종합조정, 상황실의 운영 및 유지 업무	국가안전보장회의법
국가안보실	국가 대테러 위기관리체계에 관한 기획·조정	대통령훈령 제337호
대통령 경호실	경호대책의 수립·시행	대통령훈령 제337호
국가정보원	테러조직에 관한 국내외 정보 수집·작성 및 배포	국가정보원법
금융위원회	테러자금의 차단	
국무총리실	관계기관 소관사항 협의·조정	대통령훈령 제337호
원자력안전위원회	방사능테러사건 대책본부 설치·운영	대통령훈령 제337호
외교부 국제안보과	·국외테러사건 대책본부 설치·운영, 재외국민의 보호 ·대테러 국제공조 업무	외교부와 그 소속기관 직제
법무부 출입국·외국인정책본부	출입국 관련 대테러 및 경호안전 대책지원	법무부와 그 소속기관 직제
국방부	군사시설 테러사건 대책본부 설치·운영	
행정자치부	경찰청 대테러활동 지원	대통령훈령 제337호
산업통상자원부	기간산업시설 대테러·안전관리 및 방호대책 수립	대통령훈령 제337호
보건복지부	생물테러사건 대책본부의 설치·운영	대통령훈령 제337호
환경부	화학테러사건 대책본부의 설치·운영	대통령훈령 제337호
국토교통부 항공국	·항공기테러사건 대책본부의 설치·운영 ·항공기의 피랍방지대책 및 대테러 예방대책 수립	·국토교통부와 그 소속기관 직제 ·대통령훈령 제337호
관세청 조사감시국	총기류·폭발물 등 테러 관련 물품의 반입방지	관세청과 그 소속기관 직제
대검찰청 공안부	·테러사건의 수사총괄	검찰청사무기구에

공안기획관	・국제 테러범죄조직과 연계된 위해사범 및 방해책동의 사전차단	관한 규정
경찰청	・테러 예방 및 진압대책의 수립・지도 ・일반테러사건 대책본부 설치・운영	・경찰청과 그 소속 기관 등 직제 ・대통령훈령 제337호
국민안전처	・소방・인명구조・구급활동 및 화생방 방호 대책 수립・시행 ・해상에서의 테러 예방 및 진압 ・해양테러사건 대책본부 설치・운영	대통령훈령 제337호
국군기무사령부	군사보안 및 방첩에 관한 사항, 군사법원법 제44조 제2호에 규정된 범죄의 수사에 관한 사항과 군 및 군과 관련 있는 첩보의 수집・처리에 관한 업무를 수행하는 과정에서 대테러에 관한 업무 수행	국군기무사령부령

출처: 이호용, 2008: 89-91 재구성.

정부의 테러 관련 업무는 각각의 부처에서 분담하여 역할을 수행하고 있어 부처 간 업무협조가 필수적이지만 현실적으로는 미흡한 상태이다. 대테러업무는 특성상 유기적이기 때문에 정부의 컨트롤 타워가 없으면 부처 간 힘겨루기 양상으로 흐를 수밖에 없다. 즉 대테러업무는 무엇보다 각 부처 간의 긴밀한 업무협조가 선행되어야 하지만 시스템상 그렇지 못하다. 따라서 대테러업무의 효율성을 증대시키기 위해서는 대테러 통합기구, 즉 컨트롤 타워의 역할을 담당할 기구의 설립은 필수적이라고 할 수 있다.

둘째, 대테러 전문 인력의 부재이다. 대테러 담당자들의 전문성 부재도 대테러조직의 문제점 중 하나로 지적되었다. 대부분 대테러 담당 공무원들은 대테러 관련 업무를 한직으로 생각하고 있으며, 관련 공무원의 절반 이상이 대테러교육을 단 한 차례도 받지 않은 것으로 나타났다.62)

---

62) 2004년 대테러 관련 공무원 121명을 대상으로 한 설문조사에 따르면 응답자 중 54.1%가 직무 관련 대테러교육을 받은 적이 없다고 밝혔으며, 현재 정부의 대테러방안에 대하여 법・제도・조직・프로그램 측면에서 모두 부정적인 응답을 보인 것으로 나타났다. 또한 공무원들의 부처 간 이기주의로 인

이상과 같은 문제점을 통해 책임성 있는 대테러업무의 수행을 위해서는 테러방지를 위한 상위법을 마련하여 대테러조직을 법제화하고 주무기관에 컨트롤 타워 기능을 부여하는 일이 시급하다. 대테러관리는 별개의 것이 아니라 상호 통합되고 연계될 때 비로소 시너지 효과를 거둘 수 있기 때문에 부처 간의 주도권 다툼보다는 국민의 생명과 안전을 중시해야 한다는 점에서 통일적인 시스템이 필요하다. 따라서 테러리즘을 효율적으로 통제하기 위해서는 선진국과 같은 정보기관과 법집행기관 사이의 협력을 위한 통일적이고 집중적인 시스템을 갖춘 전문적이고 통합된 전담기구의 설립 운용이 필요하다.

제2절 대테러시스템의 통합적 운용

과거와 달리 현재에 있어서 조직은 최소의 자원으로 더 많은 서비스를 제공해야 한다는 압력을 지속적으로 받고 있다. 특히 대테러관리 조직은 '관리되지 않은 위험'에 대해 사회적 요구에 신속하게 대응해야 한다. 이러한 상황에서 대테러를 위한 관리 조직은 빠른 속도로 변화하는 고도 위험환경에 적응하기 위해 탄력적으로 변화할 수 있는 여건을 갖추어야 한다. 이를 바탕으로 본 장에서 제안하는 통합형 대테러시스템은 문제 해결 능력을 지닌 관계기관 및 조직구성원들에게 권한을 부여하는 조직 구조를 강조한다. 이것은 기능과 부서를 조정·통합하여 불필요한 이해관계를 줄이고, 정부가 국민과

한 업무협조가 미흡하며, 테러방지법의 입법에서도 부처 간 이기주의가 있다는 지적도 있다(이창용, 2004: 137-141).

보다 밀착될 수 있도록 일선 조직의 구성원들에게 권한을 이양하는 조직형태를 의미한다. 더욱이 통합적 대테러시스템은 상하 관계를 명령과 복종의 관계가 아닌 분화된 기능의 협력 관계, 즉 정보의 통합·분석을 통해 상하 상호 간 책임을 공유하는 의사소통 관계로 인식할 수 있다. 그리고 실효성 있는 대테러 통합시스템의 설계·구축을 위해서는 각 시스템 간의 기능적 연계를 가능하게 하는 운영 틀이 필요하며, 이 과정에서 테러 및 대테러의 환경적 특성뿐 아니라 법률적 차원, 조직·기능적 차원 그리고 민간 부문의 역할 등에 대한 검토도 필요할 것이다. 즉 효율적인 대테러를 위해서는 국제 테러리즘의 양상에 따른 변화와 우리나라 테러리즘의 환경적 특성, 대테러의 운용적 구조 그리고 대테러 통합시스템을 종합적으로 연결하여 이를 대테러관리의 실제에 접목시키는 것이 필요하다. 따라서 새롭게 변화하는 테러 및 법률적 환경에 능동적으로 대처할 수 있는 대안으로 <그림 7>과 같은 통합형 대테러시스템을 제안하고자 한다.

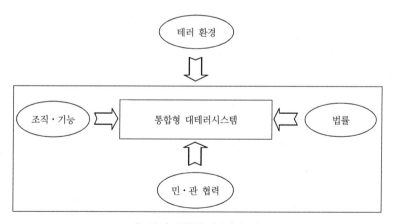

〈그림 7〉 통합형 대테러시스템

<그림 7>의 통합형 대테러시스템의 연계성에서 강조하는 바는 기본적으로 현대 테러리즘의 양상에 따른 변화와 우리나라 테러리즘의 환경적 특성으로, 이는 통합형 대테러시스템을 통한 대테러의 운용적 구조, 즉 조직·기능과 법률 그리고 민·관 부문과의 연결 관계를 통해 사고의 피해를 근절하거나 최소화할 수 있다는 것이다. 이에 따라 대테러가 시스템적으로 이루어지기 위해서는 통합시스템으로 재편되어야 할 필요가 있다.

이를 위해 본 서에서는 통합형 대테러시스템에 입각하여 그 하위시스템인 조직·기능과 법률 그리고 민·관 부문에 대한 방안을 제시함으로써 우리나라에 적합한 통합형 대테러시스템을 구축해 보고자 하는 것이다.

1. 통합형 대응시스템 구축

1) 기능적 통합

테러 유형과 대테러관리의 과정에 따라 각각의 대테러시스템이 분산되어야 하는가, 통합적이어야 하는가의 문제는 과연 효율적인 대테러시스템이 어떠한 방식으로 수립되어야 하는가와 직접적인 관련이 있으므로 매우 중요한 문제라고 할 수 있다.

환경이 제공하는 기회와 위험에 따라 조직은 적응하고 대응한다. 즉 조직의 특성을 결정짓는 핵심은 환경요인이다. 따라서 환경이 안정적인가, 불안정적인가 또는 단순한가, 복잡한가에 따라 조직의 대응방식은 다양하게 변화한다.

각국의 정부가 갖추고 있는 시스템 기능은 대테러업무의 기획 및 조정기능과 정보 수집기능 그리고 수사기능이 있다. 상기에서 분석해 본 각국 기관이 지니고 있는 공통점은 기획 및 조정기능과 정보 수집기능을 주된 기능으로 여기고 있다. 또한 기관 간의 상호협력을 통한 정보의 융합과 통합의 공통점을 찾아볼 수 있었다.

우리나라 역시 대테러업무의 기획 및 조정기능과 정보 수집기능 그리고 수사기능은 갖추고 있지만, 이러한 기능을 발휘하기 위한 기관 간의 상호협력을 통한 정보 공유는 미흡한 분산적인 시스템을 갖추어 운용된다.

과거 우리나라는 테러의 안전진단에 대해 많은 문제점이 지적되었다. 조직·기능적 측면에서 살펴보면 최상의 테러대책기구는 대통령 직속의 테러대책위원회가 있고, 14개 부처의 테러사건 분야별 관계기관이 각기 분야별 임무를 수행[63]하며, 행정기관별 연계성이 부족한 실정이었다. 이러한 시스템은 다양한 정보 수집을 가능하게 할 수 있지만 통일적인 관리가 되지 않기 때문에 유사시 문제가 될 수 있다.

분산관리시스템은 테러발생의 형태에 따라 소관부처별로 국가 대테러 관리기능(책임)을 분산시키는 관리시스템으로, 종합적이고 통합된 국가정책의 결여로 전체적인 관리능력을 저하시킨다. 분산관리방식은 국외테러, 군사시설테러, 생물테러, 화학테러, 항공기테러, 해양테러, 방사능테러, 국내일반테러 등 테러의 유형에 상응하여 대

---

63) 우리나라의 대테러를 위한 역할을 살펴보면 대테러 정보 수집은 국가정보원, 화학전은 환경부, 생물학전은 보건복지부, 방사능은 원자력안전위원회, 테러진압은 경찰청 등으로 분산되어 있다.

응방식에 차이가 있다는 것을 강조한다. 따라서 테러 유형별 분산 대응계획이 마련되며 책임기관도 각기 다르게 배정된다. 이러한 관리방식은 테러발생 시 대테러 관계기관 간의 중복대응과 과잉대응의 문제를 발생시킬 수 있으며 난해한 계획서의 비현실성과 다수기관 간의 조정·통제가 반복되는 점이 야기된다. 일례로 지난 2003년 2월 18일 발생한 대구지하철 화재사고의 경우 재난상황이 통합적으로 관리되지 않아 효율적인 대처를 하지 못하여 피해를 키웠다는 지적이 있는데, 이는 분산관리시스템으로 인한 실패요인이라고 할 수 있다.64)

반면, 통합관리시스템은 테러 유형과 구체적인 위협에 관계없이 동일한 일반적인 활동들이 테러발생 전, 테러발생 시, 테러발생 후에 진행되기 때문에 유사한 자원 동원 체계와 자원 유형을 필요로 한다는 점이다. 테러의 형태나 원인이 다르다고 할지라도 테러에 대한 대응은 비교적 유사하고 테러 유형에 따라 관계기관별로 구성하는 대테러시스템은 분절성과 중복성을 야기할 수 있기 때문에 비효율적이다. 따라서 대테러시스템은 테러 유형에 관계없이 통합적으로 구축할 필요가 있다. 그러한 이유는 다음과 같은 두 가지의 특성 때문이다.

첫째, 테러 개념의 인식변화이다. 테러발생 시 사회적으로 그것을 테러로 인식하는가, 인식하지 않는가에 달려 있다는 것으로, 그것을

---

64) 대구지하철 화재사고의 실패요인 중 대응 및 복구단계에 있어서 정보 공유와 전파시스템의 부재를 문제점으로 지적할 수 있다. 신고 직후에 이루어진 재난대응기관들의 움직임을 살펴보았을 때 재난대응기관들의 첫 움직임에서 큰 시차가 발견되는 것은 이들이 대구소방본부의 119상황실에 신고 접수된 화재사실을 통합정보시스템을 통한 정보의 공유와 전파로 인지한 것이 아니라 각각의 기관들이 종적인 정보 획득을 통해 인지했음을 알 수 있다. 만약 통합적인 재난관리가 이루어졌더라면 최소한 소방과 경찰 그리고 응급의료(병원) 기능은 같은 시간대에 정확한 상황의 파악과 조정을 통해서 체계적인 구조활동을 개시할 수 있었을 것이다(김봉식, 2005: 52).

인식하는 사회현상이 더 중요하다는 것이다.

둘째, 테러에 대한 사회의 반응형태를 보면 테러의 유형이나 수단, 방법에 따라서 달라지는 것이 아니라는 것이다. 테러의 유형이나 수단, 방법이 무엇이든 간에 테러에 대비하고 관리하는 대응에 있어서 인간과 조직이 직면하는 문제는 별다른 차이가 없다. 즉 테러의 발생 원인이 무엇이든 간에 일반적으로 유사한 대응 형태들이 취해지고 있다는 것이다.[65]

선진국에서는 자연재난이든 사회재난이든 상관없이 피해와 대응능력을 기준으로 통합적으로 관리하여 시스템을 운영하기 때문에 통합성과 연계성이 매우 높다. 이에 반해 우리나라에서는 발생 원인을 기준으로 소관부처별로 각각 관리하는 시스템을 운영하기 때문에 통합성과 연계성이 낮다. 따라서 테러 유형에 따라 각각의 특수한 대테러시스템을 구축하는 것보다는 통합적인 대테러시스템을 구축하는 것이 경제적으로 효율적임과 동시에 효과적이라고 할 수 있다.

2) 정보 공유 확대

테러발생 시 대응이 가장 신속하고 효과적으로 이루어져야 효율성이 높다는 것은 주지의 사실이다. 신속한 대응을 위해서는 테러의 발생시점에서 가장 빠르고 체계적으로 파악해야 한다. 이를 위해서는 정보화를 통한 대테러관리가 바람직하다. 즉 신속한 대응을 위해

---

65) 예컨대 어떤 유형의 테러가 발생하더라도 경보, 소개, 조직 간의 조정, 대국민 홍보 등 모두 비슷한 대응을 수행한다는 것이다. 또한 어떠한 테러가 발생하더라도 실제 대응기구로 소방·경찰·군부대가 투입된다는 것이다.

서는 테러의 발생시점에서 이를 빨리 파악할 수 있어야 하고, 그러기 위해서는 정보화를 이용하여 네트워크를 관리하며 업무의 특성을 고려한 하나의 독립된 기관이 이를 담당하는 것이 바람직하다. 따라서 다양한 테러리즘에 대비하기 위해 정부기관은 통일적이고 집중적인 시스템을 갖추어 정보를 수집·분석하여 기관들 간의 정보 공유 확대를 위해 허브망을 구축해야 한다. 그리고 수집·분석된 정보 공유를 통한 조직·기능 역할의 효율성을 확보하기 위해서는 통합시스템의 측면이 고려되어야 할 것이다.

컴포트(Louis K. Comfort)의 9·11 테러에서 행정시스템의 취약성을 경험적으로 분석해 본 결과를 살펴보면 테러공격의 대응에 대한 성과는 높은 것으로 나타나는 등 공공안전시스템의 상당부분은 작동이 잘 이루어지는 것으로 나타났다. 그러나 테러공격의 발생 전 테러위협의 확인은 주로 '미 행정부기관 간 국내 테러리즘 운영계획안(U.S. Government Interagency Domestic Terrorism Concept of Operations Plan: CONPLAN 2001)'[66] 하의 위기관리기능을 수행하는 조직에 부여되어 어려움이 있는 것으로 나타났다. 그러한 이유는 각각의 대테러 관계기관들은 테러공격의 상호연계성을 파악하는 데 실패하여 그 결과 관리에 관여하는 조직들에게 잠재적 위협의 대비에 경계심을 주지 못했기 때문으로 분석한다. 즉 '미 행정부기관 간 국내 테러리즘 운영계획안'이 지닌 문제점은 대테러관리의 통합을 촉진하는 조직 절차를 확립하지 못했고, 이에 따라 기관들 간의 신속한 정보교류를 지원하는 정보 인프라망의 구축 부재에 기인한다.

---

66) 대통령훈령 제39조에 의해 작성된 '미행정부기관 간 국내 테러리즘 운영계획안'은 위기를 관리하고 이에 따른 책임을 할당하는 데 있어 행정부로 인해 위기관리기능과 결과관리기능을 수행하도록 한다.

결국 대테러관리의 통합은 기관 상호작용에서의 변동을 의미할 뿐 아니라 동시에 개별기관의 문화와 운영방식에서의 의미 있는 변화를 요구할 수 있다. 법집행기관의 운영은 속성상 상당한 비밀과 익명성을 요구받는 상태에서 이루어지는 관계로 심지어 같은 업무를 다루는 기관에서조차도 정보 공유를 할 수 없었다. 즉 테러예방에 대한 중요한 단서가 될 수 있는 동일한 테러리스트에 의해 자행된 경미한 위반행위들이 정보 공유시스템의 미비로 간과되어 대처가 어렵게 되었다는 것이다(이창용, 2004: 66).

컴포트는 일반적으로 공격위협을 감지하지 못하는 이유를 네 가지 요인으로 설명하였다(Comfort, Louise K., 2002: 98-107; 이창용, 2004: 66-67 재인용).

첫째, 안전조치의 책임이 있는 정부기관들은 상당한 정도의 폐쇄적이고 위계적인 시스템으로 운영됨으로써 활발한 정보 공유를 하는 것이 어렵게 되어 있다.

둘째, 공공안전의 보호에 책임 있는 기관들 간의 결정적인 정보탐색과 공유가 활발히 일어나지 않는 것으로 나타났다.

셋째, 9·11 테러 이후 상당수의 조직들이 대응체제에 관여했음에도 불구하고 위기관리에 관여하는 기관들은 다른 기관들로부터 보내온 정보를 통해 포괄적 위기관리 계획을 입안할 수 없었다.

넷째, 위험에 대한 책임이 모든 주체들 간에 고르게 분포되어 있지 않는 데 문제점이 있다고 지적하였다.

테러예방을 위한 대테러업무의 핵심은 정보이다. 국가의 정보 수집 역량을 강화하기 위해서는 테러정보의 공유가 확대되어야 할 것이다. 각급 부분의 정보기관이나 행정집행기관이 지득한 정보사항 중 테러 관련 정보가 한곳으로 집중되어 정확하게 종합 분석될 수 있도록 시스템을 구축해야 할 것이다.

2. 법률시스템의 정비

테러방지와 관련한 과거 우리나라의 법령으로는 「국가대테러활동지침」이 있었다. 이 지침은 과거 북한의 남한에 대한 지속적인 무력도발과 함께 1988년 서울올림픽 개최지로 확정되면서 검은 9월단의 테러조직에 의한 테러사건과 같은 국제 테러에 효과적으로 대처하기 위해 마련되었다.

전술한 바와 같이 이 훈령은 행정규칙으로 법적 근거로서 아무런 효력을 발휘하지 못하였다. 또한 정보활동을 이유로 대외비 문서로 분류되어 일부 관계자들만이 그 내용을 열람할 수 있도록 되어 있었으며, 최근에서야 일반인들에게 공개되어 그 내용을 알 수 있게 되었다.

국민의 정부 시절인 2001년 9월 국무회의를 통해 기존의 대통령 훈령 제47호에 의거한 「국가대테러활동지침」으로는 새로운 테러에 대응할 수 없다는 판단 아래, 범정부적인 대응체제 구축 차원에서 테러방지법을 입법하기로 결정하였다. 이후 2개월간의 작업을 통해 국무회의에서 테러예방, 대응, 인명구조, 피해복구, 테러리스트 수사 및 처벌 등을 포함하는 테러방지법안을 국회에 제출하였으나, 2004년 5월 제16대 국회의 임기가 종료됨에 따라 자동 폐기되었다. 또한 테러방지법안의 입법화를 추진하기 위해 '테러방지법을 위한 법률안'을 일부 국회의원들이 발의하였으나, 이 역시 2008년 5월 17대 국회, 2012년 5월 18대 국회의 임기가 종료됨에 따라 자동 폐기되었다. 따라서 우리나라의 테러 관련 법령은「국가대테러활동지침」,「국가정보원법」,「통합방위법」등 23개로 분산된 법령에 근거하여 제한적으로 대응하고 있었으며, 국민들의 피해사례가 지속되고 있는 상황에서도 개인의 인권침해 소지 여부의 이유만으로 여·야당, 관계기관, 인권단체들 간의 힘겨루기식 양상이 지속되어 결국 국민들만이 피해를 보고 있는 실정이었다.

우리나라는 이러한 법령의 미비로 인하여 김선일 사건, 아프가니스탄 탈레반 무장 세력의 피랍사건, 소말리아 해적의 선박납치사건 등 국제 테러에 신속하고 능동적으로 대처하지 못하고 있는 실정이었다. 따라서 역동적인 테러환경에 능동적으로 대처하기 위해서는 법령적 근거보다는 상위의 법률적 체제가 필요하였다.

과거 각 기관별 대테러업무의 특징은 유사한 업무임에도 불구하고 다양한 법령체계로 구성되었다. 즉 개별 부처가 각각의 근거법령에 의해 중복적인 임무를 수행하고 있었다. 관련 근거가 지침상의 행정명령이기 때문에 대테러업무와 관련한 기획 및 조정의 통제, 조직의 예산과 인원 편성 문제, 대테러교육 부족, 사법적 공조체제의 한계 등의 문제점들이 나타났다. 개별 부처가 중복된 대테러관리 업무를 추진하는 것은 국민들의 혈세와 행정력의 낭비를 초래하고 국민들의 생명과 재산을 보호하는 나아가 대테러관리 행정의 목적 달성을 저해하는 요인이 된다. 따라서 국가 대테러정책을 종합적으로 수립하고, 테러 관련 정보의 수집·분석·작성 및 배포, 외국 정보기관과의 정보협력, 대테러정책의 협조·조정 강화 및 대테러 작전의 수행 등 대테러 관계기관 고유 업무의 기능을 원활히 수행하기 위해서는 「국가대테러활동지침」의 훈령을 상위법으로 제정되어야 한다.

보다 상위의 법적 근거를 토대로 종합적인 대테러 전담기구를 운용한다면 초기 테러 징후·예측 정보의 수집과 판단, 정보 분석·전파, 협상, 인질구출, 사후수습 등 기획과 조정을 통제할 수 있는 총괄적인 업무분장을 통해서 대테러능력을 향상시킬 수 있을 것이다.

테러의 예방과 대응을 위해 모든 조치가 가능하도록 정부기관과 변호사협회 및 인권단체는 국민의 생명과 재산을 보호한다는 차원에서 대승적으로 협조할 필요가 있을 것이다.

테러방지를 위한 상위법 제정의 구체화를 위해서는 대테러행정의 법률성 확보 측면에서 테러범죄에 대해 직접적이고 통일적으로 규율할 수 있는 몇 가지 사항 등을 고려해야 한다. 그리고 제정될 상위법에서는 다음의 사항에 대한 구체적인 규정이 포함되어야 할 것이다.

첫째, 테러의 정의와 범위의 명확성이 선행되어야 할 것이다. 테러리즘의 양상은 시대에 따라 각기 변화하고 있다. 즉 테러리즘을 자행하는 테러리스트들은 그들의 목적에 따라 발생 원인이 모호해지고 있다. 우리나라는 지금까지 미국과의 정치적 상황으로 발생한 국제적 테러리즘을 제외하고는 대부분 북한에 의한 테러행위였으며, 최근까지도 지속적으로 발생하고 있는 상황이기 때문에 이 부분도 간과할 수 없다. 이러한 국제 테러리즘의 위협과 북한에 의한 정치적 테러위협 그리고 국내에서 발생 가능한 자생적 테러리즘의 상황에서 비추어 볼 때 테러리즘의 개념 정의는 주관적 요건을 명시하여 추상적이고 모호하지 않게 테러행위 유형을 명확히 구체화해야 할 것이다.

둘째, 테러혐의자에 대한 감시 및 수사권을 강화해야 할 것이다. 뉴테러리즘의 특징 중 하나는 테러조직이 그물망 조직으로 되어 있어 무력화가 곤란하다는 점이다. 즉 인터넷 비밀사이트·전자메일·채팅룸 및 첨단 이동통신 등을 연락수단으로 활용하고 있다는 것이다. 우리나라는 테러혐의자의 감시와 관련하여 「통신비밀보호법」의 근거에 의해 감청이 이루어진다. 사실상 아직까지 국가안보를 위협하는 범죄조직, 즉 테러조직에 대한 포괄적인 감청이 허용되지 않기 때문에 테러정보의 수집이나 감시활동은 불가능하다고 할 수 있다. 물론 과거 감청의 남용으로 인한 폐해, 국민 개개인의 사생활 침해를 우려하지 않을 수 없으나 국민의 생명과 재산을 보호한다는 국가의 의무적 차원에서 볼 때 관계자들 간의 심도 있는 논의가 필요할 것으로 보인다.

셋째, 출입국 통제를 강화해야 할 것이다. 우리나라는 「출입국관리법」에 의해 그 역할을 하고 있는데, 과거 법규로는 대테러를 관리하는 데 있어서 부족한 점이 지적되었다. 예컨대 출입국사무소에 의한 출입국 관련 범죄경력 조회 시 범죄경력 자료나 수사경력 자료의 확인이 필요한 경우 정보 공유의 부족으로 인해 자료의 획득이 어렵고, 수사기관에 의한 조사자의 출입국 관련 여부 확인 시에도 마찬가지라고 할 수 있다. 이러한 이유로 언젠가는 우리나라에서도 테러의 발생 가능성이 제기될 수 있는 원인을 제공할 여지가 있을 수 있다. 또한 지역별 테러발생 현황에서도 중동 지역 다음으로 아·태 지역에서 테러발생이 가장 많은 비중을 차지하고, 국내에 외국인 불법체류자도 해마다 꾸준히 증가하는 추세를 보이고 있는 상황임을 비추어 볼 때 출입국관리는 성격상 매우 중요한 업무이기에 이를 보완하여 대응·관리해야 할 것이다.

넷째, 테러자금의 차단을 가일층 강화해야 할 것이다. 대부분의 테러지원국이나 테러조직은 마약생산을 주 자금원으로 하여 테러자금을 확보한다. 특히 우리나라의 경우 마약청정국으로 불릴 만큼 단속이 다른 나라에 비해 까다롭지 않기 때문에 중간 거점지역으로 활용된다. 경찰청 통계자료에 따르면 국내 마약류의 제조·밀수·밀매행위가 증가하고 밀거래수법도 날로 첨단화·지능화·조직화되어 가고 있는 추세를 보이고 있다.

국제사회는 이미 테러와 관련한 불법자금 마련의 금지협약인「테러자금조달의 억제를 위한 국제협약」을 제정하였다. 또한 대부분의 국가에서는 이와 관련하여 법률로 제정한다. 우리나라는 테러자금의 근절을 위해 기존의「특정금융거래정보의 보고 및 이용 등에 관한 법률」로는 테러자금의 차단이 사실상 불가능하였다. 즉 법률에 저촉되지 않는 범위 내에서 테러조직이 불법자금을 조성하거나 유통할 경우 그 자금을 규제할 방법은 마련되어 있지 않았다. 그러나 테러자금 규제를 위한 국제적 노력에 적극 동참하기 위해 2007년 테러자금의 조달을 금지하는 입법인「공중 등 협박목적 및 대량살상무기확산을 위한 자금조달행위의 금지에 관한 법률」[67]을 제정하여 시행하고 있어 고무적이라고 할 수 있다. 이러한 노력에도 불구하고 테러조직들은 그들의 활동자금을 확보하기 위해 최대한의 수단과 방법을 동원하여 마약밀

---

67)「공중 등 협박목적 및 대량살상무기확산을 위한 자금조달행위의 금지에 관한 법률」의 주요 골자는 '공중 등 협박목적을 위한 자금'의 개념을 공중 등 협박으로 볼 수 있는 일정한 행위를 제한적으로 열거하고, 동 행위를 위하여 모집 제공되거나 운반 보관된 자금이나 재산으로 규정하고 있다.

매를 통한 불법자금을 마련할 것이다. 따라서 마약을 통한 테러조직의 자금을 차단하기 위해서는 출입국관리사무소와 수사기관과의 적극적인 협조를 통해 공항만의 출입국 통제를 강화해야 할 것이다.

다섯째, 테러리스트의 처벌을 강화해야 할 것이다. 우리나라는 테러리스트의 처벌에 있어서 외국과는 달리 각각의 법률에 따라 처벌할 수밖에 없는 실정이었다. 즉 테러범죄 처벌을 위한 특별규정은 마련되어 있지 않고 통상적인 형벌의 부과에 의하였다. 다시 말해 포괄적이며 세부적인 테러의 형태를 범죄로 규정하는 법률이 부재하였다. 그러나 최근 「국민보호와 공공안전을 위한 테러방지법」의 제정으로 테러행위의 처벌에 관한 조항을 규정하고 있어 고무적이라고 할 수 있다.

입법의 형식적 측면에 있어서 미국과 독일에서는 테러를 「형법」에 포함하여 포괄적으로 수사 및 재판상 특별취급을 하고, 영국과 일본은 테러를 「형법」에 포함시키지는 않지만 특별법의 제정을 통해 개별적으로 특별취급을 한다. 테러라는 범죄는 일반범죄와는 달리 그 성격상에 있어서 중한 범죄임이 마땅하기에 테러행위와 테러단체를 구체적이고 명확하게 명시하여 이를 바탕으로 처벌 규정을 마련해야 할 것이다.

여섯째, 불특정 다수인을 향해 무차별 공격을 가하는 뉴테러리즘에 대처할 수 있어야 할 것이다. 1995년 일본에서 발생한 동경 지하철 독가스 테러사건과 같이 사회적 공포·불안 심리를 이용하여 공중의 안전을 해하는 물질을 대기 중 또는 수계에 방출함으로써 생명, 신체에 대한 안전을 위협하는 테러가 발생할 수 있다. 일본은 동경 지하철 독가스 테러사건 이후 방사성 물질, 탄저균 등 생물제, 사린 등

화학제, 독소 혼입 등을 이용한 테러행위에 대해서는 「사태대처법」을 제정하여 처벌한다. 독일 「형법」에서는 환경테러에 대한 별도의 규정은 없으나 이에 준하는 수질과 공기·소음 또는 유해물의 폐기 등에 관한 죄가 규정되어 있다. 반면, 우리나라는 환경테러에 대한 직접적인 처벌규정은 없지만 이러한 행위에 대해서는 「감염병의 예방 및 관리에 관한 법률」과 「화학물질관리법」 등으로 가능할 것이다. 그러나 유해화학물질의 경우 독성이 매우 강한 것과 강하지 않지만 장기간 섭취함에 따라 건강에 영향을 주는 두 가지 종류가 있는데, 독성이 강하지 않은 유해화학물질을 테러행위의 공격무기에 포함시키기에는 다소 무리가 있다. 또한 매년 200여 종이 시장에 신규로 출시되고 있는 상황에서 독성이 강한 것과 강하지 않은 것을 분별하여 고지하기에는 어려움이 따른다. 따라서 다수인에게 제공되는 음식이나 원료·음용수·공기 등에 독물 또는 건강을 해할 물질을 혼입하는 처벌 규정을 별도로 마련함이 타당할 것이다(권정훈·김태환, 2008: 37-38).

일곱째, 테러방지에 있어 사건발생 전의 예방이 최선의 방책임은 자명하다. 그러나 만일의 사건발생 시 체계적인 사후관리를 위한 대응책 마련이 요구된다. 즉 사건발생 후의 사후수습에 있어서 테러로 인한 신체 또는 재산상의 피해를 입은 국민에 대하여 그 상태에 따라 의료지원금, 특별위로금, 장례비 등을 지급할 수 있는 피해보전 장치를 마련해야 할 것이다(권정훈·김태환·최종균, 2009: 17). 과거 테러 관련 법령인 「국가대테러활동지침」에는 사건발생 후 사후수습에 대한 테러피해의 보전 마련에 대해 언급되어 있지 않았다.

미국의 경우 9·11 테러 이후 1,200억 달러의 테러대책 기금을 마련하여 테러로 인한 시설을 복구하고 사상자에 대한 피해보전 대책을 마련한 것으로 볼 때 이는 우리에게 시사하는 바가 크다(장석헌, 2005: 19). 또한 런던 지하철 연쇄 폭탄테러사건에 성공적으로 대응하는 등 모범적인 대응관리를 행했던 영국의 사례는 우리에게 많은 시사점을 제공해 준다. 사후수습에 있어서 영국은 구체적인 실행계획을 바탕으로 사고피해자와 유가족에 대한 전문적인 서비스를 장기간에 걸쳐 제공하여 공적 제도에 대한 신뢰를 제고한다. 우선 사고피해자에 대해서는 신속하고 전문적인 서비스를 제공하였다. 피해자 사무국68)을 조기에 설치하여 피해자의 신원 파악을 실시하였다. 이를 위해 부상자 관리센터와 휴식소, 부상자의 가족과 친지를 위한 사무실, 피해자 가족과 경찰 간의 직통전화선(Hot-line)을 설치하고 피해자 가족과의 연락을 전담하는 경찰관을 지정해 배치하였다. 그리고 런던 테러 생존자들은 인도적 지원 지침(Humanitarian Assistance Guidance)에 따라 정기적인 후유증 관리와 지원을 받았는데 관련 기관들로 구성된 런던 7·7지원단(7th July Assistance) 및 유가족지원센터(Family Assistance Center) 등을 설치해 지원하였다. 또한 영국 정부는 대형 참사 피해자를 위해 의료(NHS Trauma Response Guidance) 및 법적 자문(Legal Advisors)을 제공하였다(김선빈·김용기·민승규·고현철, 2005: 8-9). 특히 사고 유가족 지원 담당 장관을 지정할 정도로 피해자 관리에 철저하였다. 이를 위해 문화부장관에게 유가족에 대한 지원책임을 맡김으로써 피해자 측과 신뢰를 유지하고 정부가 주도적으로 유가족을 위로하는 행사를 마련하며 런던 내에 희생

---

68) 피해자 사무국(Police Casualty Bureau)은 사고 발생 초기 경찰에 의해 설치되며, 사고와 관련된 사람들에 대한 정보를 신속하고 정확하게 파악하여 관련 기관과 가족에게 제공하는 역할을 담당하는 곳이다.

자 추모 장소를 설치하고 시청 내에 추모 방명록을 비치하였다.

이와는 대조적으로 우리나라는 대구지하철 화재사고 당시 실종자 유가족 대책위원회가 장관급 이상이 중앙특별지원단의 책임을 맡을 것을 요구했으나 받아들여지지 않았고, 사고발생 1개월 후 추모공원 설립을 결정하였으나 부지선정 문제로 불발되기도 하였다.

정부가 국민으로부터 공적 신뢰를 획득하기 위해서는 사후수습에 있어서 사고 피해자와 유가족에 대한 보전 마련이 상위법에 제정되어야 할 것이다. 그러나 최근 「국민보호와 공공안전을 위한 테러방지법」의 제정으로 테러피해의 지원에 관한 조항을 규정하고 있어 고무적이라고 할 수 있다.

우리나라의 대테러 관련 법령은 「국가대테러활동지침」에 의거하여 북한 및 국제 테러리즘에 대처하고 있었다. 그러나 최근 발생되는 국제 테러는 무차별적이고 극단적으로 자행되는 전쟁수준의 뉴테러리즘 양상을 보이고 있기 때문에 기존의 대테러시스템으로는 효율적인 예방과 대응이 어려운 실정이었다. 즉 기존의 법체계로는 새로운 테러환경에 대응할 수 없었다. 테러방지 관련 법안은 국민들이 테러로부터의 위협과 피해 그리고 인간의 존엄성을 해하려는 것을 막기 위한 노력이다. 국가적 차원의 대테러시스템 구축을 위해서는 대테러활동에 필요한 조직 정비, 예산 확보 등 법적 토대를 마련할 때 비로소 대테러역량을 갖출 수 있을 것이다. 9·11 테러 이후 각국에서는 새로운 환경에 맞는 테러 관련 법률을 제정하고 있어 우리 역시 「국가대테러활동지침」의 훈령을 상위법으로 제정해야 함은 필수 불가결하다. 물론 선진 각국에서 테러 관련 법률을 제정했다고 해서 우리 역시 그러해야 한다는 논리는 모순이지만 테러에 대한 개념 규정은 물론 정부의 정책목표, 대테러 전담기구의 설치, 관계기관 간 공조체제, 테러사건 수사 및 처벌 등을 포함하여 테러로부터 국가의 안전과 국민의 생명을 보호한다는 대전제에서 볼 때 상위법의 제정은 절실히 요청되며 국민의 인권 보호를 위해 필요한 법이라는 인식 확산을 통한 법 제정의 국민적 지지를 유도해야 할 것이다.

우리나라는 미국의 9·11 테러를 계기로 2001년 11월 국가정보원이 주도해 처음으로 입법 예고됐으나 국가인권위원회와 시민단체들의 반발, 유엔과 국제 인권단체의 우려 등 수많은 논란 속에 부딪쳐 추진이 중단되었다. 그러나 2001년 9·11 테러 이후 국제사회가 지속적으로 테러와의 전쟁을 치르고 있으며, 유엔은 9·11 테러 이후 테러근절을 위해 국제공조를 결의하고 테러방지를 위한 국제협약 가입과 법령 제정 등을 권고해 OECD 34개 국가 대부분이 테러방지를 위한 법률을 제정하였음에도 불구하고 아직 우리나라에서는 국가 대테러활동 수행에 기본이 되는 법적 근거조차 마련하지 못하고 있는 실정이었다. 이에 테러방지를 위한 국가 등의 책무와 필요한 사항을 명확히 규정하여 국가의 안보 및 공공의 안전은 물론 국민의 생명과 신체 및 재산을 보호하기 위하여 「국민보호와 공공안전을 위한 테러방지법」이 법제화되어 고무적으로 평가할 수 있을 것이다. 다만, 복합적인 테러발생 시 동시다발적으로 대처가 미흡한 면이 적지 않기에 대통령령으로 규정하고 있는 몇몇 조항들의 난항이 예상되는바 이에 대한 지속적인 구체적 논의가 필요할 것이다.

3. 민·관 협력시스템 확대

1) 중요시설 보호 강화

국가에서 통제하는 국가중요시설과 통제의 범위에서 벗어난 대기업 시설 및 다중이용시설 등의 인적·물적 자원은 국가의 능력 한계로 인해 경비를 도맡기에 제한점을 지니고 있다.

우리는 그동안 체육행사·문화행사·예술행사와 같은 민간 주최행사와 국가에서 주도하는 국제행사의 안전관리책임은 공경비의 지원에 의존하는 경향이 적지 않았다. 그러나 미국·영국·호주·독일·일본 등에서는 각각의 중요행사 및 회의, 국가주도의 행사에도 민영화된 경비시스템을 도입하고 있는 추세이다(박준석, 2005: 56). 그 예로 2002년 한·일 월드컵대회 당시 일본의 민간경비업계는 경기장 시설관리를 비롯한 각종 대테러를 주도적으로 수행한 결과 성공적인 대회운영을 진행했다는 평가를 받았다(이윤근, 2003: 11).[69] 일본은 월드컵 대회 이전부터 대규모행사 시 대테러활동은 민간경비회사에서 지원받은 안전요원들에 의해 이루어지고 있다는 점에서 우리나라와 같이 공경비의 지원을 받아 대규모행사의 대테러활동을 담당하고 있는 상황과는 대조된다고 볼 수 있다. 즉 지금까지는 특정한 시기에 국가기관을 총동원하여 2002년 한·일 월드컵 대회, 2005년 부산 APEC 정상회의 등과 같은 국가적 행사를 무사히 치러

---

69) 2002년 한·일 월드컵 대회의 일본지역 경기장 민간경비 활동 현황을 살펴보면 경비원은 해당 지역의 경비상 중요한 장소를 중심으로 고정 배치시켜 경기장 및 시설물의 출입관리, 수하물 및 반입물품 검사, 긴급상황 대응, 차량검문 및 차량유도, 기타 안전과 관계된 제반 경비 활동 등을 책임지게 하였다(일본전국경비협회, 2002: 13－14).

냈지만, 특정 장소와 시기에 한정되지도 않는 테러리즘에 대해서 국가기관의 능력만으로 국가의 안정과 국민의 생명 및 재산을 보호할 수 있을 것인가에 대해서는 회의적이라고 할 수 있다.[70]

우리나라는 특수경비원 제도를 도입하여 국가중요시설의 경비업무를 민간경비에서 도맡아 행하고 있는바, 테러방지를 위해 적극적으로 민간경비시스템을 활용해야 할 것이다.[71]

국가의 주요 기반시설(critical infrastructure)에 테러리즘이 발생할 경우 일반 시민들에 대한 피해와 경제적인 손해는 엄청날 것으로 예상된다. 민간경비와의 협력 가능한 분야로는 핵물질 및 핵시설 관련 분야(civilian nuclear power), 각종 유해화학물질과 석유 및 천연가스와 같은 위험물질 분야(chemicals and hazardous materials), 전력 분야(electricity service) 그리고 식품 및 농업 분야(food and agriculture) 등을 예로 들 수 있는데(CBO, 2004: 9-44; 김창윤, 2006: 177 재인용), 이들 주요 기반시설 분야의 특징과 민간경비가 기여할 수 있는 부분을 살펴보면 다음과 같다.

첫째, 핵물질 및 핵시설 관련 분야는 테러의 표적이 되기 쉽다. 즉 핵시설에서 처리된 방사선 폐기물과 같은 핵물질은 처리·운반 과정에서 테러리스트들에게 다양한 공격목표를 제공하고 있기 때문에 테러가 발생하게 될 경우 일반시민들과 환경의 피해는 상상을 초월하게 된다.[72]

---

70) 공권력의 최일선에서 이와 같은 안전과 테러리즘 위협에 대응하고 있는 공경비는 사회질서를 유지하고 국민의 생명과 재산을 보존하면서 국내외적으로 급변하는 사회 및 정치변동과 국민의식 변화에 따른 새로운 치안수요를 능동적으로 대처해야 하는 과중한 역할까지 부여받고 있는 실정이다(김창윤, 2006: 165).

71) 「경비업법」의 정의에서 특수경비업무란 공항(항공기를 포함한다) 등 대통령령이 정하는 국가중요시설의 경비 및 도난·화재 그 밖의 위험발생을 방지하는 업무를 말하는데, 국가중요시설에 대한 특수경비제도의 도입으로 효율적인 대테러를 위한 경비체제를 구축하고 있다.

방사성폐기물의 관리에 있어 발생원, 종류, 저장, 운반, 처분 등도 테러리스트에게 다양한 형태의 공격목표를 제공할 수 있다. 2016년 현재 국내 원자력 이용시설 분포는 고리원전 1호기~4호기와 신1호기 및 신2호기, 영광원전 1호기~6호기, 한울원전 1호기~6호기, 월성원전 1호기~4호기와 신1호기 및 신2호기로, 총 24기의 발전용 원자로와 연구용 원자로, 교육용 원자로, 핵연료주기시설, 방사성폐기물 폐기시설이 있다(http://www.kaeri.re.kr). 또한 병원 등에서도 비교적 손쉽게 방사능 물질을 탈취할 수 있다. 이러한 장소를 대상으로 테러를 자행할 수 있기 때문에 대테러 관계기관과 민간경비와의 정보 공유에 대한 대비책도 마련되어야 할 것이다.[73]

둘째, 유해화학물질과 위험물질 분야에서 유해화학물질은 강한 독성을 가지고 있고 폭발과 화재를 야기할 수 있으며 공기와 수질을 오염시키기 때문에 큰 피해를 일으킬 수 있다. 특히 석유와 질산염 관련 물질은 취약성이 더욱 높다고 할 수 있다. 미국의 국토안보부에서는 수천 개의 화학공장 중 일부 화학공장만 관리대상으로 하고, 환경보호기관에서 화학사고로 인해 시민들과 환경에 치명적인 피해를 줄 수 있는 300개의 화학공장을 관리한다(Emergency Planning and Community Right-to-Know Act, 제302조; 김창윤, 2006: 179 재인용).

우리나라의 화학공장은 지역사회의 제반 정보에 어두우며 지역주민의 협력을 받기도 곤란하다. 화학공장은 화학의 특수성 물질 때문

---

72) 1986년 우크라이나의 체르노빌 원전사고는 엄청난 인명피해와 환경오염을 가져왔으며, 1979년 미국 펜실베이니아 주 해리스버그의 원자력 발전소에서 발생한 일부 사고로 인해 최소 약 20억 달러 이상의 피해가 발생되었다(김창윤, 2006: 177−178).

73) 핵시설에 대한 테러리즘은 스페인의 바스크 분리독립주의자들에 의해서 발생했으며 남아프리카·프랑스에서 이미 발생되었다(Gavin, Cameron., 2000: 154−157).

에 관리의 소홀함으로 인해 폭발할 가능성이 높고, 그 위력은 놀라울 만큼 엄청나다. 특히 정유공장이나 석유화학공장이 몰려 있는 단지의 경우에는 더욱 그러하다. 최근에는 종사자의 과실로 인해 화재가 발생하는 경우가 종종 발생하고 있는데, 테러리스트들이 방화테러를 일으키는 주된 목적은 시설에 대한 직접적인 경제적 피해는 물론 복구상의 어려움을 유도하여 간접적인 피해를 노리는 경우가 대부분이다. 따라서 화학공장의 경비를 담당하고 있는 민간경비원들을 통해서 위험요소에 대한 정보를 수집하고 이들과 상호보완적인 동반자적 관계를 가져야 할 것이다.

셋째, 전력 분야는 원자력 발전이나 각종 댐 나아가 현대사회에서 필수 불가결한 분야라고 할 수 있다. 전력 공급이 비록 짧은 시간 동안만이라도 차단된다면 시민들의 생활과 환경피해를 야기할 수 있고, 전산업무가 중단되어 전국 금융시장의 마비와 금융대란 등의 경제적 손실 등으로 피해를 가져올 수 있다. 이러한 전력 분야에 대한 테러는 손쉽게 획책될 수 있으면서 가공할 만한 피해를 일으킬 수 있는 특징이 있다. 전력 분야는 전력선이 매우 광범위하게 분포되어 있으므로 가장 핵심적인 지점에 대해서 관리와 감시가 지속적으로 이루어져야 한다. 따라서 지속적인 관리와 감시체계를 위해서는 관계기관과 민간경비와의 협력을 강화하여 주요지점에 대한 무인감시시스템과 점검시스템을 갖추어 테러에 대비해야 할 것이다.

넷째, 식품 및 농업 분야는 테러조직이 관심을 가지고 있는 분야이다(Food and Drug Administration, 2003). 식품과 농업부분은 네 가지 측면에서 취약하다고 할 수 있는데, 보툴리누스균이나 대장균 등에 의한 자연적인 식품오염, 독극물 등과 같이 사람이 만든 식품에

의한 오염, 식품공급체계를 공격함으로써 나타나는 오염, 식품을 가
공하는 기계에 대한 오염이 있을 수 있다. 테러조직은 지속적으로 국
가의 식품과 농업부분에 대한 테러를 시도하고 있다.[74] 우리나라는
자유무역협정을 통해 세계 각국에서 농・수산물을 수입하고 있는 실
정이다. 최근 들어 식품에 의한 오염이 자주 발생하는 현실에서 식품
에 대한 테러가 발생하게 된다면 국민들의 피해는 상당할 것이다.

이 부분의 대안으로는 한정된 공무원의 수로 수많은 업체에 대한
지도, 감독이 사실상 불가능하기 때문에 민간경비 부문에서 정기적인
위생검사를 담당하는 것도 하나의 방안이 될 수 있을 것이다. 이를
위해서는 현행 민간경비원 신임교육의 교과목을 개설해야 할 것이다.

한편, 테러리스트들은 연성 목표물에 대한 공격가능성이 높다. 상
대적으로 보안대책이 전무한 다중이용시설, 식수원 등이 오히려 테
러리스트들이 선호하는 공격목표이며, 이러한 시설들이 테러에 취약
한 것도 사실이다.

테러의 대책 마련에 있어서 가장 중요한 사항은 대테러에 대한 기
업의 인식전환이다. 특히 대테러보안 대책 강구의 필요성에 대한 최고
경영자(chief executive officer: CEO)의 인식이 매우 중요하다(Judal,
Aviv., 2004: 231). 기업의 경영자들은 테러의 위험성에 대해서는 인
지하지만, 막상 대테러에 대한 투자에 관해서는 부정적으로 생각한
다. 그러한 이유는 막대한 예산에 대한 부담을 갖고 있기 때문이다.
기업의 이미지 제고를 위해서는 고객들의 심리적 안정과 장기적인

---

74) 알 카에다 조직은 살충제를 뿌리는 비행기를 이용하여 곡창지대와 인구밀집지역에 독극물과 병원체를
살포하려고 하였고, 이 중 몇몇은 런던에서 '라이신'이라는 독극물을 제조하려다가 영국 경찰에 체포
되기도 하였다(김창윤, 2006: 181).

투자로 대비할 때 실제적인 투자라고 할 수 있을 것이다. 예컨대 지난 9·11 테러의 발생에 따른 직접적인 경제손실의 비용은 총 196억 3천 달러로 집계되었다. 구체적으로 초기 대응 비용 25억 5천 달러, 손실보상 비용 48억 1천 달러, 하부구조 재건 및 개선 비용 55억 7천 달러, 경제 활성화 비용 55억 4천 달러, 미집행 비용 11억 6천 달러로 집계되었다. 또한 테러사건으로 인한 간접적·경제적 피해 및 손실비용은 총 684억 5천 달러로, 구체적으로 세계 항공 산업 손실 비용 150억 달러, 뉴욕시 손실 비용 34억 5천 달러, 세계 보험 산업 손실 비용 500억 달러로 나타났고, 실직자 20만 명이 발생된 것으로 분석되었다(세종연구소, 2004).

이와 같이 테러의 직·간접적인 피해로 인한 비용은 천문학적이기 때문에 무엇보다 테러에 대한 예방이 중요하다는 사례라고 볼 수 있다(박준석, 2008a: 34-35).

기업의 최고경영자는 단기간의 기업 투자이익만을 생각할 것이 아니라 장기적인 기업의 이익을 고려하여 대테러를 위한 투자와 시간이 절실히 요구된다. 따라서 기업경영자들은 테러에 대응하는 인식을 전환하여 대테러 전문가의 채용과 신임 직무교육의 의무화 등을 구체적인 실무경영으로 반영해야 할 것이다(박준석, 2008a: 35). 또한 기업이나 다중이용시설 등의 최고경영자들은 국민들 대다수가 이용하는 다중이용시설75)에서 발생할 수 있는 테러방지의 법제화를 자체적으로 마련해야 할 것이다. 대통령훈령에서는 다중이용시설에 관한 권고사항만이 존재할 뿐 법적 제도화에 대한 조치는 전무한 실

---

75) 백화점, 호텔, 지하철, 통신·방송시설, 문화시설, 경기장 등이다.

정이다. 따라서 일반인들의 테러에 대한 예방책으로 전반적인 안전 시스템 변화에 따른 법제화가 절실히 필요하다고 사료된다(박준석, 2008b: 25). 그러나 최근 「국민보호와 공공안전을 위한 테러방지법」의 제정으로 테러대상시설 및 테러이용수단 안전대책 수립에 관한 조항을 규정하고 있어 고무적이라고 할 수 있다.

2) 테러안전의식 고취를 위한 대민 홍보·교육

테러에 대한 대응은 정부의 노력만으로는 한계가 있기 때문에 민간 부문 및 국민의 적극적 동참이 요구되는 것임을 적극적으로 홍보하여 민간 기업 및 시설 등이 최소한의 자체적 대테러시스템을 갖추도록 유도해야 할 것이다.

국가의 총체적 대테러능력 제고는 테러리스트 식별 요령 및 신고 요령을 포함한 국민 대테러 행동요령 등과 관련된 시청각 교육 자료 제작 및 배포를 통해 국민으로 하여금 정부의 부족한 부분을 보완할 수 있게 함으로써 대테러활동의 효과와 효율을 높이도록 해야 할 것이다.

이를 위해서는 우선 대국민 홍보활동을 강화하기 위해 테러징후 감지요령, 신고 및 대비요령 등의 국민행동요령 또는 준수사항 등을 통해 TV와 일간지 등 각종 언론매체 및 인터넷 등 온라인과 오프라인을 활용하여 정부 차원의 대테러활동에 대한 국민적 공감대를 형성해야 한다. 그리고 이러한 대테러 정보자료 배포 범위를 확대하여 학술세미나, 간담회 등을 통해 정보서비스 활동도 강화하고, 기업체와 각종 사회단체 등을 대상으로 불법무기·화학·생물·방사능·핵테러 등의 테러수단에 대한 순회교육을 강화하는 등 경각심 제고 및 테러사전방지에 주력해야 할 것이다.

4. 위기관리시스템과의 연계성 강화

1) 대테러 단계별 상호연계성

테러는 그 속성상 발생 원인이 복잡하고 다양하기 때문에 대테러 시스템은 대테러 관계기관의 복합적이고 총체적인 노력을 기울이는 과정이 요구된다. 따라서 각 단계가 개별적으로 독립되어 있는 것이 아니라 상호 밀접하게 연관되어 유기적인 관계를 유지해야 대테러 관리에 대한 효과성을 극대화할 수 있다.

대테러 계획 수립의 정책적 기본요소를 예방(prevention)·대비 (preparedness)·대응(response)·복구(recovery)의 4단계 접근방법에 따른 세부적 대책으로 나누어 각각의 기본요소들이 기능적으로 지향해야 할 일련의 요건들을 강화하기 위해서는 다음과 같은 방안들이 강구되어야 할 것이다.

예방단계에서는 테러가 실제로 발생하기 전에 테러의 촉진 요인을 미리 제거하거나 테러의 요인이 가급적 표출되지 않도록 억제 또는 완화하는 과정을 의미하는 것으로, 테러와 관련된 조직·인원·전략·전술 등 관련 정보를 수집하고 면밀하게 분석하여 위험을 예측하는 것이 무엇보다 중요하다.

이를 위해서는 첫째, 국내외에서 발생 가능한 테러조직은 집중 관리 대상으로 선정하여 체계적이고 지속적인 추적시스템을 구축해야 한다. 아직까지 우리나라에 직접적인 위해를 가한 테러조직은 없으나 무장 이슬람 과격 테러조직인 탈레반을 비롯한 해외의 악명 높은 테러조직의 연계 세력들이 잇따라 국내에 침투, 버젓이 암약하고 있는 것으로 드러났기 때문에 매년 미 국무부가 선정하는 테러조직을 목표로 조직·인물은 물론 모든 관련 정보를 수집하고 분석하면서 위험도를 지속적으로 평가해 나가야 한다. 이를 위해서는 모든 테러정보가 통합 관리될 수 있는 전담기구가 설치·운영되어야 한다. 둘째, 테러공격 시 예상되는 목표, 전술, 요구사항 등을 분석하여 이에 따른 대응책을 마련해 두어야 한다. 셋째, 전 방위 테러정보 수집활동을 강화하기 위해서 테러 취약국가들을 중심으로 현지 정보활동 체제를 구축해야 한다.

대비단계에서는 테러발생 상황 하에서 수행해야 할 사항을 사전에 계획, 준비, 교육, 훈련함으로써 대응능력을 제고시키고 테러발생시 즉각적으로 대응할 수 있도록 태세를 강화시켜 나가는 일련의 활동으로, 적극적인 준비활동을 위해서는 테러리스트 등 위해인물과 폭발물·총기류 등의 유입을 차단하고, 국제적 협력과 외교를 통한 테러방지 공조체제를 확대해 나가야 할 것이다.

이를 위해서는 첫째, 외국인 체류자에 대한 관리시스템을 과학화하여 위법행위를 사전에 예방하고 체류동향을 파악할 수 있도록 보강해야 하며, 특히 불법체류자의 동향관리가 강화되어야 한다. 둘째, 각 공항만의 검색요원 전문화를 위한 교육 및 지원 대책이 강구되어야 한다. 폭발물의 은닉수단이 교묘해지고 테러기술이 발전하고 있는 점을 감안하여 관련 정보의 기술교류 및 유사시 신속한 협력과 지원을 위해 선진국 등 주변국가와 긴밀하고도 실질적인 협조 방안을 강구해 나가야 한다.

대응단계에서는 어느 순간에 테러가 발생했거나 예상될 경우 사전 신고, 접수 체계로부터 정보 전달, 테러 현장에서의 처리 그리고 조직체계로 연결, 즉 총괄적인 지휘와 통제 및 일사불란한 명령체계로부터 관리까지를 말하며, 대비단계에서 경험한 시간, 단계별 시뮬레이션에서 습득한 경험으로부터 모든 부문에 대처할 수 있어야 한다.

복구단계에서는 테러피해 지역 및 영역이 테러발생 이전 상태로 회복되기 위해서는 중장기 복구지원 계획 수립, 복구 우선순위 결정, 복구장비 및 복구예산 확보를 위한 방안 마련, 복구지원을 위한 관계기관들의 협조, 피해상황 집계, 피해자 보상 및 배상 관리, 테러발생 원인 및 문제점 조사, 복구 개선안의 마련 및 유사 테러 재발방지책 마련 등이 포함되어야 한다. 그리고 복구를 위한 활동 주체로는 중앙정부·각 지방자치단체 그리고 민간 부문 등이 있으며, 이들은 각각 개별적으로 활동하기보다는 서로가 혼합되고 함께 공동으로 기능을 협력할 때 효율적으로 복구활동을 수행할 수 있다.

복구지원을 위해서는 복구의 우선순위를 결정하여 1차적으로는 소방·의료·시민단체 등이 테러 관련 피해시설과 피해자를 지원하고, 2차적으로는 통신·가스·전력·도로·공항 등 기반 인프라 시설 구축을 형성하며, 3차적으로는 국민성금 등의 기금을 마련하기 위해 언론매체의 보도를 통한 홍보가 이루어져야 한다. 이를 토대로 정부는 피해자의 보상 및 배상 대책을 마련해야 할 것이다.

그러나 사후처리에 있어서 아직까지도 의료·소방 등 관계기관의 유기적인 협조체제가 미흡하다는 점이 문제점으로 지적된다. 이러한 문제들을 해결하기 위해서는 부단한 훈련을 통해 경험을 축적하고 테러사건 처리에 관한 분야별 운용관리지침(Standard Operation Procedures: SOP)을 수립하는 동시에 법적·제도적 장치도 마련해야 할 것이다.

대테러 단계별 조직 기능의 역할은 복구단계가 완료되면 예방에서부터 대응에 이르기까지의 대테러관리 행정에 관한 정확한 사후분석이 뒤따라야 하며, 문제점과 개선 방안을 도출하고 또 다른 테러상황을 효과적으로 예방하거나 대응하기 위한 국가 대테러관리 행정 계획의 수정·보완이 이루어져야 한다.

시간적으로 대테러관리는 예방 → 대비 → 대응 → 복구라는 관점에서 단일방향으로 이루어지지만 갑자기 발생한 상황에 예방이 전무하다면 복구가 이루어진 후 시스템의 능력에 따라 준비를 하거나 대응에 치중하게 될 것이다. 즉 대테러관리는 단일과정이 아니라 여러 과정, 즉 예방 ↔ 대비 ↔ 대응 ↔ 복구의 시간적·공간적·내용적으로 상호 연계될 때 비로소 그 실효를 거둘 수 있다. 그리고 모든 단계는 공히 축적된 경험과 과학적 지식이 겸비된 전문성을 그 기반으로 삼아야 할 것이다.

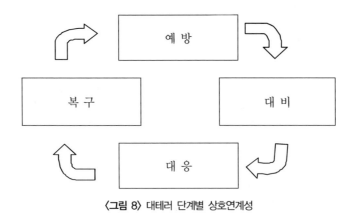

〈그림 8〉 대테러 단계별 상호연계성

2) 위기관리시스템의 일원화

우리나라의 위기관리시스템은 사태별에 따라 개별적으로 대비하는 분권화된 시스템이면서 전·평시로 이원화되어 있다. 전시 대비 업무가 계획과 집행이 분리되어 있어 계획의 실효성이 떨어지고 비상 대비 자원이 분야별로 중복되어 관리되는 비효율적 시스템이다(이상헌, 2008: 82).

국가안보실 위기관리센터는 국가 위기관리 대상을 테러를 포함한 전통적 안보 분야 11개, 재난 분야 11개, 국가핵심기반 분야 8개 등 3가지 분야로 구분하고 총 30개 유형별 위기 표준매뉴얼을 선정하였다(「국가위기관리 기본지침」, 대통령훈령 제318호).

분권화된 우리나라의 비상대비체제를 일원화하는 것은 당연한 시대적 요구이며 효율적인 운영 방안이 될 것이다.

효율적인 통합이 이루어지기 위해서 비상사태별 대비업무를 분석하여 중복되는 유사업무는 최대한 통합하고, 각 분야별 전문성이 요구되는 분야는 유지시키면서 유기적인 공조를 이룰 수 있는 방향으로 개선되어야 한다.

비상사태별 대비업무를 살펴보면 공통적으로 유사한 업무가 중첩되어 실행되고 있는 것을 알 수 있다.

구분	적용 시기	관계 법령	소관부처
법률	평시	「비상대비자원 관리법」	국민안전처 (비상대비기획과)
	전시·사변, 비상사태, 통합방위사태, 재난사태	「민방위기본법」	국민안전처 (비상대비기획과)
	평시 적 침투·도발·위협	「통합방위법」	국방부 (합동참모본부 통합방위과)
	각종 재난	「재난 및 안전관리 기본법」	국민안전처 (재난관리총괄과)
	테러	「국민보호와 공공안전을 위한 테러방지법」	국가정보원·국무조정실 (대테러센터)
훈령	평시, 위기발생	「국가위기관리기본지침」	국가안보실

출처: 이채언, 2014: 200; 「국민보호와 공공안전을 위한 테러방지법」 법률 제14071호 재구성

테러와 재난이 동시에 발생하는 경우 책임소재가 모호하여 일사 불란해야 할 대비체제에 혼란이 발생할 가능성이 높기 때문에 이러 한 유사업무들을 통합하여 관리할 때 업무의 중복을 피할 수 있어 그 효율성을 극대화시킬 수 있다. 또한 이러한 사태발생에 따르는 경고 전파, 주민통제, 질서유지, 인명구조, 피해 복구, 현장지휘소 운용, 국내외 인도적 지원 통제, 비상대비 자원관리 및 동원집행 등의 유사업무에 대해서도 통합하여 관리해야 한다.

전술한 바와 같이 전시·사변·테러·각종 재난 등 발생 원인을 불문하고 대비하며 관리하는 대응 형태는 유사한 경우가 일반적이 기 때문에 전시·테러·재난 등 대부분의 위기관리시스템은 별개의 것이 아니라 일원화된 통합적인 프로세스로 운영되어야 할 것이다.

공통적이지 않은 전문성이 요구되는 개별 분야 업무, 즉 사이버테 러, 핵·화학시설 붕괴, 사회갈등으로 인한 대규모 파업 등 국가핵

심기반체계 위협은 분권화 관리를 통해 초기 단계에서 전문 분야별로 대응이 이루어져야 한다. 이러한 전문 분야 업무의 위기가 고조되어 국가비상사태로 진전될 경우 분권화체제에서 통합체제로 연결되어 통합된 비상대비체제에서 다루어질 수 있도록 시스템을 구축해야 한다. 즉 초기에는 전문 분야에서 대응이 가능하겠지만 국가적 위기로 확대된 경우 국가 통합 비상대비체제에서 이들 전문 분야 기구의 도움을 받아 유기적인 공조를 통해 사태를 처리해야 한다. 따라서 각 전문 분야의 비상대비업무는 분권화시키되 전체적인 기획·조정·통제에 대해서는 통합하여 일원화된 시스템을 유지해야 한다(이상헌, 2008: 84).

요컨대 위기관리시스템의 일원화는 모든 분야의 업무를 통합하는 것을 원칙으로 하고, 전문성이 요구되는 분야에 대해서는 그 분야별 비상대비시스템을 유지하되 통합 비상대비체제의 기획·조정·통제체제에 포함시켜 유기적인 공조가 이루어질 수 있도록 해야 할 것이다.

5 | 맺으며

20세기 말, 오랜 세월 동안 지구촌의 질서를 동과 서로 양분했던 냉전체제가 소련의 붕괴와 더불어 공산권의 위성국가들이 몰락함에 따라 세계 각국은 안정과 평화의 시대가 당분간 지속될 것으로 기대할 수 있었다. 그리고 미국은 국제질서의 과도기적 재편 상황에서 힘의 공백을 채우기 위해 세계질서의 헤게모니를 구축하려고 추진하고 있었다. 그러나 21세기가 시작되는 벽두인 2001년 9월 11일 미국 뉴욕 세계무역센터에 대한 조직적이고 가공할 만한 알 카에다의 테러공격은 국제사회에 커다란 충격을 안겨 주었다.

약자의 전쟁이라고 불리는 '비대칭 전쟁'인 테러는 미국의 심장부인 뉴욕의 9·11 테러를 기점으로 유럽의 스페인 마드리드 열차 폭탄테러와 영국 런던 지하철 연쇄 폭탄테러, 프랑스 파리 연쇄 테러로까지 확대되면서 이른바 '뉴테러리즘'이라는 용어를 새롭게 등장시켰다. 뉴테러리즘은 과거의 테러리즘과는 그 요구조건, 공격수준, 조직, 수단, 무기, 사건규모 등 여러 면에서 상이한 특징을 보이고 있다.

국가안보에 지대한 영향을 미치는 테러로부터의 안전을 지키기 위하여 세계 각국에서는 다각적인 대테러정책 방안의 일환으로 법적·제도적 정비를 마련한다.

미국은 「반테러법」과 「국토안보법」을 제정하였으며, '국가정보국'과 '국가대테러센터' 그리고 '국가정보센터' 등의 설치를 위하여 「정보개혁 및 테러예방법」을 제정하였다. 영국은 「대테러법」을 제정하였으며, '합동테러분석센터'를 신설하였다. 그리고 독일은 「국제테러대책법」을 제정하여 '협동대테러센터'를 설치하였으며, 일본은 「테러대책특별조치법」을 제정하는 등 테러 관련 법제를 정비하였다.

이처럼 세계 각국은 대테러를 위하여 정보를 수집·분석 및 공유하고, 이를 조정·통제하기 위하여 대테러 전담기구를 설치하며, 민·관 협력시스템을 갖추는 등 통합형 대테러시스템을 갖춘다.

우리나라 역시 과거 북한에 의한 테러의 위협부터 최근에는 해외에서까지 피해를 입고 있으며, 지난 아프가니스탄 피랍사태로 인해 정부의 '3무 대응'이라는 비판이 제기되는 등 대테러에 많은 문제점이 지적되었다. 특히 국제 테러리즘의 환경과 전략·전술이 변화되고 있고, 테러발생이 지속적으로 증가하는 등 다양한 형태의 테러 위협에도 불구하고 대통령훈령으로 제정된 「국가대테러활동지침」에 근거하여 테러에 대응하는 분산적인 형태를 갖추고 있어 테러에 대한 예측가능성과 법적 안정성을 제공하지 못하는 실정이었다. 즉 테러발생 시 국가적 차원에서 신속하게 대응해야 함에도 불구하고 부처 간 대테러업무의 기능배분이 합리적으로 이루어져 있지 않고 개별 법령에 의해 각 부처별이 독립적으로 기능하는 대테러시스템을 갖추고 있었다.

본 연구는 우리나라 대테러시스템의 조직·기능과 법률적 차원에서 진단하여 문제점을 파악한 후 이를 해결할 수 있는 대테러시스템의 바람직한 모형을 제시하고 구축 방안을 마련하고자 하는 데 그 목적이 있다.

우리나라 대테러시스템의 구축 방안을 위한 목적을 달성하기 위해 본 서는 정부, 대테러 관계기관, 언론 등의 공식자료와 국내외에서 발간된 문헌들 그리고 학술지 및 연구논문, 인터넷을 통한 각종 정보를 수집·분석하였다. 이 과정에서 테러리즘 개념의 다양성, 현대 테러리즘의 양상과 변화를 파악하기 위해 테러사건의 발생 추이와 국제 테러리즘의 변화 동향 그리고 우리나라 테러리즘의 특성인 정치적 환경, 경제적 환경, 사회·문화적 환경을 살펴보았다. 이어서 각국의 대테러시스템으로써 미국·영국·독일·일본 그리고 우리나라의 실태를 검토한 후 각국 대테러시스템의 비교·분석을 위해 크게 조직·기능적, 법률적, 대응 활동적 측면으로 구분하여 살펴보았다.

우리나라 대테러시스템의 구축 방안을 위해 시스템을 진단하였다. 이상과 같은 시스템의 진단을 토대로 대테러시스템의 통합적 운용을 위해 통합형 대응시스템의 구축, 법률시스템의 정비를 통한 상위법 체제의 확립, 민·관 협력시스템의 확대, 위기관리시스템과의 연계성 강화의 방안을 제시하였다. 통합시스템을 중심으로 한 대테러시스템을 운용하는 데 있어서 조직·기능, 법률, 민간 영역의 하위시스템별로 어떠한 방향의 설계가 이루어져야 하고, 반드시 고려되어야 할 사항들은 무엇이며, 특히 앞서 살펴본 시스템상의 문제점들 중에서 어떠한 것들이 해결되어야 할 것인지를 정리하였다.

이를 통해 도출된 몇 가지 방안을 제시하면 다음과 같다.

첫째, 통합형 대응시스템을 구축해야 할 것이다. 테러 유형에 따라 각각의 특수한 대테러시스템을 구축하는 것보다 통합적인 대테러시스템을 구축하는 것이 경제적으로 효율적임과 동시에 효과적이기 때문에 기능적 통합이 필요하다. 또한 이를 바탕으로 국가의 정보 수집 역량을 강화하기 위해서 각급 부분의 정보기관이나 행정집행기관이 지득한 정보 사항 중 테러 관련 정보가 한곳으로 집중되어 정확하게 종합·분석될 수 있도록 테러정보의 공유가 확대되어야 할 것이다.

둘째, 법률 체제의 정비를 통한 상위법 체제가 확립되어야 할 것이다. 국가 대테러정책을 종합적으로 수립하고, 테러 관련 정보의 수집·분석·작성 및 배포, 외국 정보기관과의 정보협력, 대테러정책의 협조·조정 강화 및 대테러 작전의 수행 등 대테러 관계기관 고유 업무의 기능을 원활히 수행하기 위해서는 「국가대테러활동지침」의 훈령을 상위법으로 제정해야 할 필요가 있었다. 그리고 테러 방지를 위한 상위법을 제정하는 과정에서 다음의 사항들이 적절히 고려되어야 할 것이다. 테러의 정의와 범위의 명확한 규정, 테러혐의자에 대한 감시 및 수사권 강화, 출입국 통제 강화, 테러자금의 차단 강화, 테러리스트의 처벌 규정 마련, 불특정 다수인을 향한 무차별 공격을 가하는 뉴테러리즘에 대처할 수 있기 위한 환경테러에 관한 규정, 체계적인 사후관리를 위한 피해보전장치 등에 관한 내용이 포함되어야 할 것이다.

셋째, 민·관 협력시스템이 확대되어야 할 것이다. 국가에서 통제하는 국가중요시설과 통제에서 벗어난 대기업 시설 및 다중이용시설 등의 인적·물적 자원은 국가의 능력 한계로 인해 경비를 도맡기에 제한점을 지니고 있다. 따라서 핵물질 및 핵시설 관련 분야, 각종 유해화학물질과 석유 및 천연가스와 같은 위험물질 분야, 전력 분야, 식품 및 농업 분야 등 국가의 주요 기반시설에 민간경비시스템을 도입하여 활용해야 한다. 또한 테러리스트들의 공격은 연성 목표물에 대한 가능성이 높기 때문에 대테러대책 강구의 필요성에 대한 기업 최고경영자들의 인식전환이 중요하다. 이를 위해서는 기업이나 다중이용시설 등 최고경영자들로 하여금 자체적인 방지 노력을 하도록 법적 장치를 마련할 필요가 있다. 그리고 무엇보다 테러에 대한 대응은 정부의 노력만으로는 한계가 있기 때문에 민간 부문 및 국민의 적극적 동참이 요구되는 것임을 적극적으로 홍보하여 민간 기업 및 시설 등이 최소한의 자체적 대테러시스템을 갖추도록 유도해야 할 것이다.

넷째, 위기관리시스템과의 연계성을 강화해야 할 것이다. 테러는 그 속성상 발생 원인이 복잡하고 다양하기 때문에 대테러시스템은 대테러 관계기관의 복합적이고 총체적인 노력을 기울이는 과정이 요구된다. 따라서 각 단계가 상호 밀접하게 연관되어 유기적인 관계를 유지하며, 대테러관리에 대한 효과성을 극대화하기 위해서는 대테러 계획 수립의 정책적 기본요소인 예방 ↔ 대비 ↔ 대응 ↔복구의 단계들이 시간적·공간적·내용적으로 상호 연계될 때 비로소 그 실효를 거둘 수 있다. 또한 우리나라의 분권화된 비상대비시스템을 효율적으로 일원화하기 위해서는 비상사태별 대비업무를 분석하여 중복되는 유사업무는 최대한 통합하고, 각 분야별 전문성이 요구되는 분야는 유지시키면서 유기적인 공조를 이룰 수 있는 방향으로 개선되어야 한다.

이를 위해 최근 테러방지를 위한 국가 등의 책무와 필요한 사항을 명확히 규정하여 국가의 안보 및 공공의 안전은 물론 국민의 생명과 신체 및 재산을 보호하기 위하여 「국민보호와 공공안전을 위한 테러방지법」이 법제화되어 고무적으로 평가할 수 있을 것이다. 다만, 복합적인 테러발생 시 동시다발적으로 대처가 미흡한 면이 적지 않기에 대통령령으로 규정하고 있는 몇몇 조항들의 난항이 예상되는바 이에 대한 지속적인 구체적 논의가 필요할 것이다.

테러에 대한 연구조차 위험사회라는 거시적 틀 안에서 구성된다는 점을 인식함과 동시에, 이러한 성찰성을 바탕으로 충실한 자료수집과 지식의 동원을 통하여 현장의 목소리에 귀 기울이려는 실천적 노력과 이론적 연구들이 향후 과제이다. 테러의 실체를 규명하려는 끊임없는 노력들이 가시화되었을 때 비로소 자국의 안전과 국민의 생명 및 재산을 위협하는 테러에 대한 보다 구체적인 대안과 비전이 제시될 수 있을 것이다.

국민보호와 공공안전을 위한
테러방지법

[시행 2016.6.4] [법률 제14071호, 2016.3.3, 제정]

국가정보원(국가정보원)
국무조정실(대테러센터)

제1조(목적) 이 법은 테러의 예방 및 대응 활동 등에 관하여 필요한 사항과 테러로 인한 피해보전 등을 규정함으로써 테러로부터 국민의 생명과 재산을 보호하고 국가 및 공공의 안전을 확보하는 것을 목적으로 한다.

제2조(정의) 이 법에서 사용하는 용어의 뜻은 다음과 같다.

1. "테러"란 국가·지방자치단체 또는 외국 정부(외국 지방자치단체와 조약 또는 그 밖의 국제적인 협약에 따라 설립된 국제기구를 포함한다)의 권한행사를 방해하거나 의무 없는 일을 하게 할 목적 또는 공중을 협박할 목적으로 하는 다음 각 목의 행위를 말한다.

　가. 사람을 살해하거나 사람의 신체를 상해하여 생명에 대한 위험을 발생하게 하는 행위 또는 사람을 체포·감금·약취·유인하거나 인질로 삼는 행위

　나. 항공기(「항공법」 제2조제1호의 항공기를 말한다. 이하 이 목에서 같다)와 관련된 다음 각각의 어느 하나에 해당하는 행위

1) 운항 중(「항공보안법」 제2조제1호의 운항 중을 말한다. 이하 이 목에서 같다)인 항공기를 추락시키거나 전복·파괴하는 행위, 그 밖에 운항 중인 항공기의 안전을 해칠 만한 손괴를 가하는 행위

2) 폭행이나 협박, 그 밖의 방법으로 운항 중인 항공기를 강탈하거나 항공기의 운항을 강제하는 행위

3) 항공기의 운항과 관련된 항공시설을 손괴하거나 조작을 방해하여 항공기의 안전운항에 위해를 가하는 행위

다. 선박(「선박 및 해상구조물에 대한 위해행위의 처벌 등에 관한 법률」 제2조제1호 본문의 선박을 말한다. 이하 이 목에서 같다) 또는 해상구조물(같은 법 제2조제5호의 해상구조물을 말한다. 이하 이 목에서 같다)과 관련된 다음 각각의 어느 하나에 해당하는 행위

1) 운항(같은 법 제2조제2호의 운항을 말한다. 이하 이 목에서 같다) 중인 선박 또는 해상구조물을 파괴하거나, 그 안전을 위태롭게 할 만한 정도의 손상을 가하는 행위(운항 중인 선박이나 해상구조물에 실려 있는 화물에 손상을 가하는 행위를 포함한다)

2) 폭행이나 협박, 그 밖의 방법으로 운항 중인 선박 또는 해상구조물을 강탈하거나 선박의 운항을 강제하는 행위

3) 운항 중인 선박의 안전을 위태롭게 하기 위하여 그 선박 운항과 관련된 기기·시설을 파괴하거나 중대한 손상을 가하거나 기능장애 상태를 야기하는 행위

라. 사망·중상해 또는 중대한 물적 손상을 유발하도록 제작되거나 그러한 위력을 가진 생화학·폭발성·소이성(燒夷性) 무기나 장

치를 다음 각각의 어느 하나에 해당하는 차량 또는 시설에 배치
하거나 폭발시키거나 그 밖의 방법으로 이를 사용하는 행위

1) 기차·전차·자동차 등 사람 또는 물건의 운송에 이용되는 차량
   으로서 공중이 이용하는 차량

2) 1)에 해당하는 차량의 운행을 위하여 이용되는 시설 또는 도로,
   공원, 역, 그 밖에 공중이 이용하는 시설

3) 전기나 가스를 공급하기 위한 시설, 공중의 음용수를 공급하는
   수도, 전기통신을 이용하기 위한 시설 및 그 밖의 시설로서 공
   용으로 제공되거나 공중이 이용하는 시설

4) 석유, 가연성 가스, 석탄, 그 밖의 연료 등의 원료가 되는 물질
   을 제조 또는 정제하거나 연료로 만들기 위하여 처리·수송 또
   는 저장하는 시설

5) 공중이 출입할 수 있는 건조물·항공기·선박으로서 1)부터 4)
   까지에 해당하는 것을 제외한 시설

마. 핵물질(「원자력시설 등의 방호 및 방사능 방재 대책법」 제2조
   제1호의 핵물질을 말한다. 이하 이 목에서 같다), 방사성물질(「
   원자력안전법」 제2조제5호의 방사성물질을 말한다. 이하 이 목
   에서 같다) 또는 원자력시설(「원자력시설 등의 방호 및 방사능
   방재 대책법」 제2조제2호의 원자력시설을 말한다. 이하 이 목
   에서 같다)과 관련된 다음 각각의 어느 하나에 해당하는 행위

1) 원자로를 파괴하여 사람의 생명·신체 또는 재산을 해하거나 그
   밖에 공공의 안전을 위태롭게 하는 행위

2) 방사성물질 등과 원자로 및 관계시설, 핵연료주기시설 또는 방
   사선발생장치를 부당하게 조작하여 사람의 생명이나 신체에 위

험을 가하는 행위

3) 핵물질을 수수·소지·소유·보관·사용·운반·개조·처분 또
는 분산하는 행위

4) 핵물질이나 원자력시설을 파괴·손상 또는 그 원인을 제공하거
나 원자력시설의 정상적인 운전을 방해하여 방사성물질을 배출
하거나 방사선을 노출하는 행위

2. "테러단체"란 국제연합(UN)이 지정한 테러단체를 말한다.

3. "테러위험인물"이란 테러단체의 조직원이거나 테러단체 선전, 테
러자금 모금·기부, 그 밖에 테러 예비·음모·선전·선동을 하
였거나 하였다고 의심할 상당한 이유가 있는 사람을 말한다.

4. "외국인테러전투원"이란 테러를 실행·계획·준비하거나 테러에
참가할 목적으로 국적국이 아닌 국가의 테러단체에 가입하거나 가입
하기 위하여 이동 또는 이동을 시도하는 내국인·외국인을 말한다.

5. "테러자금"이란 「공중 등 협박목적 및 대량살상무기확산을 위한
자금조달행위의 금지에 관한 법률」 제2조제1호에 따른 공중 등
협박목적을 위한 자금을 말한다.

6. "대테러활동"이란 제1호의 테러 관련 정보의 수집, 테러위험인물
의 관리, 테러에 이용될 수 있는 위험물질 등 테러수단의 안전관
리, 인원·시설·장비의 보호, 국제행사의 안전확보, 테러위협에
의 대응 및 무력진압 등 테러 예방과 대응에 관한 제반 활동을 말
한다.

7. "관계기관"이란 대테러활동을 수행하는 국가기관, 지방자치단체,
그 밖에 대통령령으로 정하는 기관을 말한다.

8. "대테러조사"란 대테러활동에 필요한 정보나 자료를 수집하기 위

하여 현장조사·문서열람·시료채취 등을 하거나 조사대상자에게 자료제출 및 진술을 요구하는 활동을 말한다.

제3조(국가 및 지방자치단체의 책무) ① 국가 및 지방자치단체는 테러로부터 국민의 생명·신체 및 재산을 보호하기 위하여 테러의 예방과 대응에 필요한 제도와 여건을 조성하고 대책을 수립하여 이를 시행하여야 한다.

② 국가 및 지방자치단체는 제1항의 대책을 강구함에 있어 국민의 기본적 인권이 침해당하지 아니하도록 최선의 노력을 하여야 한다.

③ 이 법을 집행하는 공무원은 헌법상 기본권을 존중하여 이 법을 집행하여야 하며 헌법과 법률에서 정한 적법절차를 준수할 의무가 있다.

제4조(다른 법률과의 관계) 이 법은 대테러활동에 관하여 다른 법률에 우선하여 적용한다.

제5조(국가테러대책위원회) ① 대테러활동에 관한 정책의 중요사항을 심의·의결하기 위하여 국가테러대책위원회(이하 "대책위원회"라 한다)를 둔다.

② 대책위원회는 국무총리 및 관계기관의 장 중 대통령령으로 정하는 사람으로 구성하고 위원장은 국무총리로 한다.

③ 대책위원회는 다음 각 호의 사항을 심의·의결한다.

1. 대테러활동에 관한 국가의 정책 수립 및 평가

2. 국가 대테러 기본계획 등 중요 중장기 대책 추진사항

3. 관계기관의 대테러활동 역할 분담·조정이 필요한 사항

4. 그 밖에 위원장 또는 위원이 대책위원회에서 심의·의결할 필요

가 있다고 제의하는 사항

④ 그 밖에 대책위원회의 구성·운영 등에 필요한 사항은 대통령령으로 정한다.

제6조(대테러센터) ① 대테러활동과 관련하여 다음 각 호의 사항을 수행하기 위하여 국무총리 소속으로 관계기관 공무원으로 구성되는 대테러센터를 둔다.

1. 국가 대테러활동 관련 임무분담 및 협조사항 실무 조정

2. 장단기 국가대테러활동 지침 작성·배포

3. 테러경보 발령

4. 국가 중요행사 대테러안전대책 수립

5. 대책위원회의 회의 및 운영에 필요한 사무의 처리

6. 그 밖에 대책위원회에서 심의·의결한 사항

② 대테러센터의 조직·정원 및 운영에 관한 사항은 대통령령으로 정한다.

③ 대테러센터 소속 직원의 인적사항은 공개하지 아니할 수 있다.

제7조(대테러 인권보호관) ① 관계기관의 대테러활동으로 인한 국민의 기본권 침해 방지를 위하여 대책위원회 소속으로 대테러 인권보호관(이하 "인권보호관"이라 한다) 1명을 둔다.

② 인권보호관의 자격, 임기 등 운영에 관한 사항은 대통령령으로 정한다.

제8조(전담조직의 설치) ① 관계기관의 장은 테러 예방 및 대응을 위하여 필요한 전담조직을 둘 수 있다.

② 관계기관의 전담조직의 구성 및 운영과 효율적 대테러를 위하여

필요한 사항은 대통령령으로 정한다.

제9조(테러위험인물에 대한 정보 수집 등) ① 국가정보원장은 테러위험인물에 대하여 출입국·금융거래 및 통신이용 등 관련 정보를 수집할 수 있다. 이 경우 출입국·금융거래 및 통신이용 등 관련 정보의 수집에 있어서는 「출입국관리법」, 「관세법」, 「특정 금융거래정보의 보고 및 이용 등에 관한 법률」, 「통신비밀보호법」의 절차에 따른다.

② 국가정보원장은 제1항에 따른 정보 수집 및 분석의 결과 테러에 이용되었거나 이용될 가능성이 있는 금융거래에 대하여 지급정지 등의 조치를 취하도록 금융위원회 위원장에게 요청할 수 있다.

③ 국가정보원장은 테러위험인물에 대한 개인정보(「개인정보 보호법」상 민감정보를 포함한다)와 위치정보를 「개인정보 보호법」 제2조의 개인정보처리자와 「위치정보의 보호 및 이용 등에 관한 법률」 제5조의 위치정보사업자에게 요구할 수 있다.

④ 국가정보원장은 대테러활동에 필요한 정보나 자료를 수집하기 위하여 대테러조사 및 테러위험인물에 대한 추적을 할 수 있다. 이 경우 사전 또는 사후에 대책위원회 위원장에게 보고하여야 한다.

제10조(테러예방을 위한 안전관리대책의 수립) ① 관계기관의 장은 대통령령으로 정하는 국가중요시설과 많은 사람이 이용하는 시설 및 장비(이하 "테러대상시설"이라 한다)에 대한 테러예방대책과 테러의 수단으로 이용될 수 있는 폭발물·총기류·화생방물질(이하 "테러이용수단"이라 한다), 국가 중요행사에 대한 안전관리대책을 수립하여야 한다.

② 제1항에 따른 안전관리대책의 수립·시행에 필요한 사항은 대통

령령으로 정한다.

제11조(테러취약요인 사전제거) ① 테러대상시설 및 테러이용수단의 소유자 또는 관리자는 보안장비를 설치하는 등 테러취약요인 제거를 위하여 노력하여야 한다.

② 국가는 제1항의 테러대상시설 및 테러이용수단의 소유자 또는 관리자에게 필요한 경우 그 비용의 전부 또는 일부를 지원할 수 있다.

③ 제2항에 따른 비용의 지원 대상·기준·방법 및 절차 등에 필요한 사항은 대통령령으로 정한다.

제12조(테러선동·선전물 긴급 삭제 등 요청) ① 관계기관의 장은 테러를 선동·선전하는 글 또는 그림, 상징적 표현물, 테러에 이용될 수 있는 폭발물 등 위험물 제조법 등이 인터넷이나 방송·신문, 게시판 등을 통해 유포될 경우 해당 기관의 장에게 긴급 삭제 또는 중단, 감독 등의 협조를 요청할 수 있다.

② 제1항의 협조를 요청받은 해당 기관의 장은 필요한 조치를 취하고 그 결과를 관계기관의 장에게 통보하여야 한다.

제13조(외국인테러전투원에 대한 규제) ① 관계기관의 장은 외국인테러전투원으로 출국하려 한다고 의심할 만한 상당한 이유가 있는 내국인·외국인에 대하여 일시 출국금지를 법무부장관에게 요청할 수 있다.

② 제1항에 따른 일시 출국금지 기간은 90일로 한다. 다만, 출국금지를 계속할 필요가 있다고 판단할 상당한 이유가 있는 경우에 관계기관의 장은 그 사유를 명시하여 연장을 요청할 수 있다.

③ 관계기관의 장은 외국인테러전투원으로 가담한 사람에 대하여 「여

권법」 제13조에 따른 여권의 효력정지 및 같은 법 제12조제3항에 따른 재발급 거부를 외교부장관에게 요청할 수 있다.

제14조(신고자 보호 및 포상금) ① 국가는 「특정범죄신고자 등 보호법」에 따라 테러에 관한 신고자, 범인검거를 위하여 제보하거나 검거활동을 한 사람 또는 그 친족 등을 보호하여야 한다.

② 관계기관의 장은 테러의 계획 또는 실행에 관한 사실을 관계기관에 신고하여 테러를 사전에 예방할 수 있게 하였거나, 테러에 가담 또는 지원한 사람을 신고하거나 체포한 사람에 대하여 대통령령으로 정하는 바에 따라 포상금을 지급할 수 있다.

제15조(테러피해의 지원) ① 테러로 인하여 신체 또는 재산의 피해를 입은 국민은 관계기관에 즉시 신고하여야 한다. 다만, 인질 등 부득이한 사유로 신고할 수 없을 때에는 법률관계 또는 계약관계에 의하여 보호의무가 있는 사람이 이를 알게 된 때에 즉시 신고하여야 한다.

② 국가 또는 지방자치단체는 제1항의 피해를 입은 사람에 대하여 대통령령으로 정하는 바에 따라 치료 및 복구에 필요한 비용의 전부 또는 일부를 지원할 수 있다. 다만, 「여권법」 제17조제1항 단서에 따른 외교부장관의 허가를 받지 아니하고 방문 및 체류가 금지된 국가 또는 지역을 방문·체류한 사람에 대해서는 그러하지 아니하다.

③ 제2항에 따른 비용의 지원 기준·절차·금액 및 방법 등에 관하여 필요한 사항은 대통령령으로 정한다.

제16조(특별위로금) ① 테러로 인하여 생명의 피해를 입은 사람의 유족 또는 신체상의 장애 및 장기치료를 요하는 피해를 입은 사람에

대해서는 그 피해의 정도에 따라 등급을 정하여 특별위로금을 지급할 수 있다. 다만, 「여권법」 제17조제1항 단서에 따른 외교부장관의 허가를 받지 아니하고 방문 및 체류가 금지된 국가 또는 지역을 방문·체류한 사람에 대해서는 그러하지 아니하다.

② 제1항에 따른 특별위로금의 지급 기준·절차·금액 및 방법 등에 관하여 필요한 사항은 대통령령으로 정한다.

제17조(테러단체 구성죄 등) ① 테러단체를 구성하거나 구성원으로 가입한 사람은 다음 각 호의 구분에 따라 처벌한다.

1. 수괴(首魁)는 사형·무기 또는 10년 이상의 징역
2. 테러를 기획 또는 지휘하는 등 중요한 역할을 맡은 사람은 무기 또는 7년 이상의 징역
3. 타국의 외국인테러전투원으로 가입한 사람은 5년 이상의 징역
4. 그 밖의 사람은 3년 이상의 징역

② 테러자금임을 알면서도 자금을 조달·알선·보관하거나 그 취득 및 발생원인에 관한 사실을 가장하는 등 테러단체를 지원한 사람은 10년 이하의 징역 또는 1억 원 이하의 벌금에 처한다.

③ 테러단체 가입을 지원하거나 타인에게 가입을 권유 또는 선동한 사람은 5년 이하의 징역에 처한다.

④ 제1항 및 제2항의 미수범은 처벌한다.

⑤ 제1항 및 제2항에서 정한 죄를 범할 목적으로 예비 또는 음모한 사람은 3년 이하의 징역에 처한다.

⑥ 「형법」 등 국내법에 죄로 규정된 행위가 제2조의 테러에 해당하는 경우 해당 법률에서 정한 형에 따라 처벌한다.

제18조(무고, 날조) ① 타인으로 하여금 형사처분을 받게 할 목적으로 제17조의 죄에 대하여 무고 또는 위증을 하거나 증거를 날조·인멸·은닉한 사람은 「형법」 제152조부터 제157조까지에서 정한 형에 2분의 1을 가중하여 처벌한다.

② 범죄수사 또는 정보의 직무에 종사하는 공무원이나 이를 보조하는 사람 또는 이를 지휘하는 사람이 직권을 남용하여 제1항의 행위를 한 때에도 제1항의 형과 같다. 다만, 그 법정형의 최저가 2년 미만일 때에는 이를 2년으로 한다.

제19조(세계주의) 제17조의 죄는 대한민국 영역 밖에서 범한 외국인에게도 국내법을 적용한다.

　　　부칙 <제14071호, 2016.3.3>

제1조(시행일) 이 법은 공포한 날부터 시행한다. 다만, 제5조부터 제8조까지, 제10조, 제11조, 제14조부터 제16조까지는 공포 후 3개월이 경과한 날부터 시행한다.

제2조(다른 법률의 개정) ① 통신비밀보호법 일부를 다음과 같이 개정한다.

제7조제1항 각 호 외의 부분 중 "국가안전보장에 대한 상당한 위험이 예상되는 경우"를 "국가안전보장에 상당한 위험이 예상되는 경우 또는 「국민보호와 공공안전을 위한 테러방지법」 제2조제6호의 대테러활동에 필요한 경우"로 한다.

② 특정 금융거래정보의 보고 및 이용 등에 관한 법률 일부를 다음과 같이 개정한다.

제7조제1항 각 호 외의 부분 중 "조사 또는 금융감독 업무"를 "조사, 금융감독업무 또는 테러위험인물에 대한 조사업무"로, "중앙선거관리위원회 또는 금융위원회"를 "중앙선거관리위원회, 금융위원회 또는 국가정보원장"으로 한다.

제7조제4항 중 "금융위원회(이하 "검찰총장등"이라 한다)는"을 "금융위원회, 국가정보원장(이하 "검찰총장등"이라 한다)은"으로 한다.

③ 특정범죄신고자 등 보호법 일부를 다음과 같이 개정한다.

제2조제1호에 바 목을 다음과 같이 신설한다.

바. 「국민보호와 공공안전을 위한 테러방지법」 제17조의 죄

국민보호와 공공안전을 위한
테러방지법 시행령

[시행 2016.6.4] [대통령령 제27203호, 2016.5.31, 제정]

국무조정실(대테러센터)
국가정보원(국가정보원)

제1장 총칙 및 국가테러대책기구

제1조(목적) 이 영은 「국민보호와 공공안전을 위한 테러방지법」에서 위임된 사항과 그 시행에 필요한 사항을 규정함을 목적으로 한다.

제2조(관계기관의 범위) 「국민보호와 공공안전을 위한 테러방지법」 (이하 "법"이라 한다) 제2조제7호에서 "대통령령으로 정하는 기관"이란 다음 각 호의 기관 또는 단체를 말한다.

1. 「공공기관의 운영에 관한 법률」 제4조에 따른 공공기관
2. 「지방공기업법」 제2조제1항제1호부터 제4호까지의 사업을 수행하는 지방직영기업, 지방공사 및 지방공단

제3조(국가테러대책위원회 구성) ① 법 제5조제2항에서 "대통령령으로 정하는 사람"이란 기획재정부장관, 외교부장관, 통일부장관, 법무부장관, 국방부장관, 행정자치부장관, 산업통상자원부장관, 보건복지부장관, 환경부장관, 국토교통부장관, 해양수산부장관, 국민안전처장관, 대통령경호실장, 국가정보원장, 국무조정실장, 금융위원회 위원장, 원자력안전위원회 위원장, 관세청장 및 경찰청장을 말한다.
② 법 제5조에 따른 국가테러대책위원회(이하 "대책위원회"라 한

다)의 위원장(이하 "위원장"이라 한다)은 안건 심의에 필요한 경우에는 제1항에서 정한 위원 외에 관계기관의 장 또는 그 밖의 관계자에게 회의 참석을 요청할 수 있다.

③ 대책위원회의 사무를 처리하기 위하여 간사를 두되, 간사는 법 제6조에 따른 대테러센터(이하 "대테러센터"라 한다)의 장(이하 "대테러센터장"이라 한다)이 된다.

제4조(대책위원회의 운영) ① 대책위원회 회의는 위원장이 필요하다고 인정하거나 대책위원회 위원(이하 "위원"이라고 한다) 과반수의 요청이 있는 경우에 위원장이 소집한다.

② 대책위원회는 재적위원 과반수의 출석으로 개의(開議)하고, 출석위원 과반수의 찬성으로 의결한다.

③ 대책위원회의 회의는 공개하지 아니한다. 다만, 공개가 필요한 경우 대책위원회의 의결로 공개할 수 있다.

④ 제1항부터 제3항까지에서 규정한 사항 외에 대책위원회 운영에 관한 사항은 대책위원회의 의결을 거쳐 위원장이 정한다.

제5조(테러대책 실무위원회의 구성 등) ① 대책위원회를 효율적으로 운영하고 대책위원회에 상정할 안건에 관한 전문적인 검토 및 사전 조정을 위하여 대책위원회에 테러대책 실무위원회(이하 "실무위원회"라 한다)를 둔다.

② 실무위원회에 위원장 1명을 두며, 실무위원회의 위원장은 대테러센터장이 된다.

③ 실무위원회 위원은 제3조제1항의 위원이 소속된 관계기관 및 그 소속기관의 고위공무원단에 속하는 일반직공무원(이에 상당하는 특

정직·별정직 공무원을 포함한다) 중 관계기관의 장이 지명하는 사람으로 한다.

④ 제1항부터 제3항까지에서 규정한 사항 외에 실무위원회 운영에 관한 사항은 대책위원회의 의결을 거쳐 위원장이 정한다.

제6조(대테러센터) ① 대테러센터는 국가 대테러활동을 원활히 수행하기 위하여 필요한 사항과 대책위원회의 회의 및 운영에 필요한 사무 등을 처리한다.

② 대테러센터장은 관계기관의 장에게 직무 수행에 필요한 협조와 지원을 요청할 수 있다.

제2장 대테러 인권보호관

제7조(대테러 인권보호관의 자격 및 임기) ① 법 제7조제1항에 따른 대테러 인권보호관(이하 "인권보호관"이라 한다)은 다음 각 호의 어느 하나에 해당하는 대한민국 국민 중에서 위원장이 위촉한다.

1. 변호사 자격이 있는 사람으로서 10년 이상의 실무경력이 있는 사람
2. 인권 분야에 전문지식이 있고 「고등교육법」 제2조제1호에 따른 학교에서 부교수 이상으로 10년 이상 재직하고 있거나 재직하였던 사람
3. 국가기관 또는 지방자치단체에서 3급 상당 이상의 공무원으로 재직하였던 사람 중 인권 관련 업무 경험이 있는 사람
4. 인권분야 비영리 민간단체·법인·국제기구에서 근무하는 등 인권 관련 활동에 10년 이상 종사한 경력이 있는 사람

② 인권보호관의 임기는 2년으로 하고, 연임할 수 있다.

③ 인권보호관은 다음 각 호의 경우를 제외하고는 그 의사에 반하여 해촉되지 아니한다.

1. 「국가공무원법」 제33조 각 호의 결격사유에 해당하는 경우
2. 직무와 관련한 형사사건으로 기소된 경우
3. 직무상 알게 된 비밀을 누설한 경우
4. 그 밖에 장기간의 심신쇠약으로 인권보호관의 직무를 계속 수행할 수 없는 특별한 사유가 발생한 경우

제8조(인권보호관의 직무 등) ① 인권보호관은 다음 각 호의 직무를 수행한다.

1. 대책위원회에 상정되는 관계기관의 대테러정책·제도 관련 안건의 인권 보호에 관한 자문 및 개선 권고
2. 대테러활동에 따른 인권침해 관련 민원의 처리
3. 그 밖에 관계기관 대상 인권 교육 등 인권 보호를 위한 활동

② 인권보호관은 제1항제2호에 따른 민원을 접수한 날부터 2개월 내에 처리하여야 한다. 다만, 부득이한 사유로 정해진 기간 내에 처리하기 어려운 경우에는 그 사유와 처리 계획을 민원인에게 통지하여야 한다.

③ 위원장은 인권보호관이 직무를 효율적으로 수행할 수 있도록 필요한 행정적·재정적 지원을 할 수 있다.

④ 대책위원회는 인권보호관의 직무 수행을 지원하기 위하여 지원조직을 둘 수 있으며, 필요한 경우에는 관계 중앙행정기관 소속 공무원의 파견을 요청할 수 있다.

제9조(시정 권고) ① 인권보호관은 제8조제1항에 따른 직무수행 중

인권침해 행위가 있다고 인정할 만한 상당한 이유가 있는 경우에는 위원장에게 보고한 후 관계기관의 장에게 시정을 권고할 수 있다.

② 제1항에 따른 권고를 받은 관계기관의 장은 그 처리 결과를 인권보호관에게 통지하여야 한다.

제10조(비밀의 엄수) ① 인권보호관은 재직 중 및 퇴직 후에 직무상 알게 된 비밀을 엄수하여야 한다.

② 인권보호관은 법령에 따른 증인, 참고인, 감정인 또는 사건 당사자로서 직무상의 비밀에 관한 사항을 증언하거나 진술하려는 경우에는 미리 위원장의 승인을 받아야 한다.

제3장 전담조직

제11조(전담조직) ① 법 제8조에 따른 전담조직(이하 "전담조직"이라 한다)은 제12조부터 제21조까지의 규정에 따라 테러 예방 및 대응을 위하여 관계기관 합동으로 구성하거나 관계기관의 장이 설치하는 다음 각 호의 전문조직(협의체를 포함한다)으로 한다.

1. 지역 테러대책협의회
2. 공항·항만 테러대책협의회
3. 테러사건대책본부
4. 현장지휘본부
5. 화생방테러대응지원본부
6. 테러복구지원본부
7. 대테러특공대
8. 테러대응구조대

9. 테러정보통합센터

10. 대테러합동조사팀

② 관계기관의 장은 제1항 각 호에 따른 전담조직 외에 테러 예방 및 대응을 위하여 필요한 경우에는 대테러업무를 수행하는 하부조직을 전담조직으로 지정·운영할 수 있다.

제12조(지역 테러대책협의회) ① 특별시·광역시·특별자치시·도·특별자치도(이하 "시·도"라 한다)에 해당 지역에 있는 관계기관 간 테러예방활동에 관한 협의를 위하여 지역 테러대책협의회를 둔다.

② 지역 테러대책협의회의 의장은 국가정보원의 해당 지역 관할지부의 장(특별시의 경우 대테러센터장을 말한다. 이하 같다)이 되며, 위원은 다음 각 호의 사람이 된다.

1. 시·도에서 대테러업무를 담당하는 고위공무원단 나급 상당 공무원 또는 3급 상당 공무원 중 특별시장·광역시장·특별자치시장·도지사·특별자치도지사(이하 "시·도지사"라 한다)가 지명하는 사람

2. 법무부·환경부·국토교통부·해양수산부·국민안전처·국가정보원·식품의약품안전처·관세청·검찰청 및 경찰청의 지역기관에서 대테러업무를 담당하는 고위공무원단 나급 상당 공무원 또는 3급 상당 공무원 중 해당 관계기관의 장이 지명하는 사람

3. 지역 관할 군부대 및 기무부대의 장

4. 지역 테러대책협의회 의장이 필요하다고 인정하는 관계기관의 지역기관에서 대테러업무를 담당하는 공무원 중 해당 관계기관의 장이 지명하는 사람 및 국가중요시설의 관리자나 경비·보안 책

임자

③ 지역 테러대책협의회는 다음 각 호의 사항을 심의·의결한다.

1. 대책위원회의 심의·의결 사항 시행 방안

2. 해당 지역 테러사건의 사전예방 및 대응·사후처리 지원 대책

3. 해당 지역 대테러업무 수행 실태의 분석·평가 및 발전 방안

4. 해당 지역의 대테러 관련 훈련·점검 등 관계기관 간 협조에 관한 사항

5. 그 밖에 해당 지역 대테러활동에 필요한 사항

④ 관계기관의 장은 제3항의 심의·의결 사항에 대하여 그 이행 결과를 지역 테러대책협의회에 통보하고, 지역 테러대책협의회 의장은 그 결과를 종합하여 대책위원회에 보고하여야 한다.

⑤ 지역 테러대책협의회의 회의와 운영에 관한 세부사항은 지역 실정을 고려하여 지역 테러대책협의회의 의결을 거쳐 의장이 정한다.

제13조(공항·항만 테러대책협의회) ① 공항 또는 항만(「항만법」 제3조제1항제1호에 따른 무역항을 말한다. 이하 같다) 내에서의 관계기관 간 대테러활동에 관한 사항을 협의하기 위하여 공항·항만별로 테러대책협의회를 둔다.

② 공항·항만 테러대책협의회의 의장은 해당 공항·항만에서 대테러업무를 담당하는 국가정보원 소속 공무원 중 국가정보원장이 지명하는 사람이 되며, 위원은 다음 각 호의 사람이 된다.

1. 해당 공항 또는 항만에 상주하는 법무부·농림축산식품부·보건복지부·국토교통부·해양수산부·국민안전처·관세청·경찰청 및 국군기무사령부 소속기관의 장

2. 공항 또는 항만의 시설 소유자 및 경비·보안 책임자

3. 그 밖에 공항·항만 테러대책협의회의 의장이 필요하다고 인정하
   는 관계기관에 소속된 기관의 장

③ 공항·항만 테러대책협의회는 해당 공항 또는 항만 내의 대테러
활동에 관하여 다음 각 호의 사항을 심의·의결한다.

1. 대책위원회의 심의·의결 사항 시행 방안

2. 공항 또는 항만 내 시설 및 장비의 보호 대책

3. 항공기·선박의 테러예방을 위한 탑승자와 휴대화물 검사 대책

4. 테러 첩보의 입수·전파 및 긴급대응 체계 구축 방안

5. 공항 또는 항만 내 테러사건 발생 시 비상대응 및 사후처리 대책

6. 그 밖에 공항 또는 항만 내의 테러 대책

④ 관계기관의 장은 제3항의 심의·의결 사항에 대하여 그 이행 결
과를 공항·항만 테러대책협의회에 통보하고, 공항·항만 테러대책
협의회 의장은 그 결과를 종합하여 대책위원회에 보고하여야 한다.

⑤ 공항·항만 테러대책협의회의 운영에 관한 세부사항은 공항·항
만별로 테러대책협의회의 의결을 거쳐 의장이 정한다.

제14조(테러사건대책본부) ① 외교부장관, 국방부장관, 국토교통부장
관, 국민안전처장관 및 경찰청장은 테러가 발생하거나 발생할 우려
가 현저한 경우(국외테러의 경우는 대한민국 국민에게 중대한 피해
가 발생하거나 발생할 우려가 있어 긴급한 조치가 필요한 경우에
한한다)에는 다음 각 호의 구분에 따라 테러사건대책본부(이하 "대
책본부"라 한다)를 설치·운영하여야 한다.

1. 외교부장관: 국외테러사건대책본부

2. 국방부장관: 군사시설테러사건대책본부

3. 국토교통부장관: 항공테러사건대책본부

4. 국민안전처장관: 해양테러사건대책본부

5. 경찰청장: 국내일반 테러사건대책본부

② 제1항에 따라 대책본부를 설치한 관계기관의 장은 그 사실을 즉시 위원장에게 보고하여야 하며, 같은 사건에 2개 이상의 대책본부가 관련되는 경우에는 위원장이 테러사건의 성질·중요성 등을 고려하여 대책본부를 설치할 기관을 지정할 수 있다.

③ 대책본부의 장은 대책본부를 설치하는 관계기관의 장(군사시설테러사건대책본부의 경우에는 합동참모의장을 말한다. 이하 같다)이 되며, 제15조에 따른 현장지휘본부의 사건 대응 활동을 지휘·통제한다.

④ 대책본부의 편성·운영에 관한 세부사항은 대책본부의 장이 정한다.

제15조(현장지휘본부) ① 대책본부의 장은 테러사건이 발생한 경우 사건 현장의 대응 활동을 총괄하기 위하여 현장지휘본부를 설치할 수 있다.

② 현장지휘본부의 장은 대책본부의 장이 지명한다.

③ 현장지휘본부의 장은 테러의 양상·규모·현장상황 등을 고려하여 협상·진압·구조·구급·소방 등에 필요한 전문조직을 직접 구성하거나 관계기관의 장에게 지원을 요청할 수 있다. 이 경우 관계기관의 장은 특별한 사정이 없으면 현장지휘본부의 장이 요청한 사항을 지원하여야 한다.

④ 현장지휘본부의 장은 현장에 출동한 관계기관의 조직(대테러특공

대, 테러대응구조대, 대화생방테러 특수임무대 및 대테러합동조사팀을 포함한다)을 지휘·통제한다.

⑤ 현장지휘본부의 장은 현장에 출동한 관계기관과 합동으로 통합상황실을 설치·운영할 수 있다.

제16조(화생방테러대응지원본부 등) ① 보건복지부장관, 환경부장관 및 원자력안전위원회 위원장은 화생방테러사건 발생 시 대책본부를 지원하기 위하여 다음 각 호의 구분에 따른 분야별로 화생방테러대응지원본부를 설치·운영한다.

1. 보건복지부장관: 생물테러 대응 분야

2. 환경부장관: 화학테러 대응 분야

3. 원자력안전위원회 위원장: 방사능테러 대응 분야

② 화생방테러대응지원본부는 다음 각 호의 임무를 수행한다.

1. 화생방테러 사건 발생 시 오염 확산 방지 및 제독(除毒) 방안 마련

2. 화생방 전문 인력 및 자원의 동원·배치

3. 그 밖에 화생방테러 대응 지원에 필요한 사항의 시행

③ 국방부장관은 관계기관의 화생방테러 대응을 지원하기 위하여 대책위원회의 심의·의결을 거쳐 오염 확산 방지 및 제독 임무 등을 수행하는 대화생방테러 특수임무대를 설치하거나 지정할 수 있다.

④ 화생방테러대응지원본부 및 대화생방테러 특수임무대의 설치·운영 등에 필요한 사항은 해당 관계기관의 장이 정한다.

제17조(테러복구지원본부) ① 국민안전처장관은 테러사건 발생 시 구조·구급·수습·복구활동 등에 관하여 대책본부를 지원하기 위하여 테러복구지원본부를 설치·운영할 수 있다.

② 테러복구지원본부는 다음 각 호의 임무를 수행한다.

1. 테러사건 발생 시 수습·복구 등 지원을 위한 자원의 동원 및 배치 등에 관한 사항

2. 대책본부의 협조 요청에 따른 지원에 관한 사항

3. 그 밖에 테러복구 등 지원에 필요한 사항의 시행

제18조(대테러특공대 등) ① 국방부장관, 국민안전처장관 및 경찰청장은 테러사건에 신속히 대응하기 위하여 대테러특공대를 설치·운영한다.

② 국방부장관, 국민안전처장관 및 경찰청장은 제1항에 따른 대테러특공대를 설치·운영하려는 경우에는 대책위원회의 심의·의결을 거쳐야 한다.

③ 대테러특공대는 다음 각 호의 임무를 수행한다.

1. 대한민국 또는 국민과 관련된 국내외 테러사건 진압

2. 테러사건과 관련된 폭발물의 탐색 및 처리

3. 주요 요인 경호 및 국가 중요행사의 안전한 진행 지원

4. 그 밖에 테러사건의 예방 및 저지활동

④ 국방부 소속 대테러특공대의 출동 및 진압작전은 군사시설 안에서 발생한 테러사건에 대하여 수행한다. 다만, 경찰력의 한계로 긴급한 지원이 필요하여 대책본부의 장이 요청하는 경우에는 군사시설 밖에서도 경찰의 대테러 작전을 지원할 수 있다.

⑤ 국방부장관은 군 대테러특공대의 신속한 대응이 제한되는 상황에 대비하기 위하여 군 대테러특수임무대를 지역 단위로 편성·운영할 수 있다. 이 경우 군 대테러특수임무대의 편성·운영·임무에 관하여는 제2항부터 제4항까지의 규정을 준용한다.

제19조(테러대응구조대) ① 국민안전처장관과 시·도지사는 테러사건 발생 시 신속히 인명을 구조·구급하기 위하여 중앙 및 지방자치단체 소방본부에 테러대응구조대를 설치·운영한다.

② 테러대응구조대는 다음 각 호의 임무를 수행한다.

1. 테러발생 시 초기단계에서의 조치 및 인명의 구조·구급

2. 화생방테러 발생 시 초기단계에서의 오염 확산 방지 및 제독

3. 국가 중요행사의 안전한 진행 지원

4. 테러취약요인의 사전 예방·점검 지원

제20조(테러정보통합센터) ① 국가정보원장은 테러 관련 정보를 통합관리하기 위하여 관계기관 공무원으로 구성되는 테러정보통합센터를 설치·운영한다.

② 테러정보통합센터는 다음 각 호의 임무를 수행한다.

1. 국내외 테러 관련 정보의 통합관리·분석 및 관계기관에의 배포

2. 24시간 테러 관련 상황 전파체계 유지

3. 테러 위험 징후 평가

4. 그 밖에 테러 관련 정보의 통합관리에 필요한 사항

③ 국가정보원장은 관계기관의 장에게 소속 공무원의 파견과 테러정보의 통합관리 등 업무 수행에 필요한 협조를 요청할 수 있다.

제21조(대테러합동조사팀) ① 국가정보원장은 국내외에서 테러사건이 발생하거나 발생할 우려가 현저할 때 또는 테러 첩보가 입수되거나 테러 관련 신고가 접수되었을 때에는 예방조치, 사건 분석 및 사후처리방안 마련 등을 위하여 관계기관 합동으로 대테러합동조사팀(이하 "합동조사팀"이라 한다)을 편성·운영할 수 있다.

② 국가정보원장은 합동조사팀이 현장에 출동하여 조사한 경우 그 결과를 대테러센터장에게 통보하여야 한다.

③ 제1항에도 불구하고 군사시설에 대해서는 국방부장관이 자체 조사팀을 편성·운영할 수 있다. 이 경우 국방부장관은 자체 조사팀이 조사한 결과를 대테러센터장에게 통보하여야 한다.

제4장 테러 대응 절차

제22조(테러경보의 발령) ① 대테러센터장은 테러 위험 징후를 포착한 경우 테러경보 발령의 필요성, 발령 단계, 발령 범위 및 기간 등에 관하여 실무위원회의 심의를 거쳐 테러경보를 발령한다. 다만, 긴급한 경우 또는 제2항에 따른 주의 이하의 테러경보 발령 시에는 실무위원회의 심의 절차를 생략할 수 있다.

② 테러경보는 테러위협의 정도에 따라 관심·주의·경계·심각의 4단계로 구분한다.

③ 대테러센터장은 테러경보를 발령하였을 때에는 즉시 위원장에게 보고하고, 관계기관에 전파하여야 한다.

④ 제1항부터 제3항까지에서 규정한 사항 외에 테러경보 발령 및 테러경보에 따른 관계기관의 조치사항에 관하여는 대책위원회 의결을 거쳐 위원장이 정한다.

제23조(상황 전파 및 초동 조치) ① 관계기관의 장은 테러사건이 발생하거나 테러 위협 등 그 징후를 인지한 경우에는 관련 상황 및 조치사항을 관련기관의 장과 대테러센터장에게 즉시 통보하여야 한다.

② 관계기관의 장은 테러사건이 발생한 경우 사건의 확산 방지를 위

하여 신속히 다음 각 호의 초동 조치를 하여야 한다.

1. 사건 현장의 통제·보존 및 경비 강화
2. 긴급대피 및 구조·구급
3. 관계기관에 대한 지원 요청
4. 그 밖에 사건 확산 방지를 위하여 필요한 사항

③ 국내 일반테러사건의 경우에는 대책본부가 설치되기 전까지 테러사건 발생 지역 관할 경찰관서의 장이 제2항에 따른 초동 조치를 지휘·통제한다.

제24조(테러사건 대응) ① 대책본부의 장은 테러사건에 대한 대응을 위하여 필요한 경우 현장지휘본부를 설치하여 상황 전파 및 대응 체계를 유지하고, 조치사항을 체계적으로 시행한다.

② 대책본부의 장은 테러사건에 신속히 대응하기 위하여 필요한 경우에 관계기관의 장에게 인력·장비 등의 지원을 요청할 수 있다. 이 경우 요청을 받은 관계기관의 장은 특별한 사유가 없으면 요청에 따라야 한다.

③ 외교부장관은 해외에서 테러가 발생하여 정부 차원의 현장 대응이 필요한 경우에는 관계기관 합동으로 정부 현지대책반을 구성하여 파견할 수 있다.

④ 지방자치단체의 장은 테러사건 대응 활동을 지원하기 위한 물자 및 편의 제공과 지역주민의 긴급대피 방안 등을 마련하여야 한다.

제5장 테러예방을 위한 안전관리대책

제25조(테러대상시설 및 테러이용수단 안전대책 수립) ① 법 제10조 제1항에서 "대통령령으로 정하는 국가중요시설과 많은 사람이 이용하는 시설 및 장비"(이하 "테러대상시설"이라 한다)란 다음 각 호의 시설을 말한다.

1. 국가중요시설: 「통합방위법」 제21조제4항에 따라 지정된 국가중요시설 및 「보안업무규정」 제32조에 따른 국가보안시설

2. 많은 사람이 이용하는 시설 및 장비(이하 "다중이용시설"이라 한다): 다음 각 목의 시설과 장비 중 관계기관의 장이 소관업무와 관련하여 대테러센터장과 협의하여 지정하는 시설

   가. 「도시철도법」 제2조제2호에 따른 도시철도

   나. 「선박안전법」 제2조제10호에 따른 여객선

   다. 「재난 및 안전관리 기본법 시행령」 제43조의8제1호·제2호에 따른 건축물 또는 시설

   라. 「철도산업발전기본법」 제3조제4호에 따른 철도차량

   마. 「항공법」 제2조제1호에 따른 항공기

② 관계기관의 장은 법 제10조제1항에 따른 테러대상시설에 대한 테러예방대책과 법 제10조제1항에 따른 테러이용수단(이하 "테러이용수단"이라 한다)의 제조·취급·저장 시설에 대한 안전관리대책 수립 시 다음 각 호의 사항을 포함하여야 한다.

1. 인원·차량에 대한 출입 통제 및 자체 방호계획

2. 테러 첩보의 입수·전파 및 긴급대응 체계 구축 방안

3. 테러사건 발생 시 비상대피 및 사후처리 대책

③ 관계기관의 장은 테러대상시설 및 테러이용수단의 제조·취급·저장 시설에 대하여 다음 각 호의 업무를 수행하여야 한다.

1. 테러예방대책 및 안전관리대책의 적정성 평가와 그 이행 실태 확인
2. 소관 분야 테러이용수단의 종류 지정 및 해당 테러이용수단의 생산·유통·판매에 관한 정보 통합관리

제26조(국가 중요행사 안전관리대책 수립) ① 법 제10조제1항에 따라 안전관리대책을 수립하여야 하는 국가 중요행사는 국내외에서 개최되는 행사 중 관계기관의 장이 소관 업무와 관련하여 주관기관, 개최근거, 중요도 등을 기준으로 대테러센터장과 협의하여 정한다.

② 관계기관의 장은 대테러센터장과 협의하여 국가 중요행사의 특성에 맞는 분야별 안전관리대책을 수립·시행하여야 한다.

③ 관계기관의 장은 국가 중요행사에 대한 안전관리대책을 협의·조정하기 위하여 필요한 경우에는 대책위원회의 심의·의결을 거쳐 관계기관 합동으로 대테러·안전대책기구를 편성·운영할 수 있다.

④ 제2항에 따른 안전관리대책의 수립·시행 및 제3항에 따른 대테러·안전대책기구의 편성·운영에 관한 사항 중 대통령과 국가원수에 준하는 국빈 등의 경호 및 안전관리에 관한 사항은 대통령경호실장이 정한다.

제27조(테러취약요인의 사전제거 지원) ① 테러대상시설 및 테러이용수단의 소유자 또는 관리자(이하 "시설소유자등"이라 한다)는 관계기관의 장을 거쳐 대테러센터장에게 테러예방 및 안전관리에 관하여 적정성 평가, 현장지도 등 지원을 요청할 수 있다.

② 대테러센터장은 제1항에 따른 요청을 받은 경우 관계기관과 합동

으로 테러예방활동을 지원할 수 있다.

제28조(테러취약요인의 사전제거 비용 지원) ① 국가기관의 장은 법 제11조제2항에 따라 테러취약요인을 제거한 시설소유자등에 대하여 비용을 지원하려는 경우에는 다음 각 호의 사항을 종합적으로 고려하여 비용의 지원 여부 및 지원 금액을 결정할 수 있다.

1. 테러사건이 발생할 가능성
2. 해당 시설 및 주변 환경 등 지역 특성
3. 시설·장비의 설치·교체·정비에 필요한 비용의 정도 및 시설소유자등의 부담 능력
4. 제25조제3항제1호에 따른 적정성 평가와 그 이행 실태 확인 결과
5. 제27조제1항·제2항에 따른 적정성 평가, 현장지도 결과
6. 그 밖에 제1호부터 제5호까지의 사항에 준하는 것으로서 국가기관의 장이 대테러센터장과 협의하여 정하는 사항

② 제1항에 따라 지원되는 비용의 한도, 세부기준, 지급 방법 및 절차 등에 관하여 필요한 사항은 대책위원회의 심의·의결을 거쳐 국가기관의 장이 정한다.

제6장 포상금 및 테러피해의 지원

제29조(포상금의 지급) ① 법 제14조제2항에 따른 포상금(이하 "포상금"이라 한다)은 제30조에 따른 포상금심사위원회의 심의·의결을 거쳐 관계기관의 장이 지급할 수 있다.

② 법 제14조제2항에 따른 신고를 받거나 체포된 범인을 인도받은 관계기관의 장은 지체 없이 관할 지방검찰청 검사장이나 지청장 또

는 군 검찰부가 설치되어 있는 부대의 장에게 그 사실을 통보하여야 하며, 검사 또는 군 검찰부 검찰관은 신고를 한 사람이나 범인을 체포하여 관계기관의 장에게 인도한 사람(이하 "신고자등"이라 한다)에게 신고 또는 인도를 증명하는 서류를 발급하여야 한다.

③ 관계기관의 장은 테러예방에 기여하였다고 인정되는 신고자등을 포상금 지급 대상자로 추천할 수 있다. 이 경우 그 대상자에게 추천 사실을 통지하여야 한다.

제30조(포상금심사위원회의 구성 및 운영) ① 포상금의 지급에 관한 사항을 심의하기 위하여 대테러센터장 소속으로 포상금심사위원회(이하 "심사위원회"라 한다)를 둔다.

② 심사위원회는 위원장 1명과 위원 8명으로 구성한다.

③ 심사위원회의 위원장은 대테러센터 소속의 고위공무원단에 속하는 일반직공무원(이에 상당하는 특정직·별정직 공무원을 포함한다)이 되며, 심사위원회 위원은 총리령으로 정하는 관계기관 소속 4급 상당 공무원 중 관계기관의 장이 지명하는 사람이 된다.

④ 심사위원회의 위원장은 포상금 지급에 관한 사항을 심의할 필요가 있을 때 회의를 소집한다.

⑤ 심사위원회는 다음 각 호의 사항을 심의·의결한다.

1. 포상금 지급 여부와 그 지급금액

2. 포상금 지급 취소 및 반환 여부

3. 그 밖에 포상금에 관한 사항

⑥ 심사위원회는 심의를 위하여 필요하다고 인정될 때에는 포상금 지급 대상자 또는 참고인의 출석을 요청하여 그 의견을 들을 수 있

으며, 관계기관에 대하여 필요한 자료의 제출을 요청할 수 있다.

⑦ 제1항부터 제6항까지에서 규정한 사항 외에 심사위원회 운영에 관한 세부사항은 총리령으로 정한다.

제31조(포상금 지급기준) ① 법 제14조제2항에 따른 포상금은 다음 각 호의 사항을 고려하여 1억 원의 범위에서 차등 지급한다.

1. 신고 내용의 정확성이나 증거자료의 신빙성

2. 신고자등이 테러 신고와 관련하여 불법행위를 하였는지 여부

3. 신고자등이 테러예방 등에 이바지한 정도

4. 신고자등이 관계기관 등에 신고·체포할 의무가 있는지 또는 직무와 관련하여 신고·체포를 하였는지 여부

② 포상금의 세부적인 지급기준은 대책위원회의 의결을 거쳐 위원장이 정한다.

③ 관계기관의 장은 하나의 테러사건에 대한 신고자등이 2명 이상인 경우에는 제2항에 따른 지급기준의 범위에서 그 공로를 고려하여 배분·지급한다.

④ 관계기관의 장은 제3항의 경우 포상금을 받을 사람이 배분방법에 관하여 미리 합의하여 포상금 지급을 신청하는 경우에는 그 합의한 내용에 따라 지급한다. 다만, 합의된 비율이 현저하게 부당한 경우에는 심사위원회의 심의·의결을 거쳐 관계기관의 장이 이를 변경할 수 있다.

제32조(포상금 신청 절차) ① 포상금은 그 사건이 공소제기·기소유예 또는 공소보류되거나 관계기관의 장이 제29조제3항에 따라 추천한 경우에 신청할 수 있다.

② 검사 또는 군 검찰부 검찰관은 법에 따른 포상금 지급대상이 되는 사건에 관하여 공소를 제기하거나 제기하지 아니하는 결정을 하였을 때에는 지체 없이 신고자등에게 서면으로 그 사실을 통지하여야 한다.

③ 포상금을 받으려는 사람은 총리령으로 정하는 신청서에 다음 각 호의 서류를 첨부하여 관계기관의 장에게 신청하여야 한다.

1. 제29조제2항에 따른 증명서

2. 제2항 또는 제29조제3항 후단에 따른 통지서

3. 공적 자술서

④ 제3항에 따른 신청은 제2항 또는 제29조제3항 후단에 따른 통지를 받은 날부터 60일 이내에 하여야 한다.

⑤ 포상금을 신청하려는 사람이 2명 이상인 경우에는 신청자 전원의 연서(連署)로써 청구하여야 한다.

제33조(포상금 지급 절차) ① 관계기관의 장은 심사위원회가 심의·의결한 사항을 기초로 포상금 지급 여부와 지급금액을 결정한다.

② 관계기관의 장은 포상금 지급대상자에게 결정 통지서를 보내고 포상금을 지급한다.

③ 제1항 및 제2항에서 규정한 사항 외에 포상금 지급 등에 관하여 필요한 사항은 총리령으로 정한다.

제34조(포상금 지급 취소 및 반환) ① 관계기관의 장은 포상금을 지급한 후 다음 각 호의 어느 하나에 해당하는 경우에는 심사위원회의 심의·의결을 거쳐 그 포상금 지급 결정을 취소한다.

1. 포상금 수령자가 신고자등이 아닌 경우

2. 포상금 수령자가 테러사건에 가담하는 등 불법행위를 한 사실이 사후에 밝혀진 경우

3. 그 밖에 포상금 지급을 취소할 사유가 발생한 경우

② 관계기관의 장은 제1항에 따라 포상금의 지급 결정을 취소하였을 때에는 해당 신고자등에게 그 취소 사실과 포상금의 반환 기한, 반환하여야 하는 금액을 통지하여야 한다.

③ 제1항 및 제2항에서 규정한 사항 외에 포상금 반환에 관하여 필요한 사항은 총리령으로 정한다.

제35조(테러피해의 지원) ① 법 제15조제2항에 따라 국가 또는 지방자치단체가 지원할 수 있는 비용(이하 "피해지원금"이라 한다)은 신체 피해에 대한 치료비 및 재산 피해에 대한 복구비로 한다.

② 테러로 인한 신체 피해에 대한 치료비는 다음 각 호와 같고, 치료비 산정에 필요한 사항은 총리령으로 정한다.

1. 신체적 부상 및 후유증에 대한 치료비

2. 정신적·심리적 피해에 대한 치료비

③ 테러로 인한 재산 피해에 대한 복구비는 「재난 및 안전관리 기본법」 제66조에 따른 사회재난 피해 지원의 기준과 금액을 고려하여 대책위원회가 정한다.

④ 제2항에 따른 치료비와 제3항에 따른 복구비는 대책위원회의 심의·의결을 거쳐 일시금으로 지급한다.

⑤ 제2항부터 제4항까지에서 규정한 사항 외에 피해지원금의 한도·세부기준과 지급 방법 및 절차 등에 관하여 필요한 사항은 대책위원회가 정한다.

제36조(특별위로금의 종류) ① 법 제16조제1항에 따른 특별위로금은 다음 각 호의 구분에 따라 지급한다.

1. 유족특별위로금: 테러로 인하여 사망한 경우

2. 장해특별위로금: 테러로 인하여 신체상의 장애를 입은 경우. 이 경우 신체상 장애의 기준은 「범죄피해자 보호법」 제3조제5호, 같은 법 시행령 제2조, 별표 1 및 별표 2에 따른 장해의 기준을 따른다.

3. 중상해특별위로금: 테러로 인하여 장기치료가 필요한 피해를 입은 경우. 이 경우 장기치료가 필요한 피해의 기준은 「범죄피해자 보호법」 제3조제6호 및 같은 법 시행령 제3조에서 정한 중상해의 기준을 따른다.

② 대책본부를 설치한 관계기관의 장은 제1항에 따른 특별위로금을 대책위원회의 심의·의결을 거쳐 일시금으로 지급한다.

③ 제1항제1호에 따른 유족특별위로금(이하 "유족특별위로금"이라 한다)은 피해자가 사망하였을 때 총리령으로 정하는 바에 따라 맨 앞 순위인 유족에게 지급한다. 다만, 순위가 같은 유족이 2명 이상이면 똑같이 나누어 지급한다.

④ 제1항제2호에 따른 장해특별위로금(이하 "장해특별위로금"이라 한다) 및 제1항제3호에 따른 중상해특별위로금(이하 "중상해특별위로금"이라 한다)은 해당 피해자에게 지급한다.

제37조(특별위로금의 지급기준) ① 유족특별위로금은 피해자의 사망 당시(신체에 손상을 입고 그로 인하여 사망한 경우에는 신체에 손상을 입은 당시를 말한다)의 월급액이나 월실수입액 또는 평균임금

에 24개월 이상 48개월 이하의 범위에서 유족의 수와 연령 및 생계유지 상황 등을 고려하여 총리령으로 정하는 개월 수를 곱한 금액으로 한다.

② 장해특별위로금과 중상해특별위로금은 피해자가 신체에 손상을 입은 당시의 월급액이나 월실수입액 또는 평균임금에 2개월 이상 48개월 이하의 범위에서 피해자의 장해 또는 중상해의 정도와 부양가족의 수 및 생계유지 상황 등을 고려하여 총리령으로 정한 개월 수를 곱한 금액으로 한다.

③ 제1항 및 제2항에 따른 피해자의 월급액이나 월실수입액 또는 평균임금 등은 피해자의 주소지를 관할하는 세무서장, 시장·군수·구청장(자치구의 구청장을 말한다) 또는 피해자의 근무기관의 장의 증명이나 그 밖에 총리령으로 정하는 공신력 있는 증명에 따른다.

④ 제1항 및 제2항에서 피해자의 월급액이나 월실수입액이 평균임금의 2배를 넘는 경우에는 평균임금의 2배에 해당하는 금액을 피해자의 월급액이나 월실수입액으로 본다.

⑤ 제1항부터 제4항까지에서 규정한 사항 외에 특별위로금의 세부기준·지급 방법 및 절차 등에 관하여 필요한 사항은 대책위원회가 정한다.

제38조(특별위로금 지급에 대한 특례) ① 장해특별위로금을 받은 사람이 해당 테러행위로 인하여 사망한 경우에는 유족특별위로금을 지급하되, 그 금액은 제37조제1항에 따라 산정한 유족특별위로금에서 이미 지급한 장해특별위로금을 공제한 금액으로 한다.

② 중상해특별위로금을 받은 사람이 해당 테러행위로 인하여 사망하

거나 신체상의 장애를 입은 경우에는 유족특별위로금 또는 장해특별
위로금을 지급하되, 그 금액은 제37조제1항에 따라 산정한 유족특
별위로금 또는 같은 조 제2항에 따라 산정한 장해특별위로금에서 이
미 지급한 중상해특별위로금을 공제한 금액으로 한다.

제39조(피해지원금 및 특별위로금 지급 신청) ① 법 제15조 또는 제
16조에 따라 피해지원금 또는 특별위로금의 지급을 신청하려는 사
람은 테러사건으로 피해를 입은 날부터 6개월 이내에 총리령으로
정하는 바에 따라 지급신청서에 관련 증명서류를 첨부하여 대책본
부를 설치한 관계기관의 장에게 제출하여야 한다.

② 법 제15조 또는 제16조에 따른 피해지원금 또는 특별위로금의
지급을 신청하려는 사람이 둘 이상인 경우에는 다음 각 호의 구분에
따라 신청인 대표자를 선정할 수 있다. 이 경우 같은 순위의 사람이
둘 이상이면 같은 순위의 사람이 합의하여 신청인 대표자를 정하되,
합의가 이루어지지 아니하는 경우나 그 밖의 부득이한 사유가 있으
면 신청인 대표자를 선정하지 아니할 수 있다.

1. 사망한 피해자에 대한 피해지원금 및 특별위로금: 총리령에서 정
   하는 바에 따라 맨 앞 순위인 유족 1명

2. 생존한 피해자에 대한 피해지원금 및 특별위로금: 생존한 피해자
   (생존한 피해자의 법정대리인을 포함한다)

③ 피해지원금 및 특별위로금의 지급 신청, 지급 결정에 대한 동의,
지급 청구 또는 수령 등을 직접 하기 어려운 사정이 있으면 다른 사
람을 대리인으로 선임할 수 있다.

④ 대책본부를 설치한 관계기관의 장은 제1항에 따라 피해지원금 또

는 특별위로금의 지급신청을 받으면 그 관련 서류 등을 검토하고 서류 등이 누락되거나 보완이 필요한 경우 기간을 정하여 신청인(제2항에 따른 신청인 대표자, 제3항에 따른 대리인을 포함한다. 이하 같다)에게 보완을 요청할 수 있다.

제40조(피해지원금 및 특별위로금 지급 결정) ① 대책본부를 설치한 관계기관의 장은 대책위원회의 심의·의결을 거쳐 피해지원금 및 특별위로금의 지급 신청을 받은 날부터 120일 이내에 그 지급 여부 및 금액을 결정하여 신청인에게 결정 통지서를 송부하여야 한다. 이 경우 해당 관계기관의 장은 대책위원회가 피해지원금 또는 특별위로금의 지급에 관하여 심의·의결한 날부터 30일 이내에 지급 여부 등을 결정하여야 한다.

② 제1항에 따른 결정에 관하여 이의가 있는 신청인은 결정 통지서를 받은 날부터 30일 이내에 총리령으로 정하는 바에 따라 이의 신청서에 그 사유를 증명할 수 있는 자료를 첨부하여 대책본부를 설치한 관계기관의 장에게 제출하여야 한다.

③ 제2항에 따른 이의 신청에 관하여는 제1항을 준용한다. 이 경우 제1항 중 "120일"은 "60일"로 본다.

제41조(피해지원금 및 특별위로금 지급 제한) 대책본부를 설치한 관계기관의 장은 테러사건으로 피해를 입은 사람에게 과실이 있다고 판단되는 경우 대책위원회의 심의·의결을 거쳐 그 과실의 정도에 따라 피해지원금 및 특별위로금을 지급하지 아니하거나 금액을 줄여 지급할 수 있다.

제42조(피해지원금 및 특별위로금 지급) ① 제40조제1항에 따라 결

정 통지서를 받은 신청인이 피해지원금 또는 특별위로금을 받으려는 경우에는 다음 각 호의 서류를 첨부하여 총리령으로 정하는 바에 따라 대책본부를 설치한 관계기관의 장에게 지급을 신청하여야 한다.

1. 지급 결정에 대한 동의 및 신청서
2. 인감증명서(서명을 한 경우에는 본인서명사실확인서를 말한다)
3. 입금계좌 통장 사본

② 피해지원금 및 특별위로금은 대책본부를 설치한 관계기관의 장이 지급하되, 그 실무는 국고(국고대리점을 포함한다)에 위탁하여 처리하게 할 수 있다.

③ 대책본부를 설치한 관계기관의 장은 제1항에 따른 동의 및 신청서를 받은 날부터 90일 이내에 피해지원금 및 특별위로금을 지급하여야 한다. 다만, 90일 이내에 지급할 수 없는 특별한 사유가 있는 경우에는 지급 기간을 연장할 수 있으며, 그 사유를 신청인에게 통지하여야 한다.

제43조(피해지원금 및 특별위로금 환수) 대책본부를 설치한 관계기관의 장은 피해지원금 및 특별위로금을 받은 사람이 다음 각 호의 어느 하나에 해당하는 경우에는 받은 금액의 전부 또는 일부를 환수하여야 한다.

1. 테러사건에 가담하는 등 불법행위를 한 사실이 사후에 밝혀진 경우
2. 거짓이나 그 밖의 부정한 방법으로 받은 경우
3. 잘못 지급된 경우

제44조(다른 법령에 따른 급여 등과의 관계) 테러로 인하여 신체 또는

재산의 피해를 입은 사람과 피해를 입은 사람의 유족 또는 신체상의
장애 및 장기치료가 필요한 피해를 입은 사람이 해당 테러 행위를
원인으로 하여 다른 법령에 따라 신체 또는 재산의 피해에 대한 치
료비, 복구비, 특별위로금 또는 이에 상당하는 지원을 받을 수 있을
때에는 그 받을 금액의 범위에서 법 제15조제2항에 따른 치료비·복
구비 또는 법 제16조제1항에 따른 특별위로금을 지급하지 아니한다.

제7장 보칙

제45조(고유식별정보의 처리) 관계기관의 장은 다음 각 호의 사무를
수행하기 위하여 불가피한 경우 「개인정보 보호법 시행령」 제19조
에 따른 주민등록번호, 여권번호, 운전면허의 면허번호 또는 외국인
등록번호가 포함된 자료를 처리할 수 있다.

1. 법 제9조에 따른 테러위험인물에 대한 정보 수집, 대테러조사 및
   테러위험인물에 대한 추적 등에 관한 사무
2. 법 제12조에 따른 테러선동·선전물 긴급 삭제 등 요청에 관한 사무
3. 법 제13조에 따른 외국인테러전투원에 대한 규제 등에 관한 사무
4. 법 제14조에 따른 신고자 보호 및 포상금 지급 등에 관한 사무
5. 법 제15조에 따른 테러피해의 지원 등에 관한 사무
6. 법 제16조에 따른 특별위로금 지급 등에 관한 사무

부칙 <제27203호, 2016.5.31>

이 영은 2016년 6월 4일부터 시행한다.

국민보호와 공공안전을 위한
테러방지법 시행규칙

[시행 2016.6.4] [총리령 제1281호, 2016.6.1, 제정]

국가정보원(국가정보원)
국무조정실(대테러센터)

제1조(목적) 이 규칙은 「국민보호와 공공안전을 위한 테러방지법 시행령」에서 위임된 사항과 그 시행에 필요한 사항을 규정함을 목적으로 한다.

제2조(포상금심사위원회의 구성) 「국민보호와 공공안전을 위한 테러방지법 시행령」(이하 "영"이라 한다) 제30조제3항에서 "총리령으로 정하는 관계기관"이란 다음 각 호의 기관을 말한다.

1. 기획재정부, 법무부, 경찰청

2. 제1호 외에 해당 사건과 관련 있는 중앙행정기관

3. 국가정보원

4. 그 밖에 「국민보호와 공공안전을 위한 테러방지법」(이하 "법"이라 한다) 제6조에 따른 대테러센터(이하 "대테러센터"라 한다)의 장(이하 "대테러센터장"이라 한다)이 영 제30조제1항에 따른 포상금심사위원회(이하 "심사위원회"라 한다)에 참여할 필요가 있다고 인정하는 기관

제3조(포상금심사위원회의 운영) ① 심사위원회의 회의는 위원장을 포함한 재적위원 과반수의 출석으로 개의(開議)하고, 출석위원 과

반수의 찬성으로 의결한다.

② 심사위원회의 위원장이 부득이한 사유로 그 직무를 수행하지 못할 때에는 위원장이 지명하는 위원이 그 직무를 대행한다.

③ 심사위원회의 위원이 부득이한 사유로 회의에 출석하지 못할 때에는 그 소속공무원으로 하여금 회의에 출석하여 그 권한을 대행하게 할 수 있다.

④ 심사위원회에 간사를 두되, 간사는 대테러센터 소속 공무원 중에서 대테러센터장이 지명한다.

⑤ 심사위원회의 위원장과 위원은 회의 안건과 관련하여 직접적인 이해관계가 있는 경우에는 참석하지 못한다.

제4조(포상금의 신청 절차) 법 제14조제2항에 따른 포상금을 받으려는 사람은 별지 제1호서식의 포상금 지급 신청서에 영 제32조제3항 각 호의 서류를 첨부하여 관계기관의 장에게 제출하여야 한다.

제5조(포상금의 지급 결정 기간 등) ① 관계기관의 장은 특별한 사유가 없으면 포상금 신청일부터 90일 이내에 포상금의 지급 여부 및 지급 금액을 결정한다.

② 관계기관의 장은 제1항에 따른 기간에 결정할 수 없는 특별한 사유가 있는 경우 지급 결정 기간을 연장할 수 있으며, 그 사유를 신청인에게 통지한다.

제6조(포상금의 반환통지 등) ① 관계기관의 장은 영 제34조제1항에 따라 포상금의 지급 결정을 취소한 날부터 20일 이내에 포상금을 반환하여야 할 사람에게 별지 제2호서식의 포상금 반환통지서를 주어야 한다. 이 경우 그 통지서는 포상금을 반환하여야 할 사람에게

직접 주거나 배달증명등기우편 등의 방법으로 발송하여야 한다.

② 제1항에 따른 통지서를 받은 사람은 그 통지서를 받은 날부터 30일 이내에 반환하여야 하는 금액을 관계기관의 장이 지정한 예금계좌에 자신의 명의로 입금하여야 한다.

제7조(치료비 산정) ① 영 제35조제2항 각 호의 치료비(이하 "치료비"라 한다)는 피해자가 「의료법」 제3조에 따른 의료기관에서 5주 이상의 치료가 필요한 신체적·정신적 피해의 회복을 직접적인 목적으로 지출한 비용을 말한다. 다만, 간병을 목적으로 지출한 비용은 제외한다.

② 치료비는 「국민건강보험법 시행령」 제19조제2항에 따른 본인부담액을 기준으로 하며, 피해자가 「의료급여법」 제2조제1호에 따른 수급권자인 경우 같은 법 제10조에 따라 의료급여기금에서 부담한 급여비용을 고려하여 지급한다.

③ 치료비는 피해자 1명당 연 1천500만 원, 총 5천만 원의 한도에서 지원한다. 다만, 해당 테러사건의 발생일부터 5년이 지난 후 치료를 받은 경우에는 그 치료비를 지원하지 아니한다.

④ 제1항 본문 및 제3항 본문·단서에도 불구하고 테러피해의 경위, 정도 및 피해자의 경제적 사정 등을 고려하여 특별히 지원할 필요가 있다고 판단되는 경우에는 법 제5조에 따른 국가테러대책위원회의 심의·의결을 거쳐 다음 각 호의 비용을 추가로 지원할 수 있다.

1. 5주 미만의 치료를 요하는 신체적·정신적 피해에 대한 치료비
2. 연 1천500만 원을 초과하는 치료비
3. 총 5천만 원을 초과하는 치료비

4. 해당 테러사건 발생일부터 5년이 지난 후 치료를 받은 경우 그 치료비

제8조(유족의 범위 및 순위) ① 영 제36조제1항제1호에 따른 유족특별위로금(이하 "유족특별위로금"이라 한다)을 받을 수 있는 유족은 다음 각 호의 어느 하나에 해당하는 사람으로 한다.

1. 배우자(사실상 혼인관계에 있는 사람을 포함한다) 및 피해자의 사망 당시 피해자의 수입으로 생계를 유지하고 있던 피해자의 자녀

2. 피해자의 사망 당시 피해자의 수입으로 생계를 유지하고 있던 피해자의 부모, 손자·손녀, 조부모 및 형제자매

3. 제1호 및 제2호에 해당하지 아니하는 피해자의 자녀, 부모, 손자·손녀, 조부모 및 형제자매

② 제1항에 따른 유족의 범위에서 태아는 피해자가 사망할 때 이미 출생한 것으로 본다.

③ 유족특별위로금을 받을 유족의 순위는 제1항 각 호에 열거한 순서로 하고, 같은 항 제2호 및 제3호에 열거한 사람 사이에서는 해당 각 호에 열거한 순서로 하며, 부모의 경우에는 양부모를 선순위로 하고 친부모를 후순위로 한다.

④ 다음 각 호의 어느 하나에 해당하는 유족은 유족특별위로금을 받을 수 있는 유족으로 보지 아니한다.

1. 피해자를 고의로 사망하게 한 경우

2. 피해자가 사망하기 전에 그가 사망하면 유족특별위로금을 받을 수 있는 선순위 또는 같은 순위의 유족이 될 사람을 고의로 사망하게 한 경우

3. 피해자가 사망한 후 유족특별위로금을 받을 수 있는 선순위 또는
   같은 순위의 유족을 고의로 사망하게 한 경우

제9조(월급액 또는 월실수입액) ① 영 제37조에 따른 월급액 또는 월
실수입액은 이를 산정하여야 할 사유가 발생한 날 이전 3개월 동안
해당 피해자에게 지급된 임금 또는 실수입액의 월평균액으로 한다.
다만, 해당 피해자가 취업한 후 3개월 미만인 경우에는 그 기간 동
안의 월평균액으로 한다.

② 영 제37조에 따라 특별위로금액을 산정하는 경우에 월급액이나
월실수입액을 증명할 수 없거나 월급액이나 월실수입액이 제10조에
따른 평균임금에 미치지 못하는 경우에는 평균임금을 기준으로 특별
위로금액을 정한다.

제10조(평균임금의 기준) ① 영 제37조에 따른 평균임금은 매년 6회
이상 주기적으로 임금통계를 공표하는 임금조사기관이 조사한 남자
또는 여자 보통 인부의 전국규모 통계에 의한 일용노동임금에 따른
다. 다만, 전국규모 통계가 없을 때에는 서울특별시 지역 통계에 의
한 일용노동임금에 따른다.

② 제1항의 임금은 먼저 공신력 있는 건설노임단가 통계에 따르고
공신력 있는 건설노임단가 통계가 없을 때에는 정부노임단가 통계에
따르며, 정부노임단가 통계도 없을 때에는 공신력 있는 방법으로 조
사한 남자 또는 여자 보통 인부의 일용노동임금에 따른다.

제11조(유족특별위로금의 금액) ① 유족특별위로금의 산정에서 피해
자의 월급액이나 월실수입액 또는 평균임금(이하 "월급액등"이라
한다)에 곱하는 "총리령으로 정한 개월 수"에 관하여는 다음 각 호

의 구분에 따른 개월 수에 일정한 배수를 곱한 개월 수를 말하며, 다음 각 호의 구분에 따른 개월 수에 곱하는 일정한 배수에 관하여는 「범죄피해자 보호법 시행령」 별표 4를 준용한다. 이 경우 해당 별표 중 "제22조제1호"는 "제11조제1항제1호"로, "제22조제2호"는 "제11조제1항제2호"로, "제22조제3호"는 "제11조제1항제3호"로, "법 제18조제1항제3호"는 "제8조제1항제3호"로, "구조피해자"는 "피해자"로 각각 본다.

1. 제8조제1항제1호의 유족: 40개월
2. 제8조제1항제2호의 유족: 32개월
3. 제8조제1항제3호의 유족: 24개월

② 제1항에도 불구하고 유족특별위로금액은 평균임금의 48개월분을 초과할 수 없다.

제12조(장해특별위로금의 금액) ① 영 제37조제2항에 따른 장해특별위로금(이하 "장해특별위로금"이라 한다)의 산정에서 피해자의 월급액등에 곱하는 "총리령으로 정한 개월 수"란 다음 각 호의 구분에 따른 장해등급별 개월 수에 일정한 배수를 곱한 개월 수를 말하며, 다음 각 호의 구분에 따른 장해등급별 개월 수에 곱하는 일정한 배수에 관하여는 「범죄피해자 보호법 시행령」 별표 5를 준용한다. 이 경우 해당 별표 중 "범죄행위"는 "테러사건"으로, "구조피해자"는 "피해자"로 각각 본다.

1. 1급: 40개월
2. 2급: 36개월
3. 3급: 32개월

4. 4급: 28개월

5. 5급: 24개월

6. 6급: 20개월

7. 7급: 16개월

8. 8급: 12개월

9. 9급: 8개월

10. 10급: 4개월

② 제1항에도 불구하고 장해특별위로금액은 평균임금의 40개월분을 초과할 수 없다.

제13조(중상해특별위로금의 금액) ① 영 제37조제2항에 따른 중상해특별위로금(이하 "중상해특별위로금"이라 한다)의 산정에서 피해자의 월급액등에 곱하는 "총리령으로 정한 개월 수"란 「의료법」 제3조제2항제3호의 병원급 의료기관에 속하는 의사가 발행한 진단서 등에 의하여 해당 중상해의 치료에 필요하다고 인정되는 개월 수에 일정한 배수를 곱한 개월 수를 말하며, 해당 중상해의 치료에 필요하다고 인정되는 개월 수에 곱하는 일정한 배수에 관하여는 「범죄피해자 보호법 시행령」 별표 5를 준용한다. 이 경우 해당 별표 중 "범죄행위"는 "테러사건"으로, "구조피해자"는 "피해자"로 각각 본다.

② 제1항에도 불구하고 중상해특별위로금액은 평균임금의 40개월분을 초과할 수 없다.

③ 제1항의 진단서 등에 기재된 치료기간이 일(日) 단위인 경우 30일을 1개월로 환산한 비율로 개월 수를 정한다.

④ 제1항의 진단서 등에 기재된 치료기간이 주(週) 단위인 경우 일

단위로 환산한 후 제2항의 방법에 따른다.

제14조(피해지원금 및 특별위로금 지급 신청) ① 영 제39조제1항에
따라 피해지원금 및 특별위로금의 지급을 신청하려는 사람은 별지
제3호 서식의 지급신청서에 다음 각 호의 서류를 첨부하여 대책본
부를 설치한 관계기관의 장에게 제출하여야 한다.

1. 피해자의 가족관계 기록사항에 관한 증명서 또는 제적등본(가족
   관계 기록사항에 관한 증명서로 피해자와 신청인의 관계를 확인
   할 수 없는 경우로서 신청인이 유족인 경우만 해당한다)

2. 별지 제4호서식의 기지급치료비 지급명세서(의료기관이 발행한
   계산서 및 영수증을 첨부한다) 또는 대책본부를 설치한 관계기관
   의 장이 지정한 의료기관이 발급한 의료비 청구서

3. 향후 치료비 또는 후유장해 등에 따른 장래의 소득 또는 수익의 상
   실이 예상되는 경우에는 대책본부를 설치한 관계기관의 장이 지
   정한 의료기관이 발급한 향후치료비 추정서 또는 후유장해진단서

4. 별지 제5호서식의 신청인 대표자 선정서(영 제39조제2항에 따라
   신청인 대표자를 선임한 경우에만 제출한다)

5. 별지 제6호서식의 위임장(영 제39조제3항에 따라 대리인을 선임
   한 경우에만 제출한다)

6. 근로소득원천징수영수증, 급여명세서 등 근로소득을 객관적으로
   증명할 수 있는 서류(근로소득자인 경우에만 제출한다)

7. 사업자등록증 또는 폐업사실증명원과 소득금액증명원 등 사업소
   득을 객관적으로 증명할 수 있는 서류(사업소득자인 경우에만 제
   출한다)

8. 별지 제7호서식의 재산피해명세서 및 테러사건으로 인한 재산피
   해의 내용을 증명할 수 있는 자료

9. 그 밖에 신청 사유를 소명할 수 있는 증거자료

② 영 제39조제2항제1호에 따라 사망한 피해자에 대한 피해지원금
및 특별위로금의 지급을 신청하려는 경우 신청인 대표자는 제8조제
1항 각 호의 순서에 따라 선정한다.

제15조(지급 결정 통지서 등 서식) ① 영 제40조제1항에 따른 지급
결정 통지서는 별지 제8호서식과 같다.

② 영 제40조제2항에 따른 이의 신청서는 별지 제9호서식과 같다.

③ 영 제42조제1항제1호에 따른 지급 결정에 대한 동의 및 신청서
는 별지 제10호서식과 같다.

　부칙 <제1281호, 2016.6.1>

이 규칙은 2016년 6월 4일부터 시행한다.

참고문헌

국내문헌

가소성 폭약의 탐지를 위한 식별조치에 관한 협약(2002.3.3., 조약 제1584호).

감염병의 예방 및 관리에 관한 법률(2015.8.11., 법률 제13474호).

검역법(2016.2.3., 법률 제13980호).

경비업법(2016.1.26., 법률 제13814호).

경찰청. 『2015년 경찰백서』. 경찰청.

공중 등 협박목적 및 대량살상무기확산을 위한 자금조달행위의 금지에 관한 법률(2014.5.28, 법률 제12710호).

곽병현(2005). 「테러활동 및 대응방안에 관한 연구: 북한테러활동을 중심으로」. 석사학위논문, 동국대학교 행정대학원.

관세법(2016.3.29., 법률 제14127호).

국가대테러활동지침(1982.1.21., 대통령훈령 제47호).

＿＿＿＿＿＿＿＿＿＿(2015.1.23., 대통령훈령 제337호).

국가보안법(2011.9.15., 법률 제11042호).

국가위기관리 기본지침(대통령훈령 제318호).

국가정보원(2000). 『5개국의 국가 대테러대응체계 비교: 캐나다·프랑스·독일·이스라엘·영국』. 국가정보원.

＿＿＿＿＿＿(2002). 『국제테러정세 동향보고서』. 국가정보원.

＿＿＿＿＿＿(2007a). 『국제테러정세 동향보고서』. 국가정보원.

＿＿＿＿＿＿(2007b). 『월간테러정세』. 국가정보원.

국가정보원법(2014.12.30., 법률 제12948호).

국민보호와 공공안전을 위한 테러방지법(2016.3.3., 법률 제14071호).

국방참모대학(1999). 『합동군사연구』 제9호. 국방참모대학.

국제연합 부패방지협약(2008.4.26., 조약 제1896호).

국제연합 초국가적 조직범죄 방지 조약(2015.12.5., 조약 제2258호).

국회정보위원회(2002). 테러관계 자료집. 서울: 국가정보위원회 수석전문위원실.

권정훈(2008). 「한국의 테러대응체제에 관한 연구」. 박사학위논문, 용인대학교 대학원.

권정훈·김태환(2008). 「유럽 선진국의 법제적 테러 개념에 관한 고찰」, 『한국 경호경비학회지』, 제15호, pp.37-38.

권정훈·김태환·최종균(2009). 「사례분석을 통한 지하철 테러에 대한 대책」, 『한국경호경비학회지』, 제18호, p.17.

권지혜·전웅빈(2015.11.19). "대구 공단 근무했던 印尼 노동자 IS 가담". 국민 일보.

김두현(2004). 『현대테러리즘론』. 백산출판사.

김만호(1997). 「항공범죄의 법적규제에 관한 연구」. 박사학위논문, 청주대학교 대학원.

김명곤(2006). 「스포츠시설의 안전실태 및 대 테러대책에 관한 연구」. 박사학 위논문, 한국체육대학교 대학원.

김민철·호경업(2004.10.3). "불법체류 외국인들도 반한활동". 조선일보.

김봉식(2005). 「효과적 재난관리를 위한 위기관리시스템 형성에 관한 연구 (대 구지하철 화재사고 분석을 중심으로)」. 석사학위논문, 공주대학교 경 영행정대학원.

김선빈·김용기·민승규·고현철(2005). 『영국에서 배우는 위기관리』. 삼성경 제연구소 제530호. 삼성경제연구소.

김성한(1998). 脫냉전기 미국의 국제분쟁 중재외교: 북아일랜드 평화협상을 중 심으로. 외교안보연구원.

김용욱(2004). 「공항보안의 발전에 관한 연구: 보안요원의 직무수행 향상을 중 심으로」. 박사학위논문, 숭실대학교 대학원.

김재권(2007). 「사이버 테러 범죄수사를 위한 Forensics 기법 연구」. 박사학위 논문, 한세대학교 대학원.

김정현(2004). 『뉴테러리즘론』. 백산출판사.

김종목(2006.6.30). "국정원 개혁 '나몰라 패밀리'. 주간경향.

김창윤(2006). 「적극적 대테러리즘을 위한 경찰과 민간경비의 협력구축 방안」, 『한국민간경비학회보』, 제7호, pp.165-181.

김평섭(2002). 「정보화사회의 기본권과 질서유지: 정보보안과 경호안전을 중심으로」. 박사학위논문, 명지대학교 대학원.

김현진(2005). 「테러리즘의 법적 규제에 관한 연구」. 박사학위논문, 호남대학교 대학원.

대륙붕상에 소재한 고정플랫폼의 안전에 대한 불법행위의 억제를 위한 의정서(2003.9.8., 조약 제1648호).

데이빗 맥키비(2007). 테러 보고서, 세계적 도전과제 강조. USINFO.

도시철도법(2016.1.6., 법률 제13726호).

마약류 관리에 관한 법률(2016.2.3., 법률 제14019호).

문준모(2010.5.11). "G20 앞두고...간부급 탈레반 밀입국". 한국일보.

민간항공의 안전에 대한 불법적 행위의 억제를 위한 협약(1973.9.1., 조약 제484호).

민방위기본법(2015.7.20., 법률 제13415호).

민병설(2005). 「국제 테러리즘의 양상과 대응전략」. 제2회 항공보안세미나. 인천국제공항공사, 한국항공대학교.

박윤해(2005). 「컴퓨터범죄에 관한 연구」. 박사학위논문, 숭실대학교 대학원.

박준석(2005). 「뉴테러리즘의 국가적 대응전략과 민간경호경비 연계성과 발전방안」. 제7회 정기학술세미나. 한국민간경비학회.

_____(2008a). 「해외진출기업의 테러위험 및 보호방안」. 대테러세미나 자료집. 한국공안행정학회.

_____(2008b). 「테러대응 정책을 위한 국가정보기관의 역할과 과제」. 창립 1주년 기념 학술회의. 한국국가정보학회.

박형근(2007). 「각국의 테러대응 체계와 운용에 관한 연구」. 석사학위논문, 경기대학교 대학원.

범죄수익은닉의 규제 및 처벌 등에 관한 법률(2014.11.19., 법률 제12842호).

법무부(2008). 『2008년 출입국관리통계연보자료』. 법무부.

법무부 출입국·외국인정책본부(2015). 『2014년도 출입국·외국인정책 통계연보』. 법무부 출입국·외국인정책본부.

법조팀(2007.4.24). "국내도 외국인 100만명 시대" 순혈주의 의식 바뀌고 있다. 세계일보.

보건범죄 단속에 관한 특별조치법(2013.3.23., 법률 제11690호).

비상대비자원 관리법(2015.1.20., 법률 제13061호).

선박 및 해상구조물에 대한 위해행위의 처벌 등에 관한 법률(2012.2.10., 법률 제11302호).

선박안전법(2016.1.6., 법률 제13002호).

세종연구소(2004). 테러와 한국의 국가안보. 세종 정책토론 연구소.

손동권(2006). 『주요국가의 대테러법안 강화실태』. 대테러연구논총 제3호. 국가정보원.

송태종(2005). 「조직범죄에 관한 연구: 범죄론 및 형사사법적 대응책을 중심으로」. 박사학위논문, 호남대학교 대학원.

수원지방검찰청 · 경기지방경찰청 · 국군기무사령부 · 국가정보원경기지부 (2008.8.27). 탈북자 위장 간첩 원정화 사건 수사결과. 수원지방검찰청 공안부장실.

수형자의 이송에 관한 협약(2005.11.1., 조약 제1747호).

신경엽(2002). 「테러리즘에 대한 국제법적 규제에 관한 연구」. 박사학위논문, 경희대학교 대학원.

신의기(2007). 『각국의 테러대응책과 우리나라의 테러방지법』. 대테러연구논총 제4호. 국가정보원.

아시아에서의 해적행위 및 선박에 대한 무장강도행위 퇴치에 관한 지역협력협정(2006.9.4., 조약 제1806호).

안경훈(1998). 「해상테러리즘에 관한 연구: 1988년 로마협약을 중심으로」. 박사학위논문, 경희대학교 대학원.

양기근(2004). 「위기관리 조직학습 체제에 관한 연구: 한국과 미국의 위기관리 사례 비교분석을 중심으로」. 박사학위논문, 경희대학교 대학원.

여영무(1988). 「국제 테러리즘의 규제와 처벌에 관한 연구: 중국 민항기 납치 사건을 중심으로」. 박사학위논문, 고려대학교 대학원.

오태곤(2005). 「테러대응을 위한 국가 간 경찰협력체제의 강화방안에 관한 연구」. 박사학위논문, 조선대학교 대학원.

오현득(2005). 「국제행사 안전대책 방안에 관한 연구: 위협요인이 국제행사에 미치는 영향을 중심으로」. 박사학위논문, 경희대학교 대학원.

외교관 등 국제적 보호인물에 대한 범죄의 예방 및 처벌에 관한 협약 (1983.6.24., 조약 제813호).

워싱턴 AP 로이터 연합뉴스(2008.5.2). "알 카에다, 9 · 11 이전 수준 재건". 영남일보.

원자력시설 등의 방호 및 방사능 방재 대책법(2015.12.1., 법률 제13544호).

원자력안전법(2015.6.22., 법률 제13389호).

윤성철(2005). 『테러대응법제의 정비방향』. 치안논총 제19호. 치안정책연구소.

윤우주(2002). 『한국의 대테러 대비태세와 발전방향』. 비상기획보 제60호. 국무총리 비상기획위원회.

윤진섭(2007.5.7). "대우건설, 나이지리아 해법은?". 이데일리.

윤태영(2004). 『국민과 함께하는 비상대비업무 발전방향』. 비상대비연구논총 통권 제31집. 국무총리 비상기획위원회.

_____(2008). 「9·11 테러 이후 미국의 대테러리즘: 조직, 정책 및 한국에 대한 함의」. 제20회 학술세미나. 한국경호경비학회.

이계수·오동석·오병두(2006). 『테러대응 법령과 기구에 대한 비교 연구』. 치안논총 제22집. 치안정책연구소.

이광렬(2007). 「생물테러리즘의 위기관리 방안」. 박사학위논문, 경기대학교 대학원.

이광빈(2008.9.21.). "알카에다 연계조직 등 해외테러세력 국내서 암약". 연합뉴스.

이규석(2016.9.9.). "'일본판 CIA' 청사진 나왔다". 주간동아.

이대성(2004). 「한국의 테러에 대한 인식과 대응방안에 관한 연구」. 박사학위논문, 동국대학교 대학원.

이만희(1994). 「미·일 범죄인인도조약에 관한 연구: 1978년 개정 현행 조약을 중심으로」. 박사학위논문, 고려대학교 대학원.

이상헌(2008). 「국가 위기관리체계 발전방안 연구」. 석사학위논문, 동국대학교 행정대학원.

이선기(2007). 「다자간 국제회의 안전활동의 효율성 제고에 관한 연구」. 박사학위논문, 한국체육대학교 대학원.

이윤근(2003). 「범죄예방을 위한 공경비 섹터의 민영화 방안에 관한 연구」. 국제학술세미나. 한국민간경비학회.

이인재(2005). 「항공테러에 관한 국제법적 연구: 9·11 뉴욕 항공테러 사건을 중심으로」. 박사학위논문, 동의대학교 대학원.

이종화(2006). 「사이버상에서의 정보보호를 위한 정부역할 연구: 민간 부문을 중심으로」. 박사학위논문, 중앙대학교 대학원.

이창용(2004). 「한국의 위기관리 시스템 구축방안: 테러리즘 방지를 중심으로」. 박사학위논문, 영남대학교 대학원.

이채언(2014). 「국가위기관리기본법 제정 방안에 관한 소고」, 『한국위기관리논집』, 제10권 제3호, p.200.

이철민(2004.9.8). "서구에 맞선 이슬람帝國을…" 16개조직 극렬 활동. 조선일보.

이호용(2008). 「효율적인 국가대테러조직의 위상과 기능」. 대테러세미나 자료집. 한국공안행정학회.

이황우(1992). 『영국테러방지법의 성격과 적용』. 대테러연구. 경찰청.

이훈동(2008). 「각국의 대테러 관련 법 재정동향과 추세」. 대테러세미나 자료집. 한국공안행정학회.

인질억류방지에 관한 국제협약(1983.6.3., 조약 제812호).

일본전국경비협회(2002). Security Times. 일본전국경비협회.

장기붕(2007). 「뉴테러리즘의 등장과 이에 대응한 국가 네트워크 전략」. 박사학위논문, 대구대학교 대학원.

장석헌(2005). 「국가중요시설의 대테러방안에 관한 연구」. 제7회 정기학술세미나. 한국민간경비학회.

재난 및 안전관리 기본법(2016.3.22., 법률 제14079호).

전병근(2005.3.17). "'15대 재앙' 시나리오 美 국토안보부 공개". 조선일보.

정원식(2006). 『선진국(미국, 캐나다)의 비상대비체제』. 비상기획보 제77호. 행정안전부.

정형근(1991). 「국제테러의 법적규제에 관한 연구」. 박사학위논문, 서울대학교 대학원.

제성호(1989). 「항공기테러의 법적 규제」. 박사학위논문, 서울대학교 대학원.

주병수(2007). 「화학테러가스 탐지를 위한 폴리머 감지막 SAW 가스 센서 어레이」. 박사학위논문, 경북대학교 대학원.

주일엽(2006). 「국제스포츠대회 안전활동 발전방안에 관한 연구」. 박사학위논문, 서울대학교 대학원.

철도산업발전기본법(2013.3.23., 법률 제11690호).

청원경찰법(2014.12.30., 법률 제12921호).

총포·도검·화약류 등의 안전관리에 관한 법률(2015.7.24., 법률 제13425호).

최기남(2004). 「중동테러리즘에 대한 한국경호 안전도 극대화 방안」. 박사학위논문, 경기대학교 대학원.

최낙진(2005). 「화학테러가스 검지를 위한 마이크로 가스 센서 어레이의 제작 및 그 특성」. 박사학위논문, 경북대학교 대학원.

최선만(2007). 「북한의 비대칭 군사전략 연구」. 박사학위논문, 경기대학교 정치전문대학원.

최윤수(1992). 「국가지원 테러리즘에 관한 연구: 북한의 대남한 테러리즘을 중심으로」. 박사학위논문, 동국대학교 대학원.

최재경(2002). 『세계의 비상대비 변화추세분석과 우리의 대응』. 비상기획보 통권 제61호. 행정안전부.

최재훈(2006). 「중동 테러리즘과 급진 이슬람원리주의의 역학관계 연구: 이슬람원리주의운동의 정치세력화와 지하드론을 중심으로」. 박사학위논문, 한국외국어대학교 대학원.

최진태(2006). 『테러리즘의 이론과 실제』. 대영문화사.

출입국관리법(2016.3.29., 법률 제14106호).

테러자금조달의 억제를 위한 국제협약(2004.3.18., 조약 제1661호).

통신비밀보호법(2016.3.3., 법률 제14071호).

통합방위법(2014.11.19., 법률 제12844호).

특정 금융거래정보의 보고 및 이용 등에 관한 법률(2016.3.29., 법률 제14133호).

특정범죄 가중처벌 등에 관한 법률(2015.7.24., 법률 제13440호).

폭력행위 등 처벌에 관한 법률(2016.1.6., 법률 제13718호).

폭탄테러행위의 억제를 위한 국제협약(2004.3.18., 조약 제1660호).

한국형사정책연구원(1995). 『각국의 테러범죄대응책에 관한 연구: 법적 규제
　　　를 중심으로』. 한국형사정책연구원.

항공기 내에서 행한 범죄 및 기타 행위에 관한 협약(1971.5.20., 조약 제385호).

항공기의 불법납치 억제를 위한 협약(1973.2.17., 조약 제460호).

항공법(2016.3.29., 법률 제14114호).

항공보안법(2016.1.19., 법률 제13811호).

항해의 안전에 대한 불법행위의 억제를 위한 협약(2003.8.12., 조약 제1645호).

핵물질의 방호에 관한 협약(2016.5.8., 조약 제2290호).

핵테러행위의 억제를 위한 국제협약(2014.6.28., 조약 제2189호).

형법(2016.5.29., 법률 제14178호).

형사소송법(2016.5.29., 법률 제14179호).

호경업(2004.10.3). "알카에다 활동과 연계가능성". 조선일보.

화학물질관리법(2016.5.29., 법률 제14231호).

Graeme R. Newman and Ronald V. Clarke(2007). 『Outsmarting the Terrorists
　　　understanding and countering Terrorism』. 대테러연구논총 제4호. 국가정
　　　보원.

1971년 9월 23일 몬트리올에서 채택된 민간항공의 안전에 대한 불법적 행위의
　　　억제를 위한 협약을 보충하는, 국제민간항공에 사용되는 공항에서의
　　　불법적 폭력행위의 억제를 위한 의정서(1990.7.27., 조약 제1012호).

21세기군사연구소 편집부(2002). 『촘스키 박사가 보는 테러와의 전쟁과 테러
　　　를 줄일 수 있는 쉬운 방법』. 군사세계 통권 84호. 군사세계.

kto.visitkorea.or.kr/kor/notice.kto
wacid.kins.re.kr
www.immigration.go.kr
www.kaeri.re.kr
www.knto.or.kr
www.mofat.go.kr
www.moj.go.kr
www.moleg.go.kr
www.police.go.kr/infodata/pds_07_totalpds_07_02.jsp
www.tiic.go.kr

국외문헌

Aviv, Judal(2004). *Staying Safe*. New York: Harper Resource.

Cline R. S. and Alexander Y(1984). *Terrorism: The Soviet Connection*. New York: Crane Russak.

Cameron, Gavin(2000). Nuclear Terrorism Reconsidered. *Current History, vol. 99*.

Comfort, Louis K(2002). *Rethinking Security: Organizational Fragility in Extreme Events*. Public Administration Review. 62(Special Issue).

Food and Drug Administration(2003). Risk Assessment for Food Terrorism and Other Food Safety Concerns.

Grant, Wardlaw(1994). *Political Terrorism: Theory and counter – Measure*. 3rded, New York: Cambridge University Press.

Gregory, Frank(2005). intelligence – led Counter – terrorism: A Brief analysis of the UK Domestic intelligence Systems's Response to 9/11 and The Implications of the London Bombings of 7 July 2005. ARI N 94/2005.

John Richard, Thackrah(1987). *Encyclopedia of Terrorism and Political Violence*. London: Routie and Kegan Paul.

_____(2004). *Dictionary of Terrorism*. London: and New York: Routlege.

Michael Jenkins, Brian(1987). The Future Course of International Terrorism. The Futurist.

Office of Director of National Intelligence(2007). An Overview of the United

States Intelligence Community.

Paul, Wilkinson(1986). *Terrorism and Liberal State*. New York University Press.

Press Office(2004). Prevention, Pursuit, Protection And Preparedness: A Strategy To Reduce The Risk From Terrorism.

Rand Corporation(2005). MIPT Terrorism knowledge Base.

Ronald V. Clarke and Graeme R. Newman(2006). *Outsmarting the Terrorists*. New York: Praeger.

Schmid, Alex P. & Jongman, Albert J(1988). *Political Terrorsim: A New Guide to Actors, Authors, Concept, Data Base, Theories, and Literature*. Amsterdam: SWIDOC.

The Stationary Office(n.d.). National Intelligence Machinery.

The 9 - 11 Commission Report(2004). Final Report of the National Commission on Terrorist Attacks Upon the United States. Official Government Edition.

U.S. Department of State(2003). Patterns of Global Terrorism.

_____(2006). National Strategy for Combination Terrorism. Washinton: dos, September.

_____(2008). Country Reports on Terrorism 2007.

Walker, Civil(2003). Policy Options and Priorities: British Perspective. Marianne van Leeuwen(ed.).

Walter, Laquer(1987). *The age of Terrorism*. London: Weidenfeld and Nicolson.

阿久澤 正 好(2006). 諸外国及び我が国の法制における「テロ」の定義について, 警察學論集 第60卷 第1号, 立花書房発行, p.42.

http://press.homeoffice.gov.uk/press - releases/Prevention,_Pursuit_Protection_?version=1

www.bmi.bund.de/cln_012/nn_165104/Internet/Contect/Themen/Terrorismus/DatenundFakten/Gemeinsames_Terrorismusabwehrzentrum_de.html

www.mi5.gov.uk/output/Page65.html

www.pbs.org/wgbh/pages/frontline/shows/sleeper/homeland/ttic.html

www.realinstitutoelcano.org/analisis/781.asp

권정훈

용인대학교에서 경호학을 전공, 학사·석사·박사를 마쳤다.

대학원과 박사과정을 밟으며 본격적으로 '테러'와 '안전'에 관해 관심을 가지게 되었고, 이를 토대로 「국제행사 시 경호안전대책 방안」에 관한 석사논문과 「한국의 테러대응체제에 관한 연구」를 주제로 박사논문을 썼다. 이후 대학에서 강의를 하며 후학 양성에 힘쓰고 있으며, 대테러정책과 관련하여 꾸준히 연구해 오고 있다.

2004년 호산대학교 경찰경호과 교수로 처음 강단에 섰으며, 대테러에 관련된 논문과 특강에 열정을 다했다. 현재는 충남도립대학교에 재직 중이며, 대테러 분야의 전문적인 체계를 마련하고 대테러전문가를 양성하는 교육에 노력을 아끼지 않고 있다.

「테러 사례 분석을 통한 경찰의 효율적 테러대응에 관한 연구」
「복잡계 이론의 이해와 테러대응 분야에의 적용」
「개방·통합형 한국 테러대응시스템 모델 구축 방안」
「일본 정부기관의 테러대응책과 한국에의 함의」
「독일의 테러대응 정책 변화에 따른 한국의 테러대책 방향」
「일본의 테러대책 현황과 한국의 과제」
「테러대응을 위한 테러정세 분석과 경찰의 역량강화 방안」
「독일의 정보수집 관련 테러대응 법제와 한국의 방향」
「한국의 생물테러 대비 및 대응 방안」
「지하철 테러의 사례분석과 위기관리 체계 방안」
「한국 테러대응 시스템의 제도적 구축방안」
「국제 테러리즘의 변화와 전망, 그리고 대안」
「테러대응 관련 법제의 국가별 비교 연구」
「각국의 테러대응 조직과 기능의 비교 연구」
「북한의 위협에 따른 한국의 테러대응 방향에 관한 고찰」
「사례분석을 통한 지하철 테러에 대한 대책」
「미국의 생물 테러 대책에 관한 고찰」
「국제 테러리즘의 분석을 통한 전망에 대한 함의」
「테러안전을 위한 지하공간의 예방대책」
「유럽 선진국의 법제적 테러 개념에 관한 고찰」
「세계 각국의 테러리즘 대비방향」
「대테러방지법 제정을 위한 외국과의 제도 분석 연구」
「대테러학」 등

테러리즘과
대테러시스템의 재조명

개정판

초판인쇄   2017년 1월 2일
초판발행   2017년 1월 2일

지은이   권정훈
펴낸이   채종준
펴낸곳   한국학술정보㈜
주소   경기도 파주시 회동길 230(문발동)
전화   031) 908-3181(대표)
팩스   031) 908-3189
홈페이지   http://ebook.kstudy.com
전자우편   출판사업부   publish@kstudy.com
등록   제일산-115호(2000. 6. 19)

ISBN   978-89-268-7840-8 93330